WESTEND

Neue Weltmacht Indien

Geostratege, Wirtschaftsriese,
Wissenslabor

Oliver Schulz

WESTEND

Mehr über unsere Autoren und Bücher:
www.westendverlag.de

Die Deutsche Nationalbibliothek verzeichnet diese Publikation in der Deutschen Nationalbibliografie; detaillierte bibliografische Daten sind im Internet über http://dnb.d-nb.de abrufbar.

FSC
www.fsc.org
MIX
Papier | Fördert gute Waldnutzung
FSC® C014889

ISBN: 978-3-86489-420-6
1. Auflage 2023

Umschlaggestaltung: Buchgut, Berlin
Satz: Publikations Atelier, Dreieich
Druck und Bindung: Friedrich Pustet GmbH & Co. KG, Regensburg
Printed in Germany

Inhalt

Vorwort

Der Aufschrei verhallte schnell. Nachdem Russland Anfang 2022 den Krieg gegen die Ukraine begonnen hatte, wurde in der UNO eine Resolution vorgelegt, in der die Mitglieder die »Aggression« gegen das osteuropäische Land »auf das Schärfste verurteilen« sollten. Russland stimmte dagegen. China und die Vereinigten Arabischen Emirate enthielten sich. Ebenso Indien. Kurz darauf besuchte eine Abordnung russischer Minister Neu-Delhi, um über die Lieferung von Öl zu verhandeln. Die USA warnten, wenn auch dezent: Es werde Konsequenzen für Indien haben, wenn die US-Sanktionen gegen Russland unterlaufen würden. Doch Neu-Delhi signalisierte, dass es sich keinem Druck beugen werde – und die Kritik aus dem Westen verstummte bald.

Denn Indien ist militärisch abhängig von Moskau. U-Boote, Kampfpanzer, Kampfflugzeuge, Boden-Luft-Raketen: 70 Prozent der Waffen in dem südasiatischen Land stammen aus russischer Produktion. So hat der indische Premier Narendra Modi später zwar durchaus kritische Worte gegenüber Putins Ukraine-Krieg verloren. Aber faktisch versucht Neu-Delhi weiter, es beiden Seiten recht zu machen. Indien, gegründet als blockfreies Land, ursprünglich von sozialistischen Ideen geprägt und wirtschaftlich erst seit den Neunzigern für den Welthandel geöffnet, will einerseits den alten Verbündeten Russland nicht verärgern. Andererseits will es aber auch die Beziehungen zum Westen weiter ausbauen.

Und die sind im 21. Jahrhundert immer intensiver geworden, angetrieben von gegenseitigen Interessen. So hat sich Washington seit dem Ende des Afghanistan-Einsatzes fast vollständig von Indiens Erzfeind Pakistan gelöst. Stattdessen setzen die USA jetzt auf Neu-Delhi als strategischen Partner in der Region. Die Beziehungen wurden zuletzt auch durch die erklärte Männerfreundschaft zwischen Donald Trump und Indiens hindunationalistischem Premier Modi vertieft.

Zudem rüstet Neu-Delhi seine Marine auf, um sich als Seemacht in der asiatischen Region zu behaupten. Dasselbe gilt für seine Luftwaffe. Ziel ist es, ein Gegengewicht zu China zu bilden. Als Bollwerk gegen Chinas Machtinteressen in der Region wurde auch die Quad-Gruppe wiederbelebt, zu der neben Indien, den USA und Japan auch Australien gehört.

Denn während Russland für die indische Regierung ein wichtiger Partner bleibt – wird die Volksrepublik China mittlerweile als direkte Bedrohung wahrgenommen. Nicht nur durch Beijings wirtschaftliches Engagement in der Region fühlt sich Indien zusehends bedrängt. Vor allem durch das Projekt Neue Seidenstraße, zu dem milliardenschwere Infrastrukturinvestitionen in Sri Lanka, Pakistan und Myanmar gehören. Zudem unterstützt die Volksrepublik seit Jahrzehnten mit ihrer direkten Grenze zu Pakistan Indiens verhassten Nachbarn im Westen. Und damit indirekt auch die Unruhe-Region Kaschmir, die seit der Unabhängigkeit zwischen Pakistan und Indien umstritten ist. Im Himalaja ist es nach jahrzehntelangem Frieden in den vergangenen Jahren wieder zu direkten Zusammenstößen zwischen Indien und China gekommen. Seither hat sich der Ton zwischen Neu-Delhi und Beijing weiter verschärft. Indische Hardliner riefen zum Krieg gegen das Nachbarland auf.

Auf der internationalen Bühne hat sich das südasiatische Land ohnehin längst vom einstigen Dritte-Welt-Staat zum ernst zu nehmenden Partner entwickelt. Indien, Atommacht seit vier Jahrzehnten, ist G-20-Mitglied und gehört zu den BRICS-Staaten. Schon lange fordert Neu-Delhi auch einen ständigen Sitz im Weltsicherheitsrat.

Doch jetzt sortiert sich die Weltordnung neu. Immer deutlicher wird der Konflikt zwischen Beijing und dem Westen. China gilt als der eigentliche Gewinner des russischen Ukraine-Krieges. Der Westen sucht neue Partner. Deshalb muss sich heute nicht Indien zwischen dem Westen und dem Osten entscheiden. Sondern der Westen für oder gegen Indien.

Aber wie tickt dieses Land? Wie verlässlich ist es als Partner? Wie stabil ist es? Wie bedrohlich könnte sein Aufstieg für die Weltgemeinschaft werden? Wie gefährlich sind die inneren Konflikte zwischen Hindufanatikern und der zweitgrößten muslimischen Bevölkerung weltweit? Wie brisant ist der extreme Gegensatz zwischen Arm und Reich? Wie robust ist die indische Demokratie?

I Interne Entwicklungen

> Die Lebensgeschichte eines armen Mannes ist auf seinen Körper geschrieben, mit einem spitzen Stift.
>
> *Aravind Adiga, Der Weiße Tiger*

Ein eigenwilliges Land

Das erste Mal war ich sozusagen zufällig in Indien. Ich wollte da eigentlich gar nicht hin. Ich war auf dem Weg in den tibetischen Himalaja, Delhi lag einfach auf der Strecke, es war eine Zwischenstation. Und Indien interessierte mich auch nur mittelmäßig, bevor ich dort landete. Aber was ich in den ersten paar Tagen in der Hauptstadt erlebte, gefiel mir. Überraschenderweise.

In den späten Achtzigern war die Hauptstadt weniger eine Metropole als ein wucherndes Dorf, ein wildes Konglomerat aus augenscheinlich weitgehend genehmigungsfrei errichteten Gebäuden, die selten mehr als ein paar Stockwerke hoch waren. Die Straßen und Gassen eng und voll mit Menschenmassen. Männer mit Handkarren und Fahrrädern, die Milch, Eisblöcke oder Kisten voller Hühner transportierten. Mobile Händler, die schreiend und singend Süßigkeiten, Snacks oder Spielsachen anpriesen. Blau uniformierte Kinder in vergitterten Schulkarren, die von Fahrern per Pedal angetrieben wurden. Umherirrende Kühe und kläffende Straßenhunde, Tempel und Moscheen. Billige Hotels mit Vier-Quadratmeter-Zimmern und Deckenventilator. Die größeren Straßen waren verstopft von gewichtigen Ambassador-Limousinen, von Mopeds, auf denen mindestens zwei Personen saßen, hupenden Lkw und Traktoren, beladen mit Baumaterial, Zuckerrohr oder Ähnlichem.

Man musste damals kaum Angst haben in dieser Stadt, wenn man wenigstens ein bisschen Reise-Erfahrung mitbrachte, nicht einmal im Bahnhofsviertel, wo ich wie alle Backpacker abstieg. Sicher, Taschendiebe gab es hier und da, Trickbetrüger angeblich auch an den offensichtlichsten Touristenattraktionen wie dem Roten Fort, die einen erst sedierten und dann beklauten. Aber mehr nicht. Natürlich, der Unabhängigkeitskampf der Sikhs war zu der Zeit noch ein großes Thema, aber diese Glaubensgemeinschaft war auch nur eine relativ kleine Minderheit, der Zwist zerriss nicht die gesamte indische Gesellschaft. Selbst wenn es deshalb Schilder in den Stadtbussen gab, auf denen stand: »Schauen Sie unter Ihren Sitz, es könnte eine Bombe darunter liegen.« Auf Englisch und auf Hindi. Niemand schaute unter seinen Sitz, wenn er in einen Bus stieg, auch wir westlichen Reisenden nicht.

Es herrschte noch eine friedliche Stimmung im Land, ein weitgehend entspanntes Miteinander von Menschen aller Religionen. Muslime, Hindus, Sikhs betrieben kleine Geschäfte nebeneinander, in denen sie Kleidung, Haushaltswaren und Dienstleistungen aller Art offerierten. Sie führten Dhabas, Restaurants, in denen einfaches Essen serviert wurde, meist Linsen und Reis. Sie fuhren einen mit der Fahrradrikscha oder dem Mopedtaxi durch die Stadt und hatten einen Spruch aus dem Koran, ein Bild vom Sikh-Guru Nanak oder vom tanzenden Krishna mit seiner Flöte vorne im Miniatur-Armaturenbrett des knatternden Gefährts platziert. Es schien keinen Unterschied zu machen, zu welchem Gott sie beteten.

Vieles war mir natürlich völlig fremd. Manches aber auch weniger. Das bisschen Bürokratie, mit dem ich im Land bei meinen bald folgenden Reisen in Berührung kam, etwa, wenn es um Visaverlängerungen oder Tickets bei der damals noch existierenden staatlichen Indian Airlines ging, erinnerte mich an Osteuropa. Überlange Mittagspausen, selbstgefällige Beamte, aber immerhin, es gab Regeln. Sie wurden eben nur zugunsten der Staatsbediensteten strapaziert.

Schon damals gab es auch eine wachsende Mittelschicht. Es gab Familienväter, die in der Autoindustrie arbeiteten oder im Bankwesen, wie bei uns. Die morgens gegelt und gekämmt brav mit dem Essen im Henkelmann zur Arbeit radelten. Es gab selbstbewusste, gebildete Mütter. Es gab rechtschaffene Bürger, die auf Kriminalität und Korruption schimpften.

Und auch die Verständigung war leicht: Viele Menschen sprachen Englisch, wenn auch mit einem drolligen Akzent. Englisch war Amtssprache, eine Vermittlerin zwischen den vielen indischen Idiomen aus völlig verschiedenen Sprachfamilien. Viel sprachen es mit Begeisterung und Stolz, es war ein Zeichen ihrer Aufgeschlossenheit gegenüber dem Westen. Britisches Erbe im Orient, so fern war Indien – und doch so nah.

Das politische Klima war liberal. Ob mit dem Barbier oder dem Milchmann, ob über die Parlamentswahlen in Delhi oder die Mudschahedin im nahen Afghanistan, man konnte mit allen lautstark und offen über jedes Thema diskutieren. Indien war damals in vielerlei Hinsicht tatsächlich das, womit es sich bis heute brüstet: die größte Demokratie der Welt. Ständig schoben sich auch irgendwelche Demonstrationen und Kundgebungen von politischen Parteien oder Verbänden mit ohrenbetäubendem Lärm durch die Hauptstadt. Es gab Gewerkschaften für alles Mögliche, selbst für die Ohrreiniger angeblich, die auf dem zentralen Glanzstück Connaught Circus in Neu-Delhi Massagen und Reinigungen des Hörorgans vornehmlich für Reisende anboten. Die Kioske verkauften zahllose, auch englischsprachige Zeitungen mit völlig konträren Meinungen. Manche waren ziemlich radikal.

Denn Indien hatte, auch das lernte ich sehr schnell, ein besonderes politisches Selbstverständnis. So gab es, besonders im Süden, zahlreiche Menschen, die sich zum Beispiel Lenin oder Chruschtschow nannten. Ein bekannter Politiker in Tamil Nadu hieß gar Stalin. Denn das Land war nicht nur blockfrei, auch war die Sowjetunion ein wichtiger Partner. Der Zerfall des Ostblocks wurde hier deshalb ganz anders aufgenommen als in Westeuropa. Mit Staunen las ich an einem schwülen Monsunmorgen in Delhi über Käsesandwiches und Milchtee, wie die wichtigsten Zeitungen des Landes den Augustputsch, bei dem KPdSU-Funktionäre in Moskau den Reformer Gorbatschow stürzen wollten, als legitimen Akt zur Herstellung der alten Ordnung feierten. Aber so offen sozialistisches Gedankengut in den Medien zirkulierte: Deutlich dezenter agierten damals die Hindu-Hardliner, die Nationalisten, die alle anderen Religionsgemeinschaften als fremd betrachteten. Noch.

Was es auch gab, war eine immerhin teilweise funktionierende Sozialpolitik. Augenfällig war etwa, dass in den Zügen Abteile nur den Frauen vorbehalten waren. Eine andere Bestimmung reservierte den Kastenlosen und den Adivasis – also den Angehörigen der ursprünglichen Bevölkerung – einen gewissen Anteil an Jobs im öffentlichen Dienst. Ich hörte allerdings auch bald, dass staatliche Jobs nur durch Korruption zu bekommen seien: Man kaufte sie sich.

Durchgehend schön oder etwa sauber und ruhig war es in diesem Land freilich nicht, dafür ist es ja berüchtigt. Das Elend war immer präsent. Überall zogen einem Bettler am Hosenbein, um Geld zu schnorren. Viele Verstümmelte waren darunter, wie man sie in Europa erst seit ein, zwei Jahrzehnten sieht. Ich sah die

Kastenlosen, dreckverschmierte Gestalten, die fast nackt in der Hauptstadt herumliefen und Müll sammelten, Jutesäcke über der Schulter. Die Armen, die tagsüber auf staubigen Verkehrsinseln dösten. Die nachts in ganzen Familien und in langen Reihen auf der Straße schliefen oder unter irgendwelchen Pappkartons. Die über Feuern aus Plastikmüll hockten oder unter den Arkaden des Connaught Circus bei Einbruch der Dunkelheit Heroin rauchten. Und ich roch die Pisse und die Scheiße in allen halbwegs uneinsichtigen Ecken, an allen unbebauten Straßenrändern.

Aber ich sah auch, dass Indien einen Weg aus diesem Elend suchte: In den Neunzigern rüstete sich das Land für die Zukunft. Die ökonomische Liberalisierung wurde ausgerufen, die Wirtschaft sollte ins Rollen gebracht werden. Ausgerechnet die Nation, aus der sich Coca-Cola 1977 zurückgezogen hatte, weil ihre Regierung zur Bedingung gemacht hatte, dass der Konzern sein Rezept herausgeben sollte, wollte nun zum Global Player werden. Bald griff eine Aufbruchstimmung um sich. Viele Menschen träumten von Wohlstand wie im Westen. Auch weil ich in diese Entwicklung Hoffnung setzte, kam ich immer wieder in das Land zurück.

Und das ganz entspannt. Man sagt ja, dass Indien polarisiert, aber bei mir war das anders. Ich habe es nie abgrundtief gehasst, und ich habe es nie restlos geliebt. Ich war von Beginn an nicht von allem in Indien begeistert, aber ich bin heute an dem meisten interessiert. Vielleicht habe ich Indien gerade deshalb ein bisschen genauer kennengelernt.

So verbrachte ich Monate in Varanasi, einer der ältesten Städte der Welt, die sich auch heute noch so anfühlt, mit ihren engen Gassen und dem verseuchten, aber heiligen Ganges, der träge dahinfließt. In dieser Stadt werden die Toten täglich zu Hunderten an den Ufern verbrannt, ständig hängt ein süßlicher Geruch in der Luft, ständig prozessieren Gemeinschaften zum Ufer hinab, um die Aufgebahrten zu den Scheiterhaufen zu begleiten. Es gibt

Herbergen, eigens um zu sterben, in denen gealterte Hindus unterkommen, um sich auf die Reise ins Jenseits vorzubereiten. *Mukti Bhavan* heißen sie, Häuser der Erlösung. So lange lauschte ich in der heiligen Stadt der klassischen indischen Musik, die in kleinen Konzerthäusern gespielt wurde, bis sie mir trotz ihrer fremden Harmonien vertraut war. Von einem Professor an der Banaras Hindu University ließ ich mir die ersten Lektionen Hindi beibringen. Ich lernte aber auch, dass es Nicht-Gläubigen verboten ist, die hinduistischen Heiligtümer Varanasis von innen zu sehen. Was für eine exklusive Religion!

Zurück in Deutschland, begann ich nun, mich auch mit Indiens Vergangenheit zu beschäftigen. Ich studierte die alte Sprache Sanskrit, ließ mir von Altindologen die Zusammenhänge zwischen der Kultur der Hindus und der zentralasiatischer Völker erläutern. Auch Urdu lernte ich an der Uni Hamburg, die muslimische Schwester des Hindi, stärker noch geprägt von persischen und arabischen Elementen, einschließlich der arabischen Buchstaben. Davon habe ich heute das meiste vergessen.

Was ich nie vergessen kann, ist aber, wie nah sich diese beiden Sprachen sind. Und vor allem die Kulturen, die dahinterstehen. Wie vergleichweise friedlich dieses Land in den Achtzigern und Neunzigern war. Und welcher Geist mit dem Erstarken einer Strömung aus der Flasche gelassen wurde, die es bis heute dominiert: mit dem Hindunationalismus.

Mit Sorge beobachteten meine politisch gemäßigten Professoren und ich an der Hamburger Universität schon die indischen Atomwaffenversuche 1998 unter dem Premier Atal Bihari Vajpayee von der Bharatiya Janata Party (BJP). Mit einem fast entsetzten Kopfschütteln kommentierte Nayantara Sahgal, eine Cousine von Indira Gandhi, als ich sie zehn Jahre später in Nordindien besuchte, den unaufhörlichen Aufstieg der Hindunationalisten, der folgte. Mit Angst und Wut beobachteten viele Inder im Land wie in der Diaspora, wie sich der Hardliner Modi schließlich zum Helden immer größerer hinduistischer Völkerschichten erklären konnte. Für mich machte der Hindunationalismus vieles befremdlicher. Denn einiges, was ich in Indien als selbstverständlich empfunden hatte, gab es plötzlich nicht mehr: Zum Beispiel die Offenheit, mit der Reisende empfangen wurden, die Toleranz zwischen den verschiedenen Bevölkerungsgruppen.

Gleichzeitig trug die in den Neunzigern begonnene ökonomische Liberalisierung Früchte. Die Wirtschaft kam in Schwung. In Sachen IT und Internetkonnektivität näherte sich das Land europäischen Standards an, nicht nur in den dafür bekannten Metropolen Bangalore und Hyderabad überholte es sie bald. Auch das viel geschmähte Straßennetz, das als einer der Flaschenhälse für Indiens Entwicklung verschrien war, wurde endlich ausgebaut. Immer mehr neue Autos rasten nun über immer breitere Autobahnen, die den gigantischen Subkontinent bald von Nord nach Süd und Ost nach West durchzogen. Eigene Pkw wurden produziert, die den Indern den Zugang zur Automobilität erleichtern sollten, wenn auch teils belächelt, wie der Tata Nano von 2008, zu haben für schlappe 1500 Euro. Aber egal: Was da lief, erschien mir so, wie ich mir das deutsche Wirtschaftswunder der Fünfziger vorgestellt hatte. Und ich gönnte es den Menschen.

Wenn es auch zunehmend schwer wurde, professionell daran teilzunehmen. Jahrelang hatte ich alle meine Journalistenjobs in Indien einfach mit einem Touristenvisum erledigt. Ich hatte in Kaschmir Polizeichefs und Dorfälteste interviewt, in Zentralindien mit Maoisten geplaudert, in Südindien Gefängnisse von innen gesehen. Alles kein Problem. Gern öffnete man mir die Türen und präsentierte sein Land. Gern sprach man auch Englisch mit dem westlichen Reporter. Doch seit den 2010er-Jahren begannen schon an den Grenzen plötzlich die Fragen. »Sie sind Autor? Was schreiben Sie denn so, Fiktion oder Sachbücher?«, wollten die forschen Beamten am Flughafen Delhi wissen. »Arbeiten Sie auch für Zeitungen? Für politische Blätter?« Bei meinen letzten Projekten musste ich bereits bei der Anfrage nach einem Visum versichern, dass ich im Land nicht journalistisch arbeiten werde. Man hatte offensichtlich über mich recherchiert.

Und wenn ich dann doch eingereist war, sah ich, wie die Gemeinschaften sich immer mehr einschlossen. Echokammern eines fragwürdigen ethnisch reinen Glücks. Als ich in Delhi für eine Reportage über eine Hindugemeinschaft recherchierte, aus der sich auf der Basis traditioneller Kampfsportarten zahllose junge Männer zu muskelbepackten Türstehern ausbilden ließen, gelang das nur, weil ich noch einigermaßen Hindi sprach. Nicht einer der Männer beherrschte – und das hatte ich zuvor selten erlebt – auch nur ein Wort Englisch. Gleichzeitig waren sie auch alles andere als gebildet. Dafür residierten einige von ihnen aber in fetten Villen im feinen Süd-Delhi, fuhren schwere Karossen. Und waren durchweg Hindunationalisten.

Das gesamte gesellschaftliche Klima hat sich geändert. Wollte in den Neunzigern in Indien noch jeder über Politik reden – so herrscht heute schlicht die Angst. Wer den Kurs der Regierung nicht schätzt, geht vielleicht noch auf die Straße und protestiert mit Gleichgesinnten. Aber einzeln äußern sich Normalbürger lieber nicht kritisch gegenüber den Hindunationalisten. »Kein Statement zu Modi«, habe ich in den vergangenen Jahren oft von Interviewpartnern gehört. Das war einmal anders in der größten Demokratie der Welt. Der Hindunationalismus hat die Gesellschaft umgeformt. Ein Riss geht durch die Mitte. Und darüber liegt ein Deckel des Schweigens, der nur manchmal in Hassreden aufbricht.

Oder eben im Privaten. Denn das alte, liberale, multiethnische Indien lebt weiter. In der jungen Generation. Ich höre es, wenn mir mein hinduistisches Gegenüber erzählt, dass es alle indischen

Kulturen liebe. Besonders die muslimische. Wenn mich Leute aus dem südindischen Kerala fragen, wo denn das Problem sei, wenn Menschen aus verschiedenen Religionen oder Kasten einander heiraten. Für sie sei das schon immer ganz normal. Ich sehe es, wenn junge Inder jeden Tag meditieren oder zu Allah beten – und genau sie es sind, die am vehementesten für ein geeintes Indien eintreten.

Das ist schon speziell. Aber es überrascht mich nicht mehr wirklich. Denn Indien ist eigenwillig. Und genau dafür liebe ich dieses Land.

Gandhi

Die Attacke war abzusehen. Seit er nach Delhi zurückgekehrt war, schallten Rufe durch die Hauptstadt: Tötet Gandhi! Schon am 20. Januar 1948 hatten Hindufanatiker wenige Meter von ihm entfernt eine Bombe gezündet, zum Glück sprengte sie nur eine Mauer. »Wenn ich durch die Kugel eines Wahnsinnigen sterben soll, muss ich dies lächelnd tun«, kommentierte der Mahatma. »Gott muss in meinem Herzen und auf meinen Lippen sein.«

Er war ein Fremder im eigenen Land geworden. Genauer gesagt: in jenem Land, in das er nach Jahren in England und Südafrika zurückgekehrt war, um ihm den Frieden zu bringen. Den Pazifismus, der eine zutiefst indische Tugend war. Das hatte der Mann jedenfalls lange gedacht, der wie kein anderer für den indischen Unabhängigkeitskampf steht. Der das Land in der internationalen Wahrnehmung lange geradezu verkörpert hat.

Doch nun war die Stimmung gekippt. Die Zeiten hatten sich geändert seit der Unabhängigkeit von der britischen Krone vor einem halben Jahr: Die Massaker nach der Teilung des Landes in Pakistan und Indien, die Flüchtlingskrise. Züge aus dem Westen brachten die Leichen von Hindus und Sikhs in die Hauptstadt, Züge voller getöteter Muslime fuhren in die Gegenrichtung ab. Aus Pakistan geflüchtete Hindus lynchten die indischen Muslime als Rache für die erlittene Gewalt. Die Unruhen in Delhi wurden immer blutiger. Die Metropole, die Gandhi immer als fröhlich und bunt erlebt hatte, hatte sich in eine Stadt des Todes verwandelt.

Doch Gandhi, mittlerweile 78 Jahre alt, bleibt bei seiner vertrauten Routine. Auch am 30. Januar. Um 3.30 Uhr erhebt er sich von seinem einfachen Holzbett auf der Terrasse des Gästehauses im Zentrum Neu-Delhis. Es ist stockdunkel und bitterkalt. Gegen seinen Willen hat Innenminister Patel angeordnet, dass ein Kommissar und vier einfache Beamte vor dem Anwesen, das dem Industriellen Ghanshyam Das Birla gehört, Wache steht. Weitere 30 Polizisten in Uniform und Zivil kontrollieren die Umgebung. Er putzt sich die Zähne mit dem Zweig eines Niembaums. Er spricht seine Gebete: Rezitationen aus den heiligen Büchern der Hindus, aus dem Islam, aus allen Weltreligionen.

Dann erst tritt er, wie üblich gestützt auf seine beiden Nichten Manu und Abha, in den inneren Bereich des Hauses. Manu bedeckt die knochigen Beine des alten Mannes im Lendenschurz mit einer warmen Decke. Gandhi korrigiert den in der Nacht geschriebenen Entwurf für die neuen Statuten der Kongress-Partei, er reicht ihn seinem Sekretär Pyarelal zum Gegenlesen. Man bringt ihm ein Glas heißes Wasser mit Honig und Limone. Doch die mit Nelkenpulver versetzten Rohrzucker-Pastillen gegen seinen hartnäckigen Husten sind ausgegangen. Manu bietet ihm Penicillin an. Gandhi lehnt ab: Wie könne sie ihm so etwas vorschlagen, da er an Gott und das Gebet glaube?

Gegen sieben spricht er mit Rajen Nehru aus der Familie des Ministerpräsidenten, die eine Reise in die USA antreten will. »Als Repräsentantin einer armen Nation solltest du dort ein einfaches und sparsames Leben führen«, empfiehlt er ihr. Nach einem Bad massiert ihn sein langjähriger Mitstreiter Brij Krishna. Auf dem Tisch liegend studiert Gandhi die Tagespresse. Danach wiegt Manu ihn: 49,5 Kilogramm bringt er auf die Waage.

Er hat fast eineinhalb Pfund zugenommen, seit er vor elf Tagen sein Fasten beendete, begonnen am 13. Januar aus Protest gegen die Entscheidung der Regierung, 550 Millionen Rupien, die Pakistan zugesagt waren, zurückzubehalten. Es würde die Zwietracht zwischen den beiden Ländern weiter schüren, da war er sicher. Die Regierung hatte schließlich nachgegeben. Um 9.30 Uhr nimmt der Mahatma das erste asketische Mahl des Tages ein: gekochtes Gemüse, ein Glas Ziegenmilch, vier Tomaten, vier Orangen, Karottensaft und ein Chutney aus Ingwer, sauren Limetten und Aloe.

Keines der Themen, das er mit seinen Mitarbeitern am Vormittag diskutiert, ist erfreulich: Extremisten fordern die Ermordung von Politikern der Kongress-Partei. In Madras, im Süden des Landes, droht eine verheerende Reis-Knappheit. Der indische Kommissar, der für die südpakistanische Provinz Sindh zuständig war, wird vorgelassen. Er schildert die Not der dort verbliebenen Hindus.

Gegen Mittag interviewt ihn die berühmte Life-Journalistin Margaret Bourke-White: »Sie haben immer gesagt, dass Sie gerne 125 Jahre leben würden. Was gibt Ihnen diese Hoffnung?« Gandhi erwidert, dass er daran nicht mehr glaube: »Wegen der schrecklichen Ereignisse in der Welt. Ich möchte nicht in Dunkelheit leben.«

Nach dem Nachmittagsschlaf knabbert Gandhi ein wenig rohe Karotte und trinkt ein kleines Glas Zitronensaft. Die schlechten Nachrichten reißen nicht ab. Brij Krishna liest ihm ein Statement von Tara Singh vor: Der Wortführer der Sikhs fordert den Mahatma auf, sich nach Hindutradition in seinem letzten Lebensabschnitt in den Himalaja zurückzuziehen. Flüchtlinge bitten um

Audienz, Blinde, Obdachlose. Er liest die Untersuchungsergebnisse der Zusammenstöße zwischen Hindus und Muslimen in Allahabad, dem heutigen Prayagraj. Wie ist diese Gewalt noch zu zähmen? Indien liegt in Trümmern.

Am späten Nachmittag spricht Gandhi im rückwärtigen Teil des Birla-Anwesens mit Innenminister Patel. Er bittet ihn, im Amt zu bleiben. Die Lage im Land droht nun auch die Kongress-Partei zu zerreißen. Zumal selbst der internationalen Presse die Verwerfungen zwischen Patel und Ministerpräsident Nehru nicht entgangen sind. Als zwei politische Führer aus Gujarat um eine Audienz bitten, trägt er Manu auf: »Sag ihnen, ich spreche mit ihnen. Aber erst nach dem Nachmittagsgebet. Wenn ich dann noch lebe.«

Doch das wird er nicht. Bereits am Vorabend sind zwei junge Männer in Delhi eingetroffen: Nathuram Godse und Narayan Apte haben in der ein paar Hundert Kilometer südlich gelegenen Stadt Gwalior eine Pistole gekauft. Eine Neun-Millimeter-Beretta, sieben Schuss, 1934 in Italien gefertigt. 300 Rupien haben sie dafür gezahlt. Vermittelt hat den Deal ein Hindufanatiker – wie sie selbst es auch sind. Und deren Anzahl wächst mit jedem Tag.

Der 39-jährige Godse ist in einer Brahmanenfamilie im südindischen Maharashtra aufgewachsen. In den ersten acht Lebensjahren wurde er als Mädchen erzogen, weil die Eltern nach dem frühen Tod seiner drei Brüder fürchteten, die Götter hätten alle männlichen Nachfahren verflucht. Selbst einen Ring in der Nase hat er getragen, der Name Nathuram bedeutet: der Gott mit dem Nasenring. Nach der Grundschule schickten seine Eltern ihn an eine englischsprachige Highschool zu einer Tante in die Stadt Pune. Doch er brach vor dem Abschluss ab, um sich dem 1915 gegründeten Akhil Bharatiya Hindu Mahasabha (ABHM, Gesamtindische Hindu-Großversammlung) und dem 1925 gegründeten, deutlich straffer strukturierten Rashtriya Swayamsevak Sangh (RSS, der Nationalen Freiwilligenorganisation) anzuschließen. Jenen radikalen Organisationen, die ein rein hinduistisches Indien fordern.

Denn wie so viele andere Hindus kann der heranwachsende Godse immer weniger verstehen, was Gandhi mit seinem Land macht. Der Salzmarsch gegen die britische Herrschaft, ziviler Ungehorsam als politische Methode. Das waren rückständige Methoden. Wie konnte dieser Mann behaupten, dass Indien eins sei, über alle Religionen hinweg? Haben denn nicht die arabischen Armeen das Land seit dem siebten Jahrhundert von Westen überrannt und die Städte abgefackelt? Haben sie denn nicht die Tempel geschliffen und die Hindus gewaltsam zum Islam konvertiert? Für Godse und seine radikalen Mitstreiter gehört Indien allein ihnen: den Hindus. Muslime haben sich zu unterwerfen. Oder das Land zu verlassen. Stattdessen fastete dieser halbnackte Asket, der eigentlich ein Rechtsanwalt aus Pretoria war – nur für die Muslime?

Und so singen Godse und seine Genossen vom RSS in einer braunen Uniform, die an die Nazis erinnert, morgens beim Hissen der gelben Fahne ihre Hymne:

»Oh, geliebtes Vaterland, ich verbeuge mich ewig vor dir.
Oh, Land der Hindus, du hast mich gütlich großgezogen.
Oh, heiliges, geweihtes Land,
möge dieser mein Körper dir gewidmet sein, ich verneige mich immer wieder vor dir!«

Und dann strecken sie die Rechte zum Sonnengruß.

Der hinduistische Nationalismus ist in den Jahrzehnten zuvor als Ideologie der oberen Kasten in Westindien entstanden. Am prägnantesten formuliert wurde die Idee, auch Hindutva genannt, vom revolutionären Nationalisten Vinayak Damodar Savarkar in den 1920er-Jahren. Er stützte seine Konzepte unter anderem auf den britischen Evolutionssoziologen Herbert Spencer, den deutschen Philosophen Friedrich Schlegel, den französische Rassetheoretiker Arthur Comte de Gobineau und den italienischen Nationalisten Giuseppe Mazzini.

Hindutva ist eine südasiatische Spielart des völkischen Nationalismus. Dabei ist sein Verhältnis zu traditionellen hinduistischen Weltanschauungen wie auch zum Westen vielschichtig. Einerseits widersetzte sich die Ideologie dem britischen Kolonialismus – andererseits eifert sie dem Westen nach und befürwortet eine rasche Modernisierung des Landes. Das Konzept schrieb den vor Jahrtausenden aus dem Nordwesten eingewanderten indoarischen Völkern wie auch den bereits dort lebenden Ethnien zu, gemeinsam eine Nation zu bilden. Und die sei hinduistisch. Gemeint sind damit auch die in Indien entstandenen Religionsgemeinschaften der Jainas, Buddhisten und Sikhs. Muslime und Christen bleiben dagegen ausgeschlossen.

Hinduismus definierte Savarkar anhand von Territorium, Ethnie, Kultur und affektiver Bindung an das Land. Er schreibt:[1] »Die erste wichtige und unabdingbare Voraussetzung für einen Hindu ist, dass er Indien als Vaterland und als Mutterland, also als das Land seiner Ahnen und Vorväter ansieht. [...] Zweitens ist für Hindutva essenziell, dass ein Hindu ein Abkömmling von Hindu-Eltern ist und beanspruchen kann, dass das Blut der alten Inder und des Volkes, das aus ihnen entstand, in seinen Adern fließt. [...] Das System und die Gruppe von Religionen, die wir Hindu-Dharma nennen, ist genauso wahrhaftig eine Ausgeburt dieses Bodens wie die Männer, deren Gedanken dies entsprang, oder die die Wahrheit vor ihnen enthüllt ›sahen‹. [...] Demnach ist für jeden Hindu dieses Bharata bhumi (Mutter Indien) dieses Sindhusthan zugleich ein Pitribhu und ein Punyabhu – ein Vaterland und ein Heiliges Land.«

Angehörige nicht-hinduistischer Religionen sind laut Sarvarkar als »Gäste« anzusehen, solange sie den Nicht-Hindureligionen anhängen: »Dies ist der Grund, warum einige unserer mohammedanischen und christlichen Landsleute, die ursprünglich mit Gewalt zu einer nicht hinduistischen Religion bekehrt wurden und danach zusammen mit den Hindus ein gemeinsames Vaterland und einen großen Teil an gemeinsamer Kultur, Sprache, Gesetzen, Brauchtum, Folklore und Geschichte geteilt haben, nicht als Hindus anerkannt werden können. Denn für sie ist Hindustan das Vaterland, wie auch für jeden Hindu, nicht aber auch gleichzeitig das Heilige Land. Ihr Heiliges Land liegt fernab, in Arabien oder Palästina. Ihre Mythologie und Gottesmänner, Ideen und Helden sind nicht Kinder dieses Bodens.«[2]

Für die Anhänger dieser Theorie ist Gandhi ein gefährlicher Widersacher. Obwohl er sich für einen orthodoxen Hindu hält, spricht er sich klar gegen den Hindunationalismus aus. Nicht nur, weil er für eine Verständigung zwischen Hindus und Muslimen eintritt – sondern auch, weil er überzeugter Pazifist ist. Gandhi wirft den Hindunationalisten vor, die koloniale Unterjochung zu instrumentalisieren, um Gewalt zu legitimieren. Zudem lehnt der Mahatma – anders als die Hindunationalisten – die westliche Moderne ab. Er verachtet Materialismus und kapitalistisches Gewinnstreben.

Die hindu-muslimische Einheit ist Gandhis größtes gesellschaftspolitisches und kulturelles Anliegen. »Ich glaube fest daran, dass alle großen Religionen der Welt Wahrheit enthalten. Es wird keinen dauerhaften Frieden auf der Welt geben, solange wir nicht lernen, nicht nur anderen Glauben zu tolerieren, sondern als unseren eigenen zu respektieren«, schreibt er.[3] Schon in seiner Kindheit im westindischen Gujarat hat er den mütterlichen Pranami-Glauben als eine volkstümliche Mischung von Hinduismus und Islam erlebt: Der Hindupriester las sowohl aus dem Koran als auch aus der Bhagavad Gita. Später setzte er sich intensiv mit dem Koran auseinander, er bewunderte Mohammed und glaubte an das Verbindende beider Religionen. Doch die Konflikte zwischen

Hindus und Muslimen bei der Teilung haben Gandhis Träume brutal platzen lassen.

Jetzt steht sein Tod bevor. Am Vorabend des Attentates buchen Nathuram Godse und sein Kampfgenosse Narayan Apte Zimmer Nummer sechs in der ersten Klasse des Wartebereichs im Bahnhof von Neu-Delhi auf den Namen N. Vinayak Rau. Zu ihnen stößt ein weiterer Mitkämpfer, Vishnu Karkare. Die drei besprechen die Details des geplanten Angriffs. Wenn Gandhi auf dem erhöhten Gebetsplatz auf dem Gelände des Birla-Anwesens vor seinem Publikum Platz genommen hat, will Godse aus etwa zehn Metern Entfernung aus der Menge heraus schießen. Die beiden anderen sollen jeden abwehren, der versucht, ihn daran zu hindern. Tatsächlich hat Godse wenig Erfahrung mit Waffen.

Erst am Nachmittag verlassen sie den Bahnhof und besuchen einen Hindutempel. Seine Begleiter beten, Godse nicht. Um 16.30 Uhr steigt der spätere Hauptattentäter, gekleidet in eine frisch gekaufte Kakijacke und eine blaue Hose, in einen Einspänner zum Birla-Haus. Fünf Minuten später nehmen Apte und Karkare eine weitere Kutsche. Godse erreicht sein Ziel noch vor fünf Uhr, Apte und Karkare wenige Minuten später.

Gandhi hat zwar, wenn auch widerwillig, der Bewachung des Gästehauses zugestimmt. Nicht aber der Forderung, dass alle Besucher durchsucht werden. So treten die drei Hindufanatiker völlig unbehelligt durch den Vordereingang, während der Mahatma und Patel immer noch im hinteren Teil des Hauses im Gespräch sind.

Um 17.10 Uhr steht die Wintersonne bereits tief über dem Anwesen. Der Nachmittag geht in den Abend über, als Gandhis Nichte Abha ihn auf die Uhrzeit hinweist. Für Punkt fünf Uhr war das Gebet geplant, und Gandhi hasst Unpünktlichkeit. Er bittet den Innenminister um Entschuldigung, steht auf, schlüpft in seine Latschen und tritt durch die Seitentür in die Dämmerung. Gegen die Kälte trägt er einen weißen Schal aus australischer Schurwolle.

Wie üblich stützen ihn Abha und Manu beim Gehen. Manu trägt seinen Spucknapf, sein Brillenetui, einen Rosenkranz sowie ihr Notizbuch. Sein Vertrauter Brij Krishna geht hinter ihnen, außerdem folgen unter anderem einige Mitglieder der Birla-Familie. Nicht dabei ist an diesem Tag A. N. Bhatia, ein Zivilpolizist, der kurz zuvor seinen Dienst zum persönlichen Schutz Gandhis antrat. Er hat einen anderen Einsatz. Einen Ersatz gibt es nicht.

Die letzten 200 Meter, die der alte Mann, gestützt auf seine beiden Nichten, zurücklegt, führen ihn über eine offene Rasenfläche. Am Gebetsplatz warten etwa 100 Menschen, rund 20 Polizisten in Zivil sind darunter. Und die drei Attentäter. Langsam steigt er die Treppe hinauf. Die Masse weicht zurück, um den Weg zur hölzernen Plattform frei zu machen.

Nathuram Godse hat nicht damit gerechnet, jetzt nur noch wenige Meter von Gandhi entfernt zu sein. Schnell verwirft er den ursprünglichen Plan. Stattdessen drängt er sich mit dem Ellbogen durch die Menge und schreitet direkt auf den Mahatma zu. Die winzige schwarze Beretta versteckt er in den wie zum Gruß vor der Brust gefalteten Händen. Er verbeugt sich: »Namaste, verehrter Gandhi.« Gandhi faltet zur Bestätigung die Handflächen. Niemand geht dazwischen, kein Polizist greift ein. Manu winkt Godse weg, sie fürchtet, er wolle Gandhi, den sie Bapu nennt, die Füße küssen, so tief senkt Godse den Oberkörper. Und sie weiß, dass Gandhi diese Geste nicht schätzt. »Bruder, Bapu kommt zu spät zum Gebet«, sagt sie. »Warum belästigst du ihn?«

Doch Godse schiebt Manu mit der linken Hand beiseite. In seiner Rechten blitzt kurz die Waffe auf. Manu fällt der Rosenkranz aus der Hand. Sie bückt sich, um ihn aufzuheben. In diesem Moment drückt Godse ab.

Zwei Kugeln schlagen in Gandhis Unterleib und Brust. Als Godse einen dritten Schuss abfeuert, steht der Getroffene immer noch, seine Handflächen weiter gefaltet. Er schnappt nach Luft. »He Ram!«, ruft er. »Oh Gott!« Dann sinkt er, die Hände immer noch zum Gruß ineinandergelegt, wie in Zeitlupe zu Boden. Sein Gesicht wird fahl. Sein weißer Schal färbt sich blutrot. Um exakt 17.17 Uhr ist der Mahatma tot. Wie von ihm selbst vorhergesagt: mit Gott auf seinen Lippen.

Panik macht sich unter den Anwesenden breit, Hysterie bricht aus. Godse feuert die Beretta ein viertes Mal ab, um sich selbst zu töten. Aber er schießt daneben. Die Umstehenden packen ihn. Die Menge schreit: »Tötet ihn!« Sie drohen, ihn zu lynchen. Doch es gelingt, den Attentäter in Sicherheit zu bringen. Im Mai desselben Jahres wird er wegen Mordes vor Gericht gestellt, im November des folgenden Jahres gehängt. Obwohl Gandhis Familie dagegen protestiert hat.

Die Blutspur auf dem Gebetsplatz wird bald aufgewischt. Doch die politische Dimension des Attentates bewegt Indien bis in die Gegenwart. Auf beiden Seiten der Waffe, die Gandhi tötete. So lebt der Traum des weltberühmten pazifistischen Unabhängigkeitsaktivisten bis heute fort: Die Idee von Indien als einem multireligiösen und multiethnischen Staat, die Trennung von Politik und Religion – beides ist in der indischen Verfassung festgeschrieben. Für beides setzt sich ein großer Teil der indischen Gesellschaft bis heute ein.

Aber auch der Kampf der religiösen Fanatiker, der an der Wiege der indischen Unabhängigkeit stand, hat sich fortgesetzt. Schon lange hat der Hindunationalismus die Mitte der indischen Gesellschaft erreicht. Wurde einst allein Gandhi verehrt, so gibt es heute Diskussionen über eine Verehrung für den, der ihn getötet hat. Bis hin etwa zu der Forderung, Meerut, eine nordindische Millionenstadt, nach dem Attentäter Nathuram Godse zu benennen.

Godhra

27. Februar 2002, 7.38 Uhr. Langsam rollt der Sabarmati-Express dem Bahnhof der Stadt Godhra im westindischen Bundesstaat Gujarat entgegen. Er hat dreieinhalb Stunden Verspätung, und er ist randvoll. An Bord sind neben gewöhnlichen Reisenden viele Pilger, sie kommen aus der Stadt Ayodhya im Norden zurück und sind auf dem Weg in die noch rund 100 Kilometer entfernte Metropole Ahmedabad. Zudem sind Hunderte Kar Sevaks zugestiegen, Aktivisten der hindunationalistischen Organisation Vishwa Hindu Parishad, kurz VHP, und ihrer Jugendabteilung Bajrang Dal. Lautstark stimmen sie ihre Gesänge zu Ehren des Gottes an: »Jai Shri Ram!« »Es lebe der Verehrte Rama!« Und: »Bharat Mata ki Jai!« »Heil Mutter Indien!«

Natürlich wissen die Teeverkäufer von Godhra, überwiegend Muslime, wer die Passagiere sind. Auch, weil die Medien ausführlich über die Reise der radikalen Hindus nach Ayodhya berichtet haben. Der VHP hat eine hunderttägige Pilgerfahrt organisiert, sie ist Teil einer Kampagne, um einen Rama-Tempel an jener Stelle zu errichten, an der einst die Babri-Moschee stand. Um das Heiligtum ist ein Streit zwischen den beiden größten religiösen Gemeinschaften im Land entfacht, der die alten Gräben so tief aufgerissen hat wie seit Jahrzehnten nicht: Errichtet wurde die Moschee von Mogulherrscher Babur im 16. Jahrhundert, doch 1992 haben Hindufanatiker sie zerstört. Tausende von ihnen stürmten sie mit Vorschlaghämmern. Sie behaupteten, vor 900 000 Jahren sei genau an diesem Ort ihr Gott Rama geboren worden. 2 000 Menschen sind bei der Zerstörung ums Leben gekommen, es waren die schlimmsten interreligiösen Auseinandersetzungen seit der Unabhängigkeit. Jetzt ist die Stimmung im Land zum Zerreißen angespannt.

Auch, weil Hindunationalisten in den vergangenen Wochen immer wieder Warnungen gegen alle ausgestoßen haben, die sich ihren Plänen widersetzen könnten. »Heute haben wir eine Situation erreicht, in der keine Busstation, kein Bahnhof sicher vor der Gefahr eines Angriffs durch islamische Terroristen ist«, tönte Pravin Togadia vom VHP in der Tageszeitung *Deccan Herald*. »Die einzige Möglichkeit für das Land ist es, einen kompromisslosen Krieg gegen islamische Militante zu erklären und diese bis zum Ende zu besiegen.«[4] Die Attentate am 11. September in New York haben weiteres Öl in das Feuer gegossen. Und mehr noch die Attacke von fünf islamistischen Terroristen aus Kaschmir auf das indische Parlament am 13. Dezember desselben Jahres, bei der vierzehn Menschen getötet wurden. »Die Jihad-Mentalität, die Babur dazu gebracht hat, den Ram-Tempel in Ayodhya vor mehr als 400 Jahren zu zerstören, war dieselbe Mentalität, die zur Teilung unseres Landes 1947, zum Angriff auf das Word Trade Center in New York und zum Terrorüberfall auf das indische Parlament geführt hat«, resümierte Togadia. Wenige Tage vor dem Massaker in Godhra drohte er dann ganz direkt vor einem »Gegenschlag« der Hindus, sollte sich Widerstand gegen den Bau der Moschee regen.[5]

Aber Godhra ist nicht nur ein Knotenpunkt im westindischen Eisenbahnnetz. Der Ort ist auch auf bittere Weise geradezu für eine blutige Auseinandersetzung prädestiniert. Etwa zur Hälfte von Muslimen und Hindus bewohnt, hat die Hunderttausend-Einwohner-Stadt eine lange Geschichte interreligiöser Auseinandersetzungen. Bereits vor und nach der Unabhängigkeit Indiens ist es hier zu zahllosen Ausbrüchen kommunaler Gewalt gekommen. 1947 und 1948 brachen Unruhen zwischen den ortsansässigen Muslimen und den Sindhis aus, die sowohl Hindus als auch Sikhs sind und nach der Teilung Indiens aus Pakistan zugewandert waren. Mehr als 3 000 Gebäude wurden dabei abgefackelt. 1980 und 1981 kam es in Godhra bei einem halben Dutzend Auseinandersetzungen zwischen Muslimen und Sindhis zu Brandstiftungen und Plünderungen, fünf Mitglieder einer Sindhi-Familie wurden lebendig verbrannt. 1990 tötete ein muslimischer Mob vier hinduistische Lehrer.

In weiten Teilen des Landes liegt Ende Februar 2002 Gewalt in der Luft. In Gujarat ganz besonders. Innerhalb der Sicherheitsdienste kursieren Warnungen. Lange zuvor und höchst detailliert hat etwa der hochrangige Geheimdienstoffizier G. C. Raigar die Regierung des Bundesstaates über geplante Aktionen radikaler Hindus im Zusammenhang mit der umstrittenen Moschee informiert: In zahlreichen Briefen und Faxen listete er Einzelheiten wie die Anzahl der nach Ayodhya reisenden Aktivisten, die Namen ihrer Anführer und die Daten der Züge, die sie nehmen würden, auf.

Auch P. B. Upadhyaya, ein weiterer Geheimdienstoffizier, hat in mehreren Briefen das Innenministerium von Gujarat gewarnt. »Wenn Recht und Ordnung nicht aufrechterhalten werden, wird möglicherweise das Leben Tausender unschuldiger Menschen in Gefahr sein.« In seinen Schreiben vom 12. Februar verurteilte Upadhyaya, selbst Hindu, die Hindu-Aktivisten: »Die Propaganda des VHP in der Diskussion um den Tempel von Ayodhya verletzt die Gefühle vieler Menschen. Daher ist es notwendig, Maßnahmen zu ergreifen.« Doch die Behörden sehen über alle Warnungen hinweg.

Sie ergreifen auch keine Maßnahmen, als es zwei Tage vor dem Massaker auf der Strecke, die der Sabarmati-Express viermal in der Woche quer durch Nord- und Westindien zurücklegt, zu heftigen Übergriffen kommt: Schon kurz nach dem Start in Ayodhya greifen Mitglieder des Bajrang Dal jeden, der als Muslim zu erkennen ist, mit Dreizacken und Eisenstangen an und verprügeln ihn. »Frauen und Kinder wurden nicht ausgelassen«, notierte die Zeitschrift *Jan Morcha*: »Burkas wurden heruntergezogen, Frauen mit Eisenstangen traktiert. [....] Einem Augenzeugen zufolge wurde ein Jugendlicher, der gegen die Übergriffe protestierte, auf der Fahrt aus dem Abteil geworfen. Zahlreiche Frauen sprangen, stark verwundet und blutüberströmt, aus dem Zug, als er sich einem Bahnhof näherte.«[6] Verletzte kamen mit Knochenbrüchen und Schnittwunden ins Krankenhaus. Die Polizei wurde alarmiert. Aber es wurde nicht einmal ein Protokoll aufgenommen. Weil der zuständige Beamte nicht im Dienst war.

Am Tag der Katastrophe ist die Stimmung an Bord des Zuges von Anfang an noch einen Dreh mehr gewaltgeladen. So berichtet der sechzigjährige Rentner Debashish Bhattacharya, der in seiner Heimstadt Lucknow in Nordindien in Wagen Nummer sechs des Sabarmati-Express gestiegen ist, nicht ahnend, dass dieser Abschnitt des Zuges später im Zentrum der Angriffe stehen wird: »Schon in Rudiyali, unweit von Lucknow, gab es den ersten Hagel von Steinen, die auf den Zug flogen.« Bhattacharya, selbst Hindu, skizziert gegenüber der *Times of India* auch, wie massiv die Aktivisten auftraten. »Wie an jedem anderen Bahnhof, waren die Kar Sevaks zuvor auf die Plattform getreten, sie riefen Jai Shri Ram und begannen sogar zu tanzen.«[7]

Es gibt zahlreiche Schilderungen von Übergriffen an Bord, lange bevor es in Godhra zu der Katastrophe kommt. Von Frauen, die genötigt wurden, ihre Burka abzunehmen. Davon, dass hinduistische Reisende muslimische Familien aufforderten, ihre Pilgerlieder mitzusingen. Von Streit, der daraus entstand. Ein muslimisches Paar sei nach Belästigungen durch die radikalen Hindus kurz vor Godhra ausgestiegen, berichtet etwa der Autor Siddharth Varadarajan in seinem Buch *Gujarat, The Making of a Tragedy*. Doch erst im Bahnhof von Godhra gerät die Situation völlig außer Kontrolle.

27. Februar 2002, 7.42 Uhr. Rund 35 Stunden ist der Sabarmati-Express jetzt von seinem Ausgangsbahnhof Varanasi unterwegs, fast 1500 Kilometer hat er zurückgelegt. Bahnsteig eins ist voll

von Pendlern. Sie warten auf ihre regulären Züge zu den umliegenden Orten, die gegen acht Uhr morgens abfahren. Viele von ihnen sind leicht als Muslime zu erkennen.

Sofort springen VHP-Passagiere aus dem Zug. Sie tragen, so berichten es Augenzeugen später, Stöcke und Latten. Sie attackieren bärtige Muslime auf dem Bahnsteig. Das erste Opfer ist Teeverkäufer Siddiq Bakr. »Ich sah die Leute mit ihren orangefarbenen Stirnbändern und Stöcken, die Parolen riefen«, zitiert Autor Varadarajan einen anderen Bahnsteig-Verkäufer aus Godhra. »Ich sah, wie diese Kerle Siddiq auf Beine und Kopf schlugen.« Der Mann, selbst Muslim, weist seine Mitarbeiter an, ihre Namensschilder zu entfernen, die sie als Muslime identifizierten. Wenn sie gefragt würden, sollten sie behaupten, dass sie Hindus seien. »Sie sollten einfach ›Jai Shri Ram‹ rufen, wenn es ihnen befohlen würde. Und auf keinen Fall um Geld für ihre Waren bitten.« Denn viele Hindufanatiker bedienten sich bei den Verkäufern nach Belieben – oft, ohne zu bezahlen: »Sie schnappten sich nicht nur meine Samosas, sondern gleich auch das Tablett, auf dem sie ausgelegt waren.« Der Mann ergreift die Flucht. »Ich rannte weg und versteckte mich außerhalb des Bahnhofs.«[8]

Snacks, Früchte und Süßigkeiten greifen die Aktivisten ab, einem Händler spritzen sie Tee ins Gesicht, der Wagen eines Zigarettenverkäufers stürzt um. Die Hindufanatiker zwingen einige Muslime erfolgreich dazu, ihren Gott Rama anzurufen. Augenzeuge Anees Piplodwala, ein Hindu, sagt später, dabei hätten sie gegrölt: »Jeder einzelne Mann hier ruft ›Jai Shri Ram‹, erst dann gehen wir.«[9] Aber viele Muslime weigern sich. Auch mit Gegengewalt. Die ersten von ihnen beginnen jetzt, Steine auf den noch stehenden Zug zu werfen. Mitglieder des Bjarang Dal und andere Passagier sammeln ihrerseits Steine aus dem Gleisbett und schleudern sie zurück. Sie fordern die Kinder und Frauen auf, in den Zug zu steigen.

Und die Vertreter des Staates sehen zu. Die Bahnhofspolizei hat ihr Büro am anderen Ende des Bahnsteigs. Zwar beobachtet eine Gruppe von Polizisten mit *Lathis*, Schlagstöcken aus Bambus, das Geschehen. Doch sie greift nicht ein. »Bis der Zug abfahrbereit war, hatte sich die Situation so brisant entwickelt, dass Polizisten der Railway Protection Force die Passagiere des VHP mit gefalteten Händen anflehten, wieder in den Zug zu steigen«, gibt ein Augenzeuge später zu Protokoll. Mehr unternahmen sie nicht.[10]

Die zuständigen Beamten bleiben auch untätig, als einer der VHP-Aktivisten ein muslimisches Mädchen auf dem Bahnsteig belästigt. Die siebzehnjährige Sophia Shaikh wartet mit ihrer Mutter und ihrer Schwester auf einer Bank am Bahnsteig Nummer eins, als der Sabarmati-Express einfährt. Sie wollen einen Lokalzug in die Großstadt Baroda nehmen, um nach einem Urlaub im Haus ihrer Tante nach Hause zurückzukehren. »Wir sahen einen Krawall auf dem Bahnsteig. Fahrgäste mit safranfarbenen Stirnbändern, die aus dem Zug ausgestiegen waren, schrien laut und liefen mit Latten in der Hand umher«, erzählt die Mutter später. »Wir standen auf, um außerhalb des Bahnhofs zu warten, bis der Sabarmati-Express wieder abfuhr.« Doch als die drei zum Ausgang laufen, die Mutter vorne, gefolgt von Sophias jüngerer Schwester und Sophia, packt ein kräftiger Mann deren Arm von hinten und zieht sie Richtung Zug. Jemand ruft der Mutter zu: »Halt sie fest!« Der Mann drückt Sophia die Hand auf den Mund, aber sie hat schon »Mama« geschrien, und der Mann lässt sie los. Die drei hasten durch den Tumult ins Innere des Bahnhofs und bringen sich in Sicherheit.[11]

7.47 Uhr. Der Pfiff des Schaffners erschallt. Passagiere springen in die Waggons. Nur fünf Minuten hat der Sabarmati-Express auf dem Bahnhof gestanden, nun setzt er sich wieder in Bewegung. Der Mitfahrende Debashish Bhattacharya merkt erst jetzt, dass etwas nicht stimmt. Kar Sevaks stürmen in Wagen Nummer sechs und herrschen die anderen Reisenden an, Fenster und Türen zu schließen. »Ich begriff, dass es auf dem Bahnhof Ärger gegeben haben musste. Die Leute, die reinkamen, sahen sehr angespannt aus.«[12] Mindestens 150 Menschen befinden sich zu diesem Zeitpunkt in Wagen sechs.

7.50 Uhr. Der Zug hat den Bahnhof noch nicht verlassen, als er wieder zum Stehen kommt. Jemand hat die Notbremse gezogen. Bis heute bleibt unklar, warum – möglicherweise, damit weitere Hindu-Aktivisten, die noch auf dem Bahnsteig sind, aufspringen können.

7.55 Uhr. Steine prasseln von der linken Seite auf den Stahlmantel der Abteile. Fünf weitere lange Minuten vergehen, bevor der Sabarmati-Express erneut anrollt.

8.00 Uhr. Die Notbremse wird wieder gezogen. Der Zug stoppt nur etwa einen Kilometer von dem Bahnhof entfernt erneut. Auch der Grund für diesen Stopp ist bis heute unklar.

Der Sabarmati-Express steht jetzt mitten in dem armen muslimischen Viertel Signal Falia. Der riesige, labyrinthähnliche Slum wird von der muslimischen Gemeinschaft der Ghanchis bewohnt. Von hier stammen viele der Verkäufer am Bahnhof. Andere Bewohner sind Straßenverkäufer oder haben kleine Autowerkstätten, arbeiten als Fahrradriksha- oder Scooterfahrer. Es ist eine Gemeinschaft von vielfach armen, schlecht ausgebildeten Menschen, nicht wenige sind kriminell.

Das Steineprasseln wird intensiver. Und die Menge, die sich am Zug sammelt, wird immer dichter: Zu Dutzenden strömen die Bewohner von Signal Falia aus den engen Gassen ihres Viertels herbei. Der Mob attackiert die von den Kar Sevaks besetzten Waggons wohl auch mit Fackeln. Die Zahl der Angreifer wird je nach Quelle völlig unterschiedlich angegeben: Schätzungen sprechen von mindestens 500, höchstens 2000 Angreifern. Jemand ruft angeblich, so ein Augenzeuge später: »Einer unserer Männer ist da drin.«[13]

8.07 Uhr. Immer mehr Menschen stürmen aus dem Slum auf den stehenden Sabarmati-Express zu. Fenster werden aufgebrochenen, unentwegt prasseln Steine, so Passagier Bhattachriya in Wagen Nummer sechs: »Ich konnte Leute rufen hören: Bringt sie alle um. Und: Lasst keinen einzigen aus! Bald konnte ich etwas Brennendes riechen, Rauch kroch zu mir hoch.« Bälle aus Tuch, getränkt mit Diesel aus den nahen Garagen und Reparaturwerkstätten in dem Slum, werden jetzt entzündet und in die Abteile geworfen. So lautet jedenfalls eine gängige Version.[14]

Wie auch immer, Bhattachriya hat Glück: »Ich sah ein zerbrochenes Fenster, dessen Gitterstäbe auseinandergebogen waren. Der Angriff hatte mir tatsächlich einen Weg geöffnet.« Es sei die Entscheidung zwischen zwei Übeln gewesen, so der Senior. »Die Flammen kamen immer näher. Ich wäre von ihnen eingeschlossen gewesen oder erstickt, wenn ich geblieben wäre. Die andere Möglichkeit war, hinauszuklettern und sich dem rasenden Mob zu stellen. Ich wählte die zweite Option.« Der Rentner kann sich retten.[15]

8.25 Uhr. Schwarzer Rauch steigt aus Wagen sechs. Innerhalb von fünf Minuten haben Flammen den gesamten Wagen erfasst. Auch die umliegenden Waggons stehen in Flammen.

8.26 Uhr. Erst jetzt erreicht die Polizei den Ort. Sie eröffnet das Feuer auf den Mob. Die Menschenmenge zerstreut sich. Zur selben Zeit gelangt auch die Feuerwehr an den Ort. Doch die Einsatzkräfte können die brennenden Abteile nicht betreten, die Flammen sind zu heftig. Eine Frau mit komplett schwarzem Gesicht stürzt immer wieder an eine geöffnete Tür, kann aber nicht hinausspringen, der Ausgang ist zu hoch über dem Gleis. Ein Beamter riskiert es schließlich doch hineinzuklettern. Er rettet einige Passagiere. Reisende wickeln die Verletzten in Decken. Doch 59 Passagiere werden Opfer von Flammen oder Rauch.

Nach der Katastrophe bleiben viele Fragen. Dass der Mob überhaupt mehr als 20 Minuten lang über den Zug herfallen konnte, lag vermutlich schlicht daran, dass die Polizisten zu spät an den Ort der Katastrophe kamen. Aber viele Beamte hatten wohl auch gar keine Gewehre dabei. Denn die werden in der Regel auf der Wache gelassen, da sie zu schwer zum Herumtragen sind.

Andere Rätsel dagegen blieben völlig ungelöst. Wurde die Notbremse tatsächlich ein zweites Mal gezogen? Und wenn ja: warum? Die Behörden behaupteten, dass die Druckluftleitung durchtrennt oder verbrannt gewesen sei, dadurch sei der Mechanismus gar nicht mehr funktionsfähig gewesen. Aber was sonst hat dann den Zug zum Halten gebracht?

Eine zentrale Frage bei den späteren Ermittlungen war natürlich auch, warum die Behörden nicht dafür sorgten, dass es gar nicht erst zu den Zwischenfällen im Bahnhof kommen konnte. Schließlich wussten sie nachweislich von der sich anbahnenden Katastrophe. G. C. Raigar, der Polizist, der das Ministerium in Gujarat gewarnt hatte, stellte nach dem Angriff auf den Zug in Godhra den Willen der Verantwortlichen in Frage, trotz vorliegender Erkenntnisse Sicherheitsmaßnahmen gegen die hinduistischen Aktivisten zu ergreifen, um eine Eskalation zu verhindern. Er wurde kurz darauf seines Amts enthoben.

Doch vor allem drehte sich die Diskussion von Anfang an darum, ob der Angriff geplant gewesen sei oder nicht. Die Zentralregierung spekulierte schon bald über eine »vorsätzliche« Attacke und die Arbeit des pakistanischen Geheimdienstes Inter-Services Intelligence (ISI). Der VHP war ohnehin sofort sicher, dass es ein von langer Hand geplanter Überfall muslimischer Terroristen sei. Ins selbe Horn stieß schnell auch der heutige Premier Narendra Modi, seinerzeit eine regionale Größe in der Politik. Der damalige Ministerpräsident von Gujarat wusste umgehend: Die Morde waren ein »organisierter Terroranschlag«.

Aber diese Behauptungen wurden ebenso schnell in Frage gestellt. So kamen die Ermittler in Gujarat zu dem Schluss, dass die Morde »nicht im Voraus geplant« waren, sondern das Ergebnis »eines plötzlichen, provokativen Vorfalls«. Eine Reaktion also. Auch ein Bericht der Railway Protection Force kam zu dem Ergebnis, dass die Angriffe wahrscheinlich auf eine spontane Auseinandersetzung zwischen VHP-Aktivisten und Verkäufern auf dem Bahnsteig zurückzuführen war, die außer Kontrolle geriet. Das deckte sich zumindest mit dem, was die Muslime aus der Gemeinschaft der Ghanchi später sagten: Belästigungen und Provokationen im Zug und an der Strecke nach Godhra seien die Ursache dafür gewesen, dass es zum Angriff auf Wagen sechs kam.

Eine weitere zentrale Frage bei den Untersuchungen wurde bald auch, ob es überhaupt möglich war, Diesel oder andere Brennstoffe in den Mengen, die nötig waren, um den Waggon abzufackeln, von außen hineinzubefördern. Zumal das Abteil sich mehr als zwei Meter über den Angreifern am Bahndamm befand. Versuche bewiesen, dass nur ein Bruchteil einer Flüssigkeit, die in Gefäßen auf diese Distanz geworfen wurde, das Ziel überhaupt erreichte. Auch dass der Zug mit in Brennstoff getränkten Lumpen angezündet war, erschien unwahrscheinlich: Kritiker dieser Theorie wandten ein, für den Beschuss mit brennstoffgetränktem Stoff hätten sich an den betroffenen Waggons keine äußerlichen Beweise gefunden.

Die Skeptiker wurden durch eine offizielle Untersuchung des in Ahmedabad ansässigen Forensic Science Laboratory weiter bestärkt. Mitte 2002 ergab sie, dass das Feuer nicht wie behauptet von außen entzündet worden sein konnte. Es sei vielmehr im Inneren des Zuges gelegt worden. Aber wie das? Hatten muslimische Terroristen den Brennstoff unbemerkt hineingeschleppt und auf dem Gang angezündet? Vielen Experten erschien es da noch als wahrscheinlicher, dass die Kar Sevaks Kocher mit sich führten, mit denen sie unterwegs Essen zubereiteten, und diese das Feuer ausgelöst hatten. Denn die Praxis, in Zügen zu kochen, ist bei orthodoxen Hindus weit verbreitet.

Es gab zahlreiche weitere Theorien. War ein muslimischer Verkäufer am Bahnhof Godhra auf den Zug gesprungen, um bei den Aktivisten, die ihn bestohlen hatten, sein Geld zurückzuverlangen, und der Mob von Signal Falia hatte versucht, ihn zu retten? Dachten die Angreifer etwa, sie müssten Sophia, das Mädchen, dass ein Kar Sevak offenbar zu entführen versucht hatte, aus Wagen Nummer sechs retten?

Lange haben die Ermittler auch über die Zusammensetzung des Mobs gerätselt. Was für Menschen waren es, die zu solchen Taten fähig waren? Und waren sie wirklich so brutal? Die *Times of India* schrieb im Juli 2002 aus Godhra: »Während das ganze Land den Mob dafür verurteilt, blutrünstig zu sein und eine abscheuliche Tat begangen zu haben, bei der 59 Personen lebendig verbrannt wurden, gibt es ein Rätsel darüber, wie andererseits fast 90 Personen weitgehend unverletzt aus dem brennenden Abteil entkamen. Die Frage hier ist, ob es wirklich ein so brutaler Mob war. Warum sie diese Passagiere nicht getötet haben, die aus dem in Flammen stehenden Zug gesprungen sind.«[16] Denn zu Todesfällen kam es ausschließlich im Inneren des Zuges. Nur eine Handvoll anderer Passagiere wurde durch Steinwürfe verletzt, sagte später ein an den Ermittlungen beteiligter Polizeibeamter.

Aber selbst, wenn es keine geplante Aktion von Terroristen war: Wie konnten Zwischenfälle wie die am Bahnhof von Godhra oder im Zug selbst eine derart barbarische Reaktion hervorrufen? Der Mawlawi von Godhra, ein islamischer Gelehrter, sagte in einem Interview mit dem Autor Siddharth Varadarajan, es führen viele Züge durch seinen Heimatort. Doch 150 Jahre lang habe kein Muslim einen Reisenden auf dem Weg hindurch belästigt oder bedroht. Auf die Frage, wieso es also an diesem Tag im Februar 2002 zu den Übergriffen kommen konnte, erwiderte er: »Was kannst du noch tun, wenn der Teufel das Kommando übernimmt?«[17]

Der Prozess um die Morde von Godhra ist jedenfalls von Anfang an politisch. Untersuchungen und Gerichtsverfahren ziehen sich hin. 2005 stellt Umesh Chandra Banerjee, Richterin des Obersten Gerichtshofs, fest, dass das Feuer im Zug nicht absichtlich gelegt wurde. Es sei zufällig entstanden. Es gebe es keine Hinweise darauf, dass es im Zug entzündet wurde und dass es eine Brandbombe gewesen sei.

Doch 2008 kommt eine von der Regierung von Gujarat eingesetzte Untersuchungskommission zu einem komplett gegenteiligen Urteil: Der Brand des Zuges sei ein terroristischer Akt gewesen. Sechs Jahre lang haben die Ermittler mehr als 1 000 Zeugen befragt. Danach sehen die Experten es dann doch als erwiesen an, dass Terroristen im Rahmen eines geplanten Anschlags 140 Liter Benzin gekauft haben, um ihn damit abzufackeln. 2017 verhängt ein Gericht in Gujarat die Todesurteile gegen elf muslimische Männer. Es bestätigt gleichzeitig die lebenslange Haftstrafe von weiteren 20 Männern und weist eine Berufung gegen den Freispruch von 63 weiteren zurück.

Zudem wird die Regierung des Bundesstaates aufgefordert, den Familien der Opfer umgerechnet je 15 000 Euro als Entschädigung zu zahlen, da die staatlichen und Eisenbahnbehörden es versäumt hätten, Recht und Ordnung aufrechtzuerhalten.

Modi

Der Regierungschef des Bundesstaates Gujarat ergreift am 28. Februar 2002 im Doordarshan, dem indischen öffentlich-rechtlichen Fernsehen, das Wort. Modi sagt: »Gestern hat in Godhra eine unmenschliche Tragödie stattgefunden.« Er listet die Zahl der Toten auf. Er bezeichnet die Angreifer mit traurigem und ernstem Blick hinter dem weißen Bart als »Kannibalen«. Das Verbrechen könne nie verziehen werden: »Ich kann den Bürgern von Gujarat versichern, dass ein Geschehen wie dies nie toleriert werden wird. Die Verbrecher werden entsprechend bestraft werden. Nicht nur das, es wird ein Beispiel gesetzt werden, damit in Zukunft niemand auch nur davon träumt, so eine abscheuliche Tat zu begehen.« Denn es sei die Aufgabe der Regierung von Gujarat, ihre Bürger zu beschützen: »Gegen jene, die das Recht in die eigene Hand nehmen und das Leben Unschuldiger zerstören. Für sie ist in dieser zivilisierten Gesellschaft kein Platz.«

Modi ist Politiker der 1980 gegründeten BJP. Die BJP ist rechtskonservativ, in Teilen auch rechtsextremistisch. Sie ist eng mit dem RSS verbunden, ebenso mit dem ebenfalls hindunationalistischen, 1984 gegründeten VHP, dem Welt-Hindu-Rat. Seit 1998 hat sie mit dem Premierminister Atal Bihari Vajpayee die Zentralregierung in Delhi inne. Vajpayee gilt rückblickend als ein gemäßigter Vertreter der zeitweise weltweit größten politischen Partei.

Anders als Modi. Zwar ruft der die Bürger in seiner Ansprache zu Ruhe auf, Aufruhr sei keine Lösung: »Ich verstehe eure Wut, aber ich bete zu euch, dass das Gebot der Stunde ist, Frieden und Selbstdisziplin zu bewahren.« Doch was folgt, ist das exakte Gegenteil.

Schon am Nachmittag des 27. Februar haben lokale Zeitungen die Muslime aus der Gemeinschaft der Ghanchi in dem an die Bahngleise angrenzenden Slum als Täter ausgemacht. Die Reaktion der Hindus lässt nicht lange auf sich warten. Und sie geht weit über Godhra hinaus: Hindunationalisten, gekleidet in safranfarbene Roben und Kaki-Shorts, rollen in muslimischen Gemeinden in der gesamten Region in Pkw und Lastern ein. Sie tragen Waffen aller Art. Sie koordinieren ihren Einsatz mit Handys, aber auch mit von der Regierung Gujarats herausgegebenen Flyern, die die Häuser und Geschäfte von Muslimen auflisten.

Und wieder schauen die Behörden zu. Die Angreifer fackeln Gebäude ab, die Muslimen gehören. Vergeblich rufen die Opfer um Hilfe. Doch die Beamten erwidern: »Wir haben keinen Befehl, Sie zu retten.« Mehrfach schießen die Sicherheitskräfte selbst an diesem Tag auf Angegriffene, die versuchen, sich zu verteidigen. Während der hinduistische Mob weitgehend ungestört tobt. Und so ist bald das ganze Land im Ausnahmezustand: Bis zum Abend des 28. Februar wird in 27 Städten indienweit eine Ausgangssperre verhängt.

Zwar schickt die Regierung das Spezialkommando Rapid Action Force nach Godhra, die Polizisten haben die Genehmigung zum Todesschuss. Doch vor allem mahnen viele Politiker zu Zurückhaltung. Gordhan Zadafia, Staatsminister für Inneres in Gujarat, meint noch am 28. Februar, dass es keine Vergeltung seitens der Hindugemeinschaft für den brennenden Zug geben werde.[18] Modi erklärt einerseits, dass die Gewalt bereits nachgelassen habe, man werde sie bald unter Kontrolle haben. Andererseits müsse, wenn die Situation es rechtfertige, die Polizei durch die Armee unterstützt werden. Doch tatsächlich hält die Regierung Gujarats den Truppeneinsatz bis zum 1. März zurück. Da sind allerdings die schwersten Ausschreitungen bereits geschehen.

Die Hindunationalisten vergewaltigen, plündern und töten. Mütter werden aufgespießt, Kinder angezündet, Väter in Stücke gehackt. Mindestens 250 Mädchen und Frauen werden Schätzungen zufolge gruppenvergewaltigt und dann verbrannt. Kindern wird Benzin eingeflößt, bevor man sie anzündet. Schwangeren Frauen werden die ungeborenen Kinder aus dem Leib gerissen, man hält ihnen die toten Körper vor Augen. Die Angreifer setzen Häuser unter Wasser und töten die Familien darin mit Stromschlägen.

Zum größten Massaker kommt es in dem Ort Naroda Patiya. Mehr als 90 Menschen werden getötet. In Gulbarg Society, einem muslimischen Wohnkomplex, suchen die Menschen Zuflucht im Haus von Ehsan Jafri, einem ehemaligen Parlamentsabgeordneten der Kongress-Partei. Die Angriffe dauern mehr als sechs Stunden, Jafri ruft einflussreiche Bekannte an, aber niemand kommt zur Hilfe. 69 Menschen werden umgebracht. Jafri selbst wird in Stücke gehackt und verbrannt.

Zwei Monate dauern die Gewaltexzesse. Etwa 1 000 Menschen sind danach tot, die meisten Muslime. Rund 20 000 muslimische Häuser und Geschäfte und 360 Moscheen werden zerstört, rund 150 000 Menschen vertrieben.

Schnell wirft die Opposition der Regierung vor, sie habe es versäumt, Muslime bei den Unruhen zu schützen – oder habe gar die Anschläge selbst aktiv geplant und ausgeführt. Die BJP und der VHP seien mitschuldig, sie hätten den Mob angestiftet. Und auch die Sicherheitskräfte. Am Tag nach dem Zugangriff hätten Polizisten in Ahmedabad unter Zehntausenden wütender Hindus keinen einzigen festgenommen. Die Kritik an Regierungsschef Modi erreicht endgültig die Weltbühne, als das US-Außenministerium ihm wegen seiner mutmaßlichen Rolle bei den Anschlägen die Einreise in die Vereinigten Staaten verbietet.

Zumal viele indische Medien die Gewaltexzesse, weil die Behörden nicht eingriffen, als Staatsterrorismus und nicht als »kommunale Unruhen« beschreiben. Wissenschaftler analysieren die Geschehnisse ähnlich. Der indische Historiker Gyanendra Pandey meint, es handele sich nicht um Ausschreitungen, sondern um »organisierte politische Massaker«. Der amerikanische Politikwissenschaftler Paul Brass ordnet die Vorfälle als ein systematisches antimuslimisches Pogrom ein. Laut der indischen Soziologin Kalpana Kannabiran waren auch die Vergewaltigungen Teil einer gut organisierten Strategie, sie lasse sich auch als Völkermord einordnen.

Doch so heftig die Vorwürfe, die Strafverfolgung ist zäh. Denn die Beteiligten mauern, ebenso die Behörden. Zeugen werden bestochen und eingeschüchtert, Täternamen aus den Anklagebögen gestrichen. Regierungschef Modi habe den Beamten befohlen, keine Maßnahmen gegen die Angreifer zu ergreifen, kritisiert ein hochrangiger Staatsbeamter in einem Untersuchungsausschuss. Kurz darauf wird er ermordet. Tausende Verfahren werden trotz Augenzeugenberichten mangels Beweisen von der Polizei eingestellt. Selbst lokale Richter agieren offensichtlich parteiisch.

Nach mehr als zwei Jahren Freisprüchen schreitet schließlich der Oberste Gerichtshof ein. Er verweist wichtige Fälle an den Bombay High Court. Er befiehlt der Polizei, 2000 zuvor abgeschlossene Verfahren wieder aufzunehmen. Die Beamten identifizieren fast 1600 Fälle, die erneut untersucht werden müssen. 640 Angeklagte werden jetzt verhaftet. Gegen 40 Polizeibeamte werden Ermittlungen eingeleitet.

Doch bis zum Abschluss aller Verfahren vergehen Jahre. Erst im April 2013 werden 184 Hindus und 65 Muslime verurteilt. 31 der Verurteilungen von Muslimen betreffen allerdings das Massaker an Hindus im Sabaramati-Express.

Doch obwohl kein Ereignis die Muslime und Hindus in Indien seit der Teilung des Landes so weit entzweit wie die Gewaltexzesse in Gujarat 2002 – für Narendra Modi waren sie ein Glücksfall. Denn im Winter 2001/2002 war seine BJP in Gujarat politisch angeschlagen. Jetzt aber wurden die ursprünglich erst für April 2003 geplanten Parlamentswahlen auf Dezember 2002 vorgezogen. Und Modi konnte aus der religiösen Polarisierung Kapital schlagen. Der 27. Februar 2002 brachte ihn in Gujarat an die Macht. Und er ebnete ihm den Weg dazu, Premierminister von Indien zu werden.

So gibt es heute nur noch wenige, die sich trauen, ihm im Weg zu stehen. Rückwirkend bekam er, was seine Rolle bei den Unruhen von 2002 betrifft, sogar noch Recht. So gab die Regierung von Gujarat 2022 bekannt, elf Männer freizulassen, die wegen der Gruppenvergewaltigung einer muslimischen Frau bei den Gewaltexzessen in Gujarat zu lebenslanger Haft verurteilt worden waren. Anlass war der 75. Jahrestag der indischen Unabhängigkeit. Das Opfer hieß Bilkis Bano, bei den Übergriffen wurden auch vierzehn ihrer Familienmitglieder getötet. In ganz Indien gingen daraufhin Männer und Frauen auf die Straßen, sie riefen Parolen, sie forderten, die Entscheidung rückgängig zu machen. Auch, weil sie nicht nur für die interreligiösen Beziehungen in Indien Bedeutung habe, sondern ebenso für Frauenrechte. So zitierte die BBC Aditi, eine demonstrierende Studentin, mit den Worten: »Frauenfeindlichkeit und Patriarchat sind so weit gestärkt worden und haben sich so weit normalisiert, dass Vergewaltigung jetzt normal ist.«[19]

Zumal Hindunationalismus heute etwas ganz Gewöhnliches im Land ist. Den RSS kann man überall beobachten, in Parks oder auf öffentlichen Plätzen. Morgens oder an späten Nachmittagen hissen seine Mitglieder die safranfarbene Fahne. Sie kommen zu ihren Übungen zusammen, die sie Shakhas nennen. Junge Männer exerzieren in der Dämmerung nach der alten Kampfkunst Kalaripayat. Schuljungen spielen Kampfspiele und lassen sich politisch unterweisen. Sie tragen braune kurze Hosen und rufen »Jai Shivaji«. Gemeint ist Shivaji Maharaj, Anführer der Marathen im 17. Jahrhundert, ein hinduistisches Gegenstück zu den muslimischen Großmoguln. Die Leiter der Zusammenkünfte brüllen Anweisungen. Zum finalen Appell stellen sich alle in Reihen auf, um »Bharat Mata ki Jai« anzustimmen. »Heil Mutter Indien.«

Wer sich traut, den RSS-Kadern Fragen zu stellen, der bekommt aalglatte Antworten. »Wir lieben das Land«, antwortet mir der Leiter eines Shakhas in Neu-Delhi. Der RSS tue alles, damit es nicht gespalten wird. »Auch mit Gewalt?«

»Aber nein! Gewalt lehnen wir ab.«

»Und Gandhi? Wurde er nicht von einem Hindunationalisten ermordet?«

»Das ist eine Verschwörungstheorie. Wir verehren den Mahatma. Für seinen einfachen indischen Lebensstil. Für seinen Asketismus. Er ist ein echtes Vorbild für uns.«

Größte Minderheit

Ende Februar 2020 sind die Straßen in Nord-Delhi mit Steinen und Glassplittern übersät. Verkohlte Motorräder und Autos liegen an den Straßenrändern. Menschen mit Bündeln und Matratzen auf dem Rücken irren durch den Rauch, der aus schwelenden Gebäuden steigt. Ob Wohnhaus, Hähnchenrestaurant, Lebensmittel-, Handy- oder Geldtransfergeschäft: Viele Gebäude sind abgefackelt und zusammengestürzt, Türen eingetreten, Stromkabel geschmolzen, die Überwachungskameras zerschlagen und alle Fenster zertrümmert. Die Moscheen sind ausgebrannt. Ein ganzes Coaching-Zentrum und eine Limonadenfabrik wurden ein Raub der Flammen. Unberührt dazwischen stehen die ordentlich gestrichenen Häuser der Hindus.

Die muslimische Nachbarschaft von Bhura Khan liegt in Schutt und Trümmern. Doch der Mann trägt eine schneeweiße konische Kappe auf dem Hinterkopf sowie ein ebenfalls blütenreines weißes Hemd, als er der BBC am 26. Februar ein Interview gibt. »Ich bin nicht gleich weggelaufen«, sagt er. »Ich habe meinen ganzen Mut zusammengenommen. Wir haben die Rolltore des Ladens heruntergelassen und sind dageblieben.« Er zögert kurz, dann fährt er auf Urdu fort: »Als Erstes zündeten sie mein Auto an. Ich habe versucht, das Feuer zu löschen, da wurde ich mit Steinen beworfen.« Dann hätten sie das Haus in Flammen gesteckt, so berichtet es Khan. »Jemand warf einen Tränengasbehälter in den Laden.« Er sei durch den Seiteneingang gelaufen, um wieder hinauszuschauen. »Ich sah, wie der Mob und die Polizei gemeinsam Gegenstände anzündeten.« Erst als das Feuer die elektrischen Leitungen von Haus und angrenzendem Laden erreicht habe, sei er resigniert. »In dem Moment hatte ich die Hoffnung verloren, Haus und Geschäft zu sichern.« Die Stimme des kräftigen Mannes bricht, Tränen laufen über sein Gesicht, er wischt sie weg. »Nachbarn und Familie waren bei mir geblieben«, fährt er fort. »Wir haben uns gerettet, in dem wir vom Balkon gesprungen sind.« Er habe dann versucht, die Feuerwehr zu rufen. »Sie sagten, ich solle mir keine Sorgen machen, die Kollegen seien auf dem Weg.« Irgendwann sei ein Feuerwehrwagen gekommen und habe eine Weile vor dem Haus gestanden. Dann sei er einfach wieder gefahren. »Sie riefen nicht nach mir oder haben irgendetwas getan.«[20]

Drei Tage lang hat der Mob in diesem Frühjahr in Neu-Delhi getobt, in mehrheitlich muslimischen Vierteln wie Maujpur, Mustafabad und Jaffrabad. Arme Quartiere, die auf weiten Strecken schon vor den Auseinandersetzungen finster und elend aussahen. Hier hatten Demonstranten zuvor für ein umstrittenes neues Gesetz demonstriert, das die Staatsbürgerschaft von der Religion abhängig macht – und andere dagegen, überzeugt davon, dass es Indiens Muslime diskriminiere. Schnell wurde daraus das, was man in Indien als »interkommunale Unruhen« bezeichnet: Auseinandersetzungen zwischen verschiedenen ethnischen oder religiösen Gemeinschaften. Hindus und Muslime trafen hasserfüllt aufeinander. Die Aggression scheint besonders von den Hindus ausgegangen zu sein. Fotos, Videos und Berichte in den sozialen Medien zeigen einen überwiegend hinduistischen Mob, der auf unbewaffnete Männer, darunter auch Journalisten, einprügelt. Gruppen von Männern mit Stöcken, Eisenstangen und Steinen laufen durch die Straßen. Der Zugang zu den Gebieten wurde schließlich eingeschränkt.

An diesen Tagen gehen auch die Bilder von einem jungen Muslim, der im Krankenwagen liegt, durch die Medien. Ein Hindu-Mob habe ihn angegriffen, ihn gezwungen »Jai Shri Ram« zu rufen – »es lebe Gott Rama«. Dann hätten sie das Fahrzeug attackiert, beteuert der Fahrer des Krankenwagens. Ein Bewohner berichtet den Kameraleuten, wie er sich vor dem tobenden Mob versteckt habe, bevor der sich auf die neben seinem Wohnhaus liegende Moschee konzentriert habe, um sie in Brand zu setzen. Viele Betroffene fragen, warum die Polizei nicht eingegriffen habe. Warum es keine Verstärkung gegeben habe.

27 Menschen werden bei den Unruhen getötet. Mit einer heftigen Welle hat die interreligiöse Gewalt die Hauptstadt erfasst. Doch nach den Massakern widerspricht die Polizei rasch, es habe keine Kooperation mit dem Hindu-Mob gegeben. Die Feuerwehr erklärt, sie habe getan, was die Kapazitäten zuließen. Premierminister Narendra Modi twittert drei Tage nach Ausbruch der Gewalt, dass er zum Frieden aufrufe. Ganz wie bei den Unruhen in Gujarat. Er habe die Situation analysiert, die Polizei arbeite daran, die Normalität wiederherzustellen.

In Indien leben 200 Millionen Muslime, sie sind die größte Minderheit. Doch das Land, gegründet mit dem Versprechen, dass Friede zwischen den Religionen herrsche, ist nach Jahrzehnten eines relativ auskömmlichen Miteinanders tief gespalten. Die gegenseitige Aggression, der Riss in der indischen Gesellschaft, ist zum einen lange tradiert: Die Feindschaft zwischen Hindus und Muslimen hat es schon immer gegeben, seit der Islam sich von Arabien auf den Subkontinent ausgebreitet hat. Der Hass hat »nur« geschlafen. Aber genauso hat es auch immer Annäherungen gegeben.

Ich selbst habe Indiens größte Minderheit oft als sehr defensiv kennengelernt. Zumindest zunächst. So waren viele Muslime, mit denen ich in den Neunzigern zu tun hatte, alles andere als streng religiös oder gar gegen Neu-Delhi eingestellt. Ich erinnere mich, wie ich auf einem Hausboot in Kaschmirs Hauptstadt Srinagar mit dem begeisterten und zur fast andachtsvollen Ruhe bei der Übertragung gemahnenden Hotelbesitzer bei Tee, Keksen und Shisha auf einem wackeligen Fernseher Nachrichten über den Indischen Unabhängigkeitstag am 15. August schaute. Natürlich rief in Srinagar der Muezzin zu den entsprechenden Zeiten vom Ufer her über den See, aber beten habe ich von der Familie des Hotelbesitzers niemanden je sehen. Natürlich trugen auch seine Töchter und seine Gattin Kopftücher, aber Niqab oder Burka waren keine Themen. So wie übrigens auch in Deutschland zu jener Zeit nicht. Sicher, diese Familie lebte auch sehr auskömmlich von ihrer Offenheit gegenüber den westlichen Touristen, die bald ein jähes Ende finden sollte. Aber dass das geschah, war wiederum auch keineswegs in ihrem Interesse.

Als denkbar strenggläubig erlebte ich dagegen bereits vor der Jahrtausendwende viele schiitische Familien, bei denen ich in entlegeneren Teilen von Kaschmir unterkam. In den kleinen Himalajadörfern hingen Bilder des Ayatollah an den Wänden der Dorfläden. Die Frauen speisten stets separat von den Männern. Die wiederum aßen auch separat von uns Gästen. Beides tun aber auch orthodoxe Hindus oft.

Und auch auf späteren Reisen habe ich vor allem viele junge Männer als völlig ungebunden, offen und westlich orientiert erlebt. Von zwei kaschmirischen Brüdern aus einer muslimischen Familie, die ich kennenlernte, war zum Beispiel der eine Vegetarier. Sein Bruder war Jurist und Alkoholiker, sein bester Freund ein buddhistischer Nepali. Als wir einmal in einer lauen Sommernacht zusammen essen waren, ertrug er es nicht, dass die elektrische Mückenfalle des Restaurants knackend die Insekten tötete, und schaltete sie stillschweigend aus. Als ich ihn fragte, ob er nicht Häme von seinen muslimischen Freunden fürchte, weil er Hammelfleisch verschmähe, antwortet er mit einem feinen Lächeln: »Dies ist ein freies Land.«

Viele, die ich traf, waren alles andere als rigide. Ob der alte Sufi, mit dem ich am Nizamuddin Dargah in Delhi ein Gras-Chillum rauchte, oder die langhaarigen muslimischen Jungs in Bangalore, mit denen ich in einem Musikladen Grunge hörte: Oft hatte ich den Eindruck, dass es ganz egal sei, ob ich es mit Muslimen oder irgendwie Andersgläubigen zu tun hatte.

Doch das alles änderte sich in den Zweitausendern. Denn der Riss zwischen dem Westen und den Muslimen, den die Anschläge vom 11. September 2001 in New York aufgebrochen hatten, setzte sich in Indien besonders rasch fort. Schon nach den Terrorangriffen auf das Parlament in Neu-Delhi am 13. Dezember desselben Jahres brach die jahrhundertealte Sollbruchstelle zwischen hinduistischer und muslimischer Kultur tief auf. So tief wie seit Jahrzehnten nicht. Endgültig kippte die Stimmung mit den Anschlägen in Mumbai 2008.

Zehn Laschkar-e-Taiba-Terroristen stürmten am 26. November dieses Jahres mehrere Gebäude in der Finanzmetropole an der Westküste. Sie richteten ein tagelanges Blutbad an. Mit dem Boot waren sie im pakistanischen Karachi gestartet, auf dem Weg hatten sie einen Fischtrawler entführt, die Besatzung ermordet, die Leichen über Bord geworfen. Ausgestattet mit automatischen Waffen und Granaten legten die Terroristen an der Uferpromenade nahe dem Gateway of India an. Sie kaperten Autos, darunter ein Polizeiwagen, und teilten sich in drei Gruppen auf. Am Bahnhof Chhatrapati Shivaji töteten sie 58 Menschen, im bei Touristen beliebten Café Leopold erschossen sie weitere zehn. Vor einem Krankenhaus ermordeten sie sechs Polizisten. Bei der dreitägigen Belagerung eines jüdischen Gemeindezentrums verloren sieben Menschen ihr Leben, 30 weitere starben im Oberoi-Trident-Hotel,

31 im Taj Mahal Palace and Tower Hotel. Insgesamt 164 Menschen hatten die Attentäter umgebracht, bevor neun von ihnen schließlich von Sicherheitskräften getötet wurden. Nur einer überlebte: Mohammed Ajmal Kasab. Er wurde 2012 hingerichtet.

Doch da war die liberale Atmosphäre zwischen den Religionen in Indien schon lange vergiftet. Hindus lebten jetzt in Angst vor muslimischen Terroristen. Muslime fühlten sich bedrängt und unter Generalverdacht.

Nur wenige gaben sich noch unbeugsam. So wie Hasanuddin Ahmed, den ich kurz nach dem Massaker von Mumbai traf. In Hyderabad, jener zentralindischen Großstadt, die nach der Teilung 1947 zunächst unabhängig blieb, erklärte mir der schmächtige Senior mit dem blassen Gesicht, dass er sich der Entwicklung im Lande nicht beugen werde. »Der Clash of Civilizations hat unser Selbstverständnis endgültig zerstört«, sagte er. »Unsere Kultur des Miteinanders.« Er empfing mich in einem palastartigen Haus, umgeben von einem gepflegten Garten. Ahmed gehörte zur alten muslimischen Elite Hyderabads. Eine Dienerin servierte Tee und Kekse. Vor 1 000 Jahren seien seine arabischen Vorfahren nach Indien gekommen. Die Hindubevölkerung sei froh über das Wissen gewesen, das sie mitbrachten, so beschrieb er die Geschichte. Sie hätten Straßen gebaut, neue Obstsorten gepflanzt, die Verwaltung organisiert. Unter muslimischen Herrschern habe in Hyderabad eine Mischkultur floriert. Bis zur Unabhängigkeit. Kurz darauf habe ein Hindu-Mob die Stadt erobert, unterstützt von der regierenden Kongress-Partei. Sein Vater sei damals Polizeichef gewesen. »Sie riefen *Jai Hind* und töteten Hunderttausende junge Muslime. Die wohlhabenden Muslime flohen nach Pakistan. Ich bin geblieben. Und ich werde bleiben. Denn ich glaube an den indischen Staat so wie an Allah. Wenn ich auch kein Orthodoxer bin.«

Doch viele seiner Glaubensbrüder radikalisierten sich in den Jahren nach 2008. So genoss ich zwar die Offenheit, mit der ich ein paar Tage später von einem anderen Mann in eine Moschee in Hyderabad eingeladen wurde. Denn anders als die Hindus gewähren die Muslime jedem Zutritt, egal ob er gläubig ist oder nicht. Aber ich mochte den langen Bart des Imams nicht. Und noch weniger die Trennung von Mädchen und Jungs, die in der Madrasa praktiziert wurde. Und als ich ihn fragte, wie er zu Gewalt steht, antwortete er knapp: »Wenn man eine Katze angreift, wehrt sie sich.«

Oft hatte der Fundamentalismus, dem ich in den folgenden Jahren begegnete, auch einen sehr modernen Anstrich. So lernte ich in Delhi den Angestellten eines internationalen IT-Unternehmens kennen. Der Mann wusste jeden Kniff, wenn es um eine eigentlich illegale indische SIM-Karte für mein Mobiltelefon ging. Er half mir auch, mein altes Blackberry wieder fit zu machen. Khaled, Mitte 30, trug Sonnenbrille und einen streng gestutzten Vollbart. Er lud mich zu sich nach Hause ein, in ein mit allen Annehmlichkeiten ausgestattetes Heim in einer Gated Community. Der Fernseher lief, alle im Haushalt hatten Tablets und Handys, mit denen meine Geräte bei Weitem nicht mithalten konnten. Er fuhr mich und die Familie im dicken SUV in die feinsten Einkaufszentren in Delhis Süden. Es gab Hamburger im Schnellrestaurant. »Weil die Kinder es so lieben«. Doch amerikanisches Fastfood war das eine, der Glaube das andere: Wenn es ums Beten ging, war er streng. Fünfmal am Tag verabschiedete er sich knapp und selbstverständlich, um sich zur Andacht zurückzuziehen. Ebenso strikt war er auch, wenn es um die Verhüllung der weiblichen Familienmitglieder ging. Von seiner Frau und seinen älteren Töchtern bekam ich kaum mehr als die Augen zu Gesicht. Huschende Wesen in einem Wust aus Stoff. Er liebe das moderne Leben, sagte er immer wieder. IT und technische Entwicklungen aller Art. Aber er sei eben auch ein strenger Muslim. Und ebenso ein Inder aus vollem Herzen? Khaled grinste vielsagend unter dem gepflegten Bart.

Dass die Situation für die Muslime in Indien immer explosiver werde, prognostizierte mir mit drastischen Worten 2012 ein Geschäftsmann, den ich in einem Fünf-Sterne-Hotel in Bangalore traf. »Wenn Indiens Politik diesen Weg weiter geht, haben wir bald einen Bürgerkrieg«, sagte er knapp. Die Nobelherberge in Flughafennähe, in der wir saßen, hätte überall auf der Welt sein können. Künstliche Kaskaden flossen über rosafarbene Felsen. Nichts wirkte echt, nur mein Gastgeber. Mirza Yawar Baig trug ein klassisches muslimisches Gewand. Sein Bart war lang, ebenso sein Haupthaar. »Seit dem Zerfall des Ostblocks sind wir Muslime die internationalen Sündenböcke«, konstatierte er. Er komme aus guter Familie, er sei wohlhabend. »Für mich ist es leicht, mit der Eskalation umzugehen. Ich werde in die USA auswandern.«

Doch für jene, die in einem Land bleiben mussten, das ihre Heimat war, sie aber immer weniger anerkannte, wurde es in den folgenden Jahren immer schwieriger. Besonders im Norden gerieten die Muslime immer mehr unter Druck. Oft kam das Unheil völlig unerwartet.

So etwa für die neunköpfige Familie Akhlaq im nordindischen Ort Dadri im Bundesstaat Uttar Pradesh. An einem Montagabend im Oktober 2015 gegen 22.30 Uhr bereiten sich die Familienmitglieder nach dem Abendessen gerade wie gewöhnlich darauf vor, ins Bett zu gehen. Mohammad Akhlaq, ein Landarbeiter, schläft bereits in einem Zimmer neben dem zweiundzwanzigjährigen Sohn Danish, als ein wütender Mob mit Stöcken, Schwertern und Pistolen in ihr Haus stürmt. »Ihr habt eine Kuh geschlachtet«, schreien die Angreifer. Sie seien aus allen Richtungen gekommen, sagt die 75-jährige Asghari Akhlaq, die Mutter des Hausherrn, später der BBC: »Über die Mauern, durch das Tor ... Sie stürmten einfach ins Haus. Ich habe sie noch gefragt, wie wir eine Kuh ins Haus hätten bringen können, ohne dass es jemand sieht.« Sie seien doch die einzige muslimische Familie in dem Viertel.[21]

Gewalt gegen mutmaßliche Rindfleischesser hat in den vergangenen Jahren immer mehr um sich gegriffen. Vor allem in den Dörfern kämpfen heute radikale Hindugruppen für die Rechte der ihnen heiligen Tiere. Offiziell haben sich diese Organisationen der Verhinderung von Viehdiebstahl und oder -schmuggel, dem Schutz der Kühe allgemein oder der Wahrung des Gesetzes gegen das Schlachten von Kühen verschrieben. Denn in den meisten Bundesstaaten ist es verboten, Kühe zu schlachten. Und die Bestimmungen sind immer strenger geworden. Doch in Wahrheit sind die vermeintlichen Schützer der ihnen heiligen Kreaturen vor allem eines: gewalttätig.

Muslime, die angeblich Rindfleisch gekauft oder gegessen haben, werden gejagt oder gelyncht. Allein zwischen 2010 und 2017 gab es laut einem Reuters-Bericht insgesamt 63 Kuh-Bürgerwehrangriffe im Land. 28 Menschen wurden dabei getötet, 24 davon Muslime. 124 Menschen wurden verletzt. Aber auch Mob-Attacken auf meist illegale Kuhschmuggler, in einigen Fällen sogar auf lizenzierte Kuhhändler, haben seit zehn Jahren massiv zugenommen. Die Angreifer fühlten sich durch das Erstarken der Hindunationalisten legitimiert, konstatiert Human Rights Watch.

Entsprechend gnadenlos gehen die radikalen Hindus vor. So stoßen auch die Unschuldsbeteuerungen der Familie Akhlaq bei den Angreifern auf taube Ohren. Sie schleppen Familienmitglieder aus dem Haus, treten und misshandeln die Männer und Frauen. Familienvater Mohammad Akhlaq schlagen sie eine Nähmaschine auf den Kopf. Nachdem sie auch ihn und Sohn Danish vor die Tür gezerrt haben, traktieren sie die beiden dort mit Ziegelsteinen und Tritten und stechen mit verschiedenen Waffen auf sie ein, so berichten die Familienmitglieder nach der Attacke. Als die Polizei eine Stunde später, von einer Nachbarfamilie gerufen, den Tatort erreicht, ist Mohammad Akhlaq tot, sein Sohn Danish schwer verletzt.

Anstifter zu dem Übergriff scheint ein lokaler Hindugeistlicher gewesen zu sein. »Erst später haben wir erfahren, dass aus dem Hindutempel heraus eine Meldung gemacht wurde, dass jemand eine Kuh geschlachtet und gegessen habe«, sagt Akhlaqs Tochter Sajida den Medien.[22] Nachdem die Polizei den Priester und seinen Assistenten verhört und sechs Personen festgenommen hat, kommt es zu Unruhen in dem Ort. Gewalttätige Demonstranten zünden Fahrzeuge an und zerstören Geschäfte. Die Familie von Mohammad Akhlaq beschließt daraufhin, den Ort zu verlassen. »Sie haben meinen Bruder getötet«, sagt ein Onkel des Ermordeten der BBC. »Wer weiß, was als Nächstes passieren wird?«[23]

Es gibt viele Gründe zu der Annahme, dass die Lage langfristig weiter eskaliert. Denn geschaffen werden sie maßgeblich auch von den Regierungen der Bundesländer und der Zentralregierung in Neu-Delhi. So hat vor allem das neue, von der BJP erlassene Staatsbürgerschaftsgesetz – das auch der Auslöser der Unruhen in Nord-Delhi von 2020 war – weiteres Öl ins Feuer gegossen. Vorgeblich soll es religiös verfolgten Flüchtlingen, mit Ausnahme von Muslimen, schneller Asyl in Indien gewähren. Doch gegen die Bestimmungen haben Menschen in ganz Indien demonstriert: Muslime, Hindus, Angehöriger aller Glaubensgemeinschaften. Sie denken, dass mit dem Staatsbürgerschaftsgesetz andere Ziele verfolgt werden.

»In Wahrheit richtet sich das Gesetz ganz einfach gegen die Muslime in Indien«, sagt der Historiker Ramachandra Guha, der selbst bei Protesten gegen die neuen Bestimmungen verhaftet und in Gewahrsam genommen wurde. »Warum sonst gelten die Erleichterungen für sie nicht?« Indem es die Staatsbürgerschaft von der Religion abhängig mache, untergrabe es die säkulare, humanistische Tradition seines Heimatlandes. »Das neue Staatsbürgerschaftsgesetz führt zu Diskriminierung und in der Folge zu Spaltung. Es sät Gewalt.«[24]

Was im Großen funktioniert, wenn es um die Spaltung der Gesellschaft geht, das funktioniert auch im Kleinen. Das gilt besonders für Uttar Pradesh. Wenn es darum geht, Auseinandersetzungen zwischen Muslimen und Hindus zu schüren, hat sich die Regierung des nördlichen Bundesstaates besonders hervorgetan. So trat hier im November 2020 ein Gesetz gegen religiöse Konversion in Kraft. Das neue Regelwerk stellt »ungesetzliche Konvertierung zu einer Religion« unter Strafe. In dem Bundesstaat mit den indienweit meisten Muslimen – immerhin 38 Millionen – machte es »erzwungene« oder »betrügerische« religiöse Konvertierungen zu einer strafbaren Handlung, es droht eine Höchststrafe von zehn Jahren Gefängnis. So soll der Übertritt von Hindus in den Islam verhindert werden.

Zwar taucht der Begriff selbst in dem Text nicht auf – gleichwohl bezeichnete selbst der Ministerpräsident von Uttar Pradesh, Yogi Adityanath, es im indischen Fernsehen als strenges neues Gesetz gegen den sogenannten Love Jihad. Der Mönch und Mitglied der BJP, der stets kahl geschoren und in safranfarbenem Gewand auftritt, drohte muslimischen Männer in interreligiösen Beziehungen mit Gewalt: »Ich warne diejenigen, die ihre Identität verbergen und mit der Ehre unserer Schwestern und Töchter spielen. Wenn sie sich nicht ändern, beginnt ihre letzte Reise.«

Das neue Gesetz gegen Konvertierungen beruht auf einer Verschwörungstheorie, der zufolge muslimische Männer versuchen, das demografische Gleichgewicht Indiens heimlich zu verändern. Es gibt demnach eine Organisation namens »Love Jihad« oder »Romeo Jihad«, die von radikalen Muslimen ins Leben gerufen worden sein soll. Aus dem Ausland finanziert, sollen junge muslimische Männer hinduistischen Frauen Designerkleidung, Fahrzeuge, Handys und teure Geschenke kaufen, um sie zu umwerben und von ihren Familien wegzulocken.

Hinter dieser Vorstellung steckt eine lange Tradition. »Das Konstrukt ist genauso wenig neu wie der Hindunationalismus«, sagt Charu Gupta, Historikerin an der University of Delhi. »Schon in den Zwanzigern gab es in Nordindien eine Kampagne gegen angebliche Entführungen. Gupta verweist auf ein 1928 verfasstes und später verbotenes Hindi-Gedicht, in dem es heißt: ›Die Muslime machen Pläne, um ihren Bevölkerungsanteil zu vergrößern und andere zu Muslimen zu machen. Sie streifen mit Karren in Städten und Dörfern umher und nehmen Frauen mit, die unter den Schleier gelegt und muslimisch gemacht werden‹.«

Entführungen und Bekehrungen hinduistischer Frauen seien von vielen Hindus schon damals als eine typisch muslimische Aktivität betrachtet worden, sagt Gupta. »Selbst bekannte Hindi-Schriftsteller wie Bharatendu Harishchandra, Pratap Narain Misra und Radha Charan Goswami stellten die mittelalterliche muslimische Herrschaft oft als Chronik der Vergewaltigung und Entführung hinduistischer Frauen dar.«

Genau diese Tradition hätten Hindufundamentalisten schließlich aufgegriffen, so die Historikerin. »Seit 2009 haben prohinduistische Organisationen erneut immer wieder behauptet, dass erzwungene Bekehrungen hinduistischer Frauen im Namen der Liebe Teil einer internationalen Verschwörung sind, um den muslimischen Bevölkerungsanteil zu vergrößern.« Zuletzt haben Hindunationalisten vor Wahlen auf Bundesebene, etwa in dem Bundesstaat Kerala, das Schreckgespenst angeblicher Entführungen und Bekehrung hinduistischer Frauen durch muslimische Männer gezeichnet – in den sozialen Medien, aber auch mit öffentlichen Posteraktionen. Publikationen des RSS machten mit Titelgeschichten zum Thema auf. Aktivisten warnten, Hindufrauen würden vergewaltigt, zwangsverheiratet, gelockt und verführt.

Zentral dabei sei auch das Bild von den angeblich aggressiven muslimischen Männern, das die Aktivisten konstruieren, so

Gupta. »Die Verlockung hinduistischer Frauen durch muslimische Männer soll den angeblichen Mangel an Charakter der sexuell aufgeladenen, lustvollen muslimischen Männer demonstrieren, die den reinen Körper hinduistischer Frauen verletzen. Durch eine Reihe von Stereotypen und sich wiederholender Motive entsteht ein gemeinsamer Feind: der Andere.« Das Bild habe auch etwas mit dem rigiden Verhältnis der Hindus zu Sexualität und romantischer Liebe zu tun. »Das hinduistische Recht ist immer besonders gut darin gewesen, Panik in Bezug auf Liebesäußerungen aller Art zu erzeugen, sei es nur der Valentinstag, homosexuelle Liebe oder Liebe über Religions- und Kastengrenzen hinweg. All das wurde immer gern als eine der größten Bedrohungen für die Identität der Gemeinschaft dargestellt.«

Interkommunale Ausschreitungen, Terrorangriffe, Repressionen und fragwürdige neue Gesetze: Die Trennung zwischen Muslimen und Hindus ist in den vergangenen Jahrzehnten immer schärfer geworden. Gab es bei der Unabhängigkeit und Teilung des Landes gigantische Fluchtbewegungen von Indien in Richtung Pakistan und in die Gegenrichtung – so gibt es diese heute mitten im Land.

Auch in dieser Hinsicht ist Uttar Pradesh im Norden ein trauriges Paradebeispiel. Mitte 2016 meldete die National Human Rights Commission India (NHRC) den Exodus von 250 Hindufamilien aus Kairana, einer Stadt knapp zwei Autostunden nördlich von Delhi. Die *Times of India* bemerkte daraufhin, dass es nicht nur Hindus seien, die aus vor allem muslimisch bewohnten Gegenden wegziehen, sondern mindestens genauso viele Muslime, die aus von Hindus dominierten Gebieten flüchteten. Massenweise verließen auch ihre Familien entlang der religiösen Trennlinie Dörfer und Städte in der Region.

Die Stadt Kairana liegt im Distrikt Shamli, der bekannt ist für seine hohe Kriminalitätsrate. Wer hier durchreist, sieht Elend und

Armut – und achtet möglichst darauf, bei Dunkelheit in seiner Unterkunft zu sein. Vor allem aber grenzt Shamli an Muzaffarnagar, einen Distrikt, der berüchtigt ist für die Zusammenstöße zwischen Hindus und Muslimen von 2013. Die Ursache dieser Gewaltexzesse ist bis heute unklar, vielleicht war es ein Autounfall, vielleicht sexuelle Belästigung. Am Ende waren mindestens 62 Menschen tot, 42 Muslime und 20 Hindus. Die Armee rückte ein, wochenlang herrschte Ausgangssperre. Der Aufstand gilt als die schlimmste gewalttätige Auseinandersetzung in Uttar Pradesh in der jüngeren Geschichte.

Ihre Hinterlassenschaft ist vor allem ein Gefühl der Angst. »Eine Atmosphäre der Gewalt hat uns gezwungen, unsere Häuser und das Dorf zu verlassen«, zitiert die *Times of India* Mohammad Ayyub aus dem Ort Kandhla. »Wir spürten zu viel Hass uns gegenüber.« Laut Akhram Akhtar, Chef der NGO Afkar India Foundation, waren zu diesem Zeitpunkt bereits mehr als 1000 muslimische Familien aus der Region von ihren Heimatdörfern in muslimisch dominierte Gebiete gezogen: »Der Exodus findet eindeutig aus der empfundenen Bedrohung heraus statt.«[25]

Dass auch für Hindus die Region immer unsicherer werde, wie vor allem hindunationalistische Politiker erklären, sei wiederum das Kalkül in jenen Nachbarschaften, in denen die Muslime in der Mehrheit sind. So zitiert die *Times of India* den Juwelier Rahul Basla aus Kairana, der nicht mit echtem Namen sprechen will: »Der Anteil der Hindubevölkerung ist zuletzt von einmal 60 auf 30 Prozent gesunken. Wir fühlten uns nicht mehr sicher, deshalb mussten wir in eine andere Stadt ziehen.«[26]

Es ist eine Entwicklung, die im Stillen vor sich geht, vom Ausland wenig beachtet, vom Westen schon gar nicht. »In immer mehr Gegenden in Indien gibt es heute getrennte Gemeinschaften und separate Dörfer«, sagt der Historiker Guha. »Nicht anders als die Gettos im europäischen Mittelalter.«[27]

Ewiger Aufstand

2019 schuf die Zentralregierung in Neu-Delhi neue Bestimmungen für eine Region, die so umstritten ist wie keine andere in Südasien: Sie hob den in Artikel 370 der indischen Verfassung festgelegten Sonderstatus Kaschmirs auf. Die begrenzte Autonomie wurde abgeschafft, das Gebiet in zwei Bundesterritorien aufgeteilt. Was zuvor der Bundesstaat Jammu und Kaschmir war, wurde damit zu den beiden Unionsterritorien Jammu und Kaschmir und Ladakh.

In der gesamten Region kam es in der Folge zu Protesten – und zu einem harten Durchgreifen gegen die Demonstranten. Die Behörden gingen massiv gegen die bürgerlichen Freiheiten vor. Die Sicherheitskräfte wurden aufgerüstet. Wer sich kritisch äußerte, wurde verhaftet. Das Tal sollte mundtot gemacht werden. Denn nirgendwo in Indien schwelt ein solch massiver Konflikt wie in Kaschmir. Nirgendwo sonst droht das Land so leicht in den Abgrund gerissen zu werden.

Kaschmir ist die nördlichste Region des indischen Subkontinents. Der Begriff Kaschmir bezeichnete bis Mitte des 19. Jahrhunderts allein das Kaschmir-Tal, das zwischen dem Großen Himalaja und der Pir-Panjal-Kette liegt. Heute ist damit jedoch ein weitaus größeres Gebiet gemeint, das die von Indien verwalteten Gebiete Jammu und Kaschmir und Ladakh, die von Pakistan verwalteten Gebiete von Azad Kaschmir und Gilgit-Baltistan sowie die von China verwalteten Gebiete des Aksai Chin und des Trans-Karakorum-Traktes weit im Norden umfasst.

Kulturgeschichtlich betrachtet, hat Kaschmir eine lange, vielfältige Tradition. So entwickelte sich die Region im frühen ersten Jahrtausend n. Chr. zu einem wichtigen Zentrum des Hinduismus, später des Buddhismus. Politisch gesehen, wechselte die Herrschaft zwischen zunächst vor allem regionalen und später oft externen Machthabern. Während des 7. bis 14. Jahrhunderts regierte eine Reihe hinduistischer Dynastien. 1339 wurde Shah Mir der erste muslimische Herrscher. Von 1586 bis 1751 war Kaschmir Teil des Mogulreichs, danach des afghanischen Durrani-Reichs. 1819 ging die Kontrolle über das Kaschmir-Tal an die Sikhs, deren Armeen unter dem Herrscher Ranjit Singh aus dem Punjab ihre Macht in der gesamten Region ausbreiteten. Die Sikhs erweiterten ihren Machtbereich auch auf die Gebiete, die rund um das Kaschmir-Tal lagen: Sie eroberten unter anderem Jammu im Süden Kaschmirs sowie Ladakh und Baltistan im Norden.

Historisch gesehen, ist der Konflikt um Kaschmir ein koloniales Erbe, vor allem eine Folge der Auseinandersetzungen zwischen Briten und Indern. 1845, während der Herrschaft des Sikhs Gulab Singh, brach in der Region Punjab, südlich von Kaschmir, der erste Krieg zwischen der East India Company, die immer größere Teile Indiens beanspruchte, und den Sikhs aus. Dessen Verlauf hatte Konsequenzen für den Status Kaschmirs, die bis in die Gegenwart fortwirken. *The Imperial Gazetteer of India*, eine Publikation der britischen Kolonialherrscher, beschrieb die Entwicklung so:

»Gulab Singh gelang es, sich bis zur Schlacht von Sobraon (1846) [aus den Auseinandersetzungen] fernzuhalten, bei der er als nützlicher Vermittler und vertrauenswürdiger Berater [des britischen Offiziers] Sir Henry Lawrence erschien. Es wurden zwei Verträge abgeschlossen. Mit dem ersten übergab der Staat Lahore (das heißt West-Punjab) den Briten als Äquivalent für eine Entschädigung von zehn Millionen [Rupien] die Bergländer zwischen den Flüssen Beas und Indus. In der zweiten übergaben die Briten Gulab Singh für 7,5 Millionen [Rupien] das gesamte Hügel- oder Bergland östlich des Indus und westlich des Ravi, das heißt das Tal von Kaschmir.«[28]

Das Gebiet, das jetzt »Princely State of Kashmir and Jammu« (Fürstenstaat von Jammu und Kaschmir) genannt wurde, umfasste damit sehr unterschiedliche geografische Regionen und zahlreiche verschiedene Ethnien: Im Nordosten war Ladakh ethnisch und kulturell tibetisch, ein großer Teil seiner Einwohner waren Buddhisten. Baltistans Bevölkerung, obgleich ethnisch mit der Ladakhs verwandt, waren mehrheitlich schiitische Muslime. Jammu im Süden wiederum hatte eine gemischte Bevölkerung aus Hindus, Muslimen und Sikhs. Im dicht besiedelten zentralen Kaschmir-Tal war die Bevölkerung dagegen überwiegend sunnitisch-muslimisch, es gab jedoch auch eine kleine, aber einflussreiche hinduistische Minderheit: die kaschmirischen Brahmanen. Die dünn besiedelte Gilgit Agency im Nordwesten war ein Gebiet mit verschiedenen, meist schiitischen Gruppen. Punch im Westen war ebenfalls weitestgehend muslimisch, aber von anderer ethnischer Zugehörigkeit als die Bevölkerung im Kaschmir-Tal.

Nach dem Indischen Aufstand von 1857 gegen die Herrschaft der British East India Company, die im Namen der britischen Krone als souveräne Macht fungierte, stellte sich Kaschmir auf die Seite der Briten. Bei der anschließenden Übernahme der direkten Herrschaft durch Großbritannien kam der Fürstenstaat Kaschmir deshalb unter die Oberhoheit der britischen Krone. Doch so vielfältig die ethnische Zusammensetzung des Gebietes einerseits – so klar waren anderseits damals schon die Mehrheitsverhältnisse. Laut britischer Volkszählung von 1941 hatte Kaschmir eine muslimische Bevölkerung von 77 Prozent, eine hinduistische Bevölkerung von 20 Prozent und einen Anteil von Buddhisten und Sikhs, der nur drei Prozent ausmachte.

Diese ethnische Zusammensetzung der Bevölkerung hätte bei der Teilung des Subkontinents 1947 in Pakistan und Indien nach gängiger Erwartung eigentlich dazu führen müssen, dass Kaschmir Pakistan zufiel. Doch es kam anders. Zu diesem Zeitpunkt war Hari Singh, der 1925 den Thron von Kaschmir bestiegen hatte, der amtierende Monarch, der Maharadscha von Kaschmir. Der amerikanische Historiker Burton Stein schreibt:

»Kaschmir war weder ein so großer noch ein so alter unabhängiger Staat wie Hyderabad. Es war von den Briten nach der ersten Niederlage der Sikhs im Jahr 1846 eher beiläufig als Belohnung für einen ehemaligen Beamten geschaffen worden, der sich auf die Seite der Briten gestellt hatte. Das Himalaja-Königreich war durch einen Distrikt des Punjab mit Indien verbunden, aber seine Bevölkerung bestand zu 77 Prozent aus Muslimen und es grenzte an Pakistan. Daher wurde erwartet, dass der Maharadscha Pakistan beitreten würde, wenn die britische Vorherrschaft am 14. und 15. August endete. Als er zögerte, startete Pakistan einen Guerilla-Angriff, um seinen Herrscher durch Angst zur Unterwerfung zu bringen. Der Maharadscha bat nun [den Vizekönig von Indien] Mountbatten um Hilfe, und der Generalgouverneur stimmte unter der Bedingung zu, dass der Herrscher Indien beitritt. Indische Soldaten drangen in Kaschmir ein und vertrieben die von Pakistan unterstützten Freischärler aus allen Teilen des Staates bis auf einen kleinen Teil. Die Vereinten Nationen wurden daraufhin eingeladen, in dem Streit zu schlichten. Die UN-Mission bestand darauf, dass die Meinung der Kaschmiris eingeholt werden müsse, während Indien darauf bestand, dass kein Referendum stattfinden könne, bis der gesamte Staat von Unregelmäßigkeiten befreit worden sei.«[29]

In den letzten Tagen des Jahres 1948 wurde schließlich unter UN-Schirmherrschaft ein Waffenstillstand vereinbart, die mehrheitlich von Muslimen bewohnte Region im Nordwesten Indiens in einen pakistanischen und einen indischen Teil separiert. Indien erlangte damit die Kontrolle über etwa zwei Drittel des Staates, Pakistan über den Rest. Weil die von der UN geforderte Volksabstimmung jedoch nie durchgeführt wurde, verschlechterten sich die Beziehungen zwischen den beiden Ländern. Seither ist sie ein

Zankapfel zwischen Indien und Pakistan, fünf Kriege haben sich die Erzfeinde darum geliefert. Echten Frieden hat es für die Bevölkerung im indischen Teil kaum gegeben.

Ganz im Gegenteil: Die Spannungen sind immer mehr eskaliert. Seit vier Jahrzehnten schwelt der Aufstand in Kaschmir, angefacht durch Infiltration von Widerstandskämpfern aus Pakistan und den Maßnahmen Indiens, um die Region zu kontrollieren. Seit dem Erstarken des Hindunationalismus ist die Bevölkerung noch einmal mehr unter Druck geraten.

Bereits in den Achtzigern nahmen antiindische Proteste in Kaschmir zu. Inspiriert besonders durch den Dschihad in Afghanistan und die iranische Revolution, gingen viele junge muslimische Kaschmiri auf die Straße. Der 1976 gegründeten, säkular ausgerichteten Jammu and Kashmir Liberation Front (JKLF), die die Unabhängigkeit fordert, gelang es bereits in dieser Phase, zahlreiche Unterstützer zu gewinnen. Auch viele propakistanische Gruppen bekamen Zulauf.

Aber der bewaffnete Widerstand gegen die indische Herrschaft brach erst 1989 aus. Er dauert bis heute an. Vorausgegangen waren die umstrittenen Wahlen zur gesetzgebenden Versammlung Kaschmirs 1987. Ein Zusammenschluss muslimischer politischer Parteien hatte erklärt, dass die Ergebnisse von der Regierungspartei Jammu and Kashmir National Conference manipuliert worden seien, die mit dem Nationalkongress alliiert war. Die Bevölkerung fühlte sich getäuscht, mehrere Parteien bildeten militante Flügel. Einige der oppositionellen Gruppen forderten die Unabhängigkeit, andere die Vereinigung mit Pakistan.

Islamabad unterstützte die entstehende Widerstandsbewegung moralisch und diplomatisch und forderte eine Lösung des Problems durch ein von den Vereinten Nationen abzuhaltendes Referendum. Die indische Regierung behauptete dagegen, Pakistan unterstütze die Separatisten durch Ausbildung und Waffenlieferungen, und forderte das Nachbarland wiederholt auf, den »grenzüberschreitenden Terrorismus« einzustellen.

Doch der Widerstand wuchs zusehends. Immer neue militante Gruppen entstanden im Verlauf der Neunziger im indischen Teils Kaschmirs. Dabei verlagerte sich der ideologische Schwerpunkt zunehmend von einem nationalistischen und säkularistischen zu einem islamistischen. Die fundamentalistisch-religiöse Ausrichtung wurde auch dadurch vorangetrieben, dass immer mehr Dschihadisten in das Tal strömten, Mudschaheddin, die in den Achtzigern in Afghanistan gegen die Sowjetunion gekämpft hatten.

Für mich selbst war Kaschmir, als ich es in den frühen Neunzigern kennenlernte, ein Paradies, dessen Ränder bereits Feuer gefangen hatten. Die Hauptstadt Srinagar und der berühmte Dal-See, beliebt bei Touristen aus Indien wie aus dem Ausland, waren eine Idylle, über der ein Fluch lag. Das Unheil lag lange in der Luft. Ich paddelte mit dem Boot über den See, eine Landschaft aus Kanälen und schwimmenden Gärten, auf denen Tomaten und Melonen wuchsen. Auf riesigen Flächen blühte der Lotus. Von den weidenbestandenen Ufern stürzten sich Eisvögel ins Wasser. Im Hintergrund erhoben sich die schneebedeckten Fünftausender des Karakorum. Händler, gekleidet in den traditionellen Pheran, einen langen Umhang aus Wolle oder Baumwolle, fuhren vorbei und versuchten, mir Schnitzereien aus Walnussholz oder Figuren aus Pappmaché anzudrehen. Hier und da hockten langhaarige kaschmirische Aussteiger in einfachen Hausbooten, kifften und hörten Bob Marley. Aber verirrte ich mich in einen Nebenarm des Kanalsystems am Dal-See, dann riefen kleine Jungs mit finsteren Gesichtern: »Was machst du hier, Fremder? Dies ist Pakistan-Gebiet.« Manche nahmen Steine in die Hand. Und wenn ich zurückkam zum Hausboot, auf dem ich für ein paar Tage wohnte, saß da ein junger Mann, der Sohn des Eigentümers, der sagte:

»Die ganze Welt wird verrückt. Wir werden alle verrückt. Es ist nicht auszuhalten.« Und abends hörte ich die Demonstranten am Hazrabatal-Schrein, wo ein Haar des Propheten aufbewahrt wird. Nachts vereinzelte Schüsse. Ein trauriges muslimisches Klagelied lag über dem Tal. So war es zwar schön, da zu sein. Es war aber auch sehr auch beruhigend, es wieder zu verlassen.

Kaschmir wandelte sich rasant. Und nicht zum Guten. Was in wenigen Jahren aus einer Region geworden war, die einst Touristen aus nah und fern angezogen hatte, beschreibt der schottische Literat und Autor James Buchan so: »In den Jahren seit 1990 haben sich die kaschmirischen Muslime und die indische Regierung verschworen, um gemeinsam die Vielfalt der kaschmirischen Zivilisation abzuschaffen. Die Welt, in der diese existierte, ist verschwunden: die Landesregierung und die politische Klasse, der Rechtsstaat, fast alle hinduistischen Bewohner des Tals, Alkohol, Kinos, Kricketspiele, Picknicks bei Mondschein in den Safranfeldern, Schulen, Universitäten, eine unabhängige Presse, Touristen und Banken. Mit dieser Reduzierung der zivilen Realität werden die Sehenswürdigkeiten Kaschmirs neu definiert: nicht die Seen und Mogulgärten oder die legendären Erfolge der kaschmirischen Landwirtschaft, des Kunsthandwerks und der Küche, sondern zwei Einheiten, die sich ohne Vermittler gegenüberstehen: die Moschee und das Armeelager.«[30]

Und deren Auseinandersetzungen wurden immer brutaler. Als ich 2001, nach dem Ende des Kargil-Krieges, den sich Indien und Pakistan um die Region geliefert hatten, und kurz nach den Anschlägen vom 11. September in New York, nach Kaschmir kam, war das Land lange gespalten und demoralisiert. Als Journalist sprach ich mit Dorfchefs, die mir alle versicherten, dass sie gegen den gewaltsamen Widerstand seien. Dass sie Unabhängigkeit wollten, nicht Teil Pakistans werden. Aber wenn ich sie fragte, ob Osama bin Laden ein Widerstandskämpfer oder ein Terrorist sei, war die Antwort meist: »Der Islam wird unterdrückt. Wir müssen uns wehren.« Und ob Jung oder Alt – viele wollten sich nicht in der Öffentlichkeit gegenüber dem westlichen Journalisten äußern. Sie hatten Angst vor dem indischen Inlands-Geheimdienst. Wenn ich mit Einheimischen im Café saß, sagten sie: »Schau mal da, am Nachbartisch. Das sind Agenten des Intelligence Bureau.«

In dieser Zeit, in der der amerikanische Politologe Samuel P. Huntington den Kampf der Kulturen ausgerufen hatte, standen sich als deren Speerspitzen die USA und al-Qaida in einem asymmetrischen Krieg gegenüber. Aber nicht nur in New York oder Kabul: Al-Qaida wurde bald auch in Kaschmir vermutet. Immerhin hatte ihr Gründer und Ideologe Osama bin Laden 2002 in seinem *Letter to American People* erklärt, dass er auch wegen der Lage in Kaschmir gegen Amerika kämpfe: »Ihr habt uns in Somalia angegriffen. Ihr habt die russischen Gräueltaten gegen uns in Tschetschenien, die indische Unterdrückung gegen uns in Kaschmir und die jüdische Aggression gegen uns im Libanon unterstützt.« Unter anderem dafür übe seine Organisation nun Vergeltung.

Aber war die Terrororganisation tatsächlich ins Tal gesickert? Um Verbündete in der Region musste sie sich jedenfalls keine Sorgen machen. Bereits 1998 hatte Fazlur Rehman Khalil, Anführer der in Saudi-Arabien gegründeten, aber vor allem im indischen Teil Kaschmirs operierenden Dschihadisten-Gruppe Harkat-ul-Mujahideen, die Heiliger-Krieg-Erklärung der al-Qaida unterschrieben. Darin riefen die Terroristen die Muslime dazu auf, alle Amerikaner und ihre Verbündeten anzugreifen. Nun kursierten Gerüchte, dass Khalils Terrorgruppe al-Qaida auch aktiv unterstütze.

Donald Rumsfeld ging noch weiter. 2002 erklärte der wegen seiner vielfach kolportierten Verschwörungstheorien von Kritikern als Kriegstreiber geächtete damalige US-Verteidigungsminister bei einem Besuch in Neu-Delhi, er habe »Anzeichen gesehen, dass al-Qaida in der Nähe der [UN]-Kontrolllinie operiert«. Allerdings hatte Rumsfeld – wie so oft – keine eindeutigen Beweise für die Aktivitäten der Terroristen in Kaschmir, schon gar nicht im indischen Teil. Die versuchte der Journalist Philipp Smucker nachzuliefern. Im selben Jahr schrieb er, dass al-Qaida und ihre Ableger im von Pakistan verwalteten Kaschmir mit stillschweigender Billigung des pakistanischen ISI operierten. Als Beweis zitierte er einen Mann mit dem nicht seltenen Namen Nasir Ali, einen Jeepfahrer. Al-Qaida-Kämpfer aus Afghanistan seien in großer Zahl in die Gegend eingereist, bezeugte der Chauffeur in dem Bericht. Er müsse es wissen, denn er habe sie nach ihrer Flucht aus Afghanistan aus dem Norden Pakistans weiterchauffiert. »Ich selbst habe drei arabische Kämpfer ins Zentrum Kaschmirs gebracht«, sagte Ali. »Ich habe sie nur den halben Weg gefahren, ihre eigenen Jeeps kamen uns entgegen und fuhren den Rest der Strecke. Hunderte sind in den letzten Monaten nach Kaschmir gekommen.«[31]

Doch so dünn die Faktenlage, die westlichen Geheimdienste, die den Terrorchef weltweit jagten, waren jedenfalls alarmiert. 2002 wurde ein Team des britischen Special Air Service und der US-amerikanischen Delta Force in den von Indien verwalteten Teil Kaschmirs geschickt, um bin Laden zu stellen. US-Beamte glaubten nun, al-Qaida helfe bei der Organisation einer Terrorkampagne in Kaschmir, wie John Diamond von *USA Today* Mitte 2002 schrieb. Pakistan solle gezwungen werden, seine Truppen an die Grenze zu Indien zu verlegen und so den Druck auf al-Qaida-Elemente zu verringern, die sich im Nordwesten Pakistans versteckten. »Al-Qaida und Taliban-Mitglieder wollen den Konflikt zwischen Indien und Pakistan schüren, sagen US-Geheimdienstmitarbeiter und ausländische Diplomaten«, erklärte Diamond: »Die Fähigkeit von al-Qaida, terroristische Aktivitäten in Kaschmir zu koordinieren, beunruhigt US-Beamte, da dies darauf hindeutet, dass der Krieg in Afghanistan die Gruppe nicht aus dem Geschäft befördert hat. Die Verlegung pakistanischer Truppen an die indische Grenze ließe US-Agenten in Westpakistan ohne wichtige Verbündete zurück, um al-Qaida-Führer zu verfolgen, zu denen Osama bin Laden gehören könnte.« Diamond schränkte allerdings in seinem Artikel ein, was andere mutmaßliche Operationen der Terroristen in Indien betrifft: »Geheimdienstmitarbeiter müssen al-Qaida oder die Taliban noch schlüssig mit bestimmten Taten in Verbindung bringen, wie dem Angriff auf das indische Parlament am 13. Dezember, der die jüngste Krise auslöste.«[32] Mit solch gewagten Thesen lag der Journalist auf einer Linie mit denen, über die er schrieb: Al-Qaida selbst behauptete 2006, einen eigenen Flügel in Kaschmir aufgebaut zu haben.

Zurückhaltender schätzte dagegen zumeist die indische Armee die Lage ein. So erklärte Generalleutnant H. S. Panag Reportern von *The Hindu* 2007, dass die Indian Army die Anwesenheit von al-Qaida in den von Indien verwalteten Jammu und Kaschmir ausschließe. Es gäbe keine Beweise, die entsprechende Medienberichte bestätigten. Er schloss ebenso Verbindungen mit den militanten Gruppen im indischen Teil Kaschmirs aus, darunter mit den islamistischen Terroristen von Laschkar-e Taiba und Jaish-e Mohammed. Panag erklärte jedoch, dass er Informationen über enge Verbindungen von al-Qaida zu den Operationen dieser beiden Dschihadisten-Organisationen in Pakistan hätte.

Doch vor allem der Westen beharrte im Kern auf seiner Einschätzung. So verlautbarte US-Verteidigungsminister Robert Gates noch während eines Besuchs in Pakistan Anfang 2010, dass al-Qaida versuche, die Region zu destabilisieren, und plane, einen Atomkrieg zwischen Indien und Pakistan zu provozieren.

Solche Aussagen haben sicher nicht dazu beigetragen, die Gewalt in der Region zu bremsen. Jedenfalls war der Konflikt zwischen Sicherheitskräften und der Bevölkerung im Tal bereits in den Jahren davor immer weiter eskaliert. Im Juli 2008 wurden mehr als 40 Demonstranten von indischen Sicherheitskräften niedergeschossen. Alle waren unbewaffnet. Sie hatten gegen die Schenkung von Land an die Stiftung, die den hinduistischen Amarnath-Schrein am Rand des Tals unterhält, demonstriert. Den ganzen August über waren Hunderttausende Kaschmiris auf die Straßen gegangen, hatten Freiheit von Indien gefordert, viele hatten auch pakistanische Fahnen geschwenkt. Die Abwendung von Neu-Delhi wurde immer deutlicher.

2009 eskalierte die Gewalt erneut. Zwei junge Frauen waren in Shopian in Südkaschmir vergewaltigt und ermordet worden. Der Verdacht, dass Sicherheitskräfte die Täter waren, erhärtete sich. Doch die Behörden wiesen alle Vorwürfe zurück. Schließlich stellte sich heraus, dass bei den Untersuchungen absichtlich gefälschte Vaginalabstriche vorgelegt worden waren. Erst nach Massenprotesten, die bald gewalttätig wurden, erstattete die Polizei Anzeige.

Eine weitere Welle der Agitation erfasste das Tal 2010. Doch jetzt stammten die Aufständischen aus einer neuen Generation. Vor allem junge Kaschmiris gingen auf die Straßen, nachdem Sicherheitskräfte am elften Juni den siebzehnjährigen Tufail Ahmad Mattoo erschossen hatten. Eine Tränengaskugel traf den Oberschüler in der Altstadt von Srinagar in den Kopf. Er habe Cricket gespielt, als ihn das Geschoss tötete, sagten seine Eltern später. Der Separatistenführer Syed Ali Shah Geelani organisierte einen Streik. Die Behörden verhängten eine Ausgangssperre. Stacheldraht, Sandsäcke und Barrikaden dominierten das Stadtbild. Schulen, Geschäfte, Märkte und Banken wurden geschlossen. Die Kaschmir-Universität und die Islam-Universität für Wissenschaft mussten ihre Examen verschieben. Der Verkehr ruhte. Und Hunderte Jugendliche und junge Erwachsene versammelten sich zu

Protesten, lieferten sich Straßenschlachten mit der Polizei. Zunächst wurde ein weiterer Junge dabei getötet. Bei Protesten am 29. Juni verloren neun junge Männer ihr Leben.

Ganz ähnlich wie die Demonstrationen auf der Straße wurde auch der Terror immer jünger. Als Sicherheitskräfte im Juli 2016 den militanten Anführer Burhan Wani töteten, war der nur 21 Jahre alt. Auf den Terroristen war ein Kopfgeld von einer Million Rupien ausgesetzt worden. Burhan war fast ein Popstar: Seine Präsenz in den sozialen Medien hatte maßgeblich dazu beigetragen, dass der Aufstand in Jammu und Kaschmir zu einer Jugendbewegung wurde. Ein Facebook-Beitrag von etwa einem Monat vor seinem Tod ging viral. Es zeigte ihn zusammen mit zehn anderen Militanten in Militär-Kleidung. Die jungen Männer präsentieren ihre Gewehre. Unter dem Titel »Guns 'n' Poses« schrieb der *Indian Express* über die neue Generation von Militanten im Tal: »Sie sind jung, gebildet und wohlhabend. Und sie lieben es, ihre Waffen in die Kamera zu schwenken.«[33]

Nach Burhans Tod kam es erneut zu einer heftigen Protestwelle. In allen zehn Distrikten wurden Ausgangssperren verhängt, über 100 Zivilisten starben, über 17 000 wurden bei Zusammenstößen mit der Polizei verletzt. Mehr als 600 mussten wegen Kugelverletzungen im Gesicht behandelt werden. Die Behörden setzten jetzt auch auf eine neue Strategie: Sie erkannten, dass die neuen Medien, genutzt vor allem von jungen Menschen, ein besonderes Problem für sie darstellten. Nicht nur die Berichterstattung der Zeitungen wurde deshalb in vielen Teilen der Region eingeschränkt, auch Handy- und Internetdienste wurden nun gesperrt.

Den bisher letzten Höhepunkt erlebten die Auseinandersetzungen im August 2019, als die Region in zwei Unionsterritorien geteilt und der Sonderstatus von Jammu und Kaschmir, festgeschrieben in Artikel 370, abgeschafft wurde. Damit verlor Srinagar die verbriefte Möglichkeit, eigenständig bestimmte Gesetze zu formulieren. Die Kaschmiris büßten zudem besondere Privilegien in Bezug auf Wohnsitz, Eigentum, Bildung und Regierungsjobs ein, die es für Nicht-Kaschmiris nicht gab. Erneut folgten Demonstrationen in der ganzen Region.

Dabei ging es zum Teil um die Sache, zum Teil aber auch um das Prinzip, wie Anwalt Ashraf Wani aus Srinagar, der nicht mit seinem richtigen Namen zitiert werden will, erklärt: »Für jeden oder jede Einzelne, zumindest in der eigentlichen Region Kaschmir, war Artikel 370 ein Glaubensartikel. Es war ein Versprechen des indischen Staates, die Autonomie und den Sonderstatus aufrechtzuerhalten, mit Ausnahme der Bereiche Verteidigung, auswärtige Angelegenheiten und Kommunikation. Natürlich ist die Durchschlagskraft von Artikel 370 längst aufgeweicht worden, aber die Symbolik der Vereinbarung ist geblieben.« Die Aufhebung sei verfassungswidrig. Sie verschlechtere zudem die persönliche Lage der Kaschmiris. »Durch die Konkurrenz von Bewerbern von außerhalb, die zuvor nicht zugelassen wurden, werden ihnen nun Jobs verwehrt. Viele haben auch Angst, ihre Ländereien zu verlieren. Insgesamt sind die Menschen enttäuscht und verunsichert.«[34]

Die Behörden reagierten auf die Proteste gegen die Beschlüsse erneut mit monatelangen Ausgangs- und Kommunikationssperren. Aber jetzt wurden auch Hunderte von Politikern und Anwälten inhaftiert. Und viele Aktivisten. Den Menschenrechtler Khurram Parvez traf es an einem frühen Novembermorgen. Der damals 42-Jährige, seine Frau und die beiden Kinder lagen noch im Bett, als Sicherheitskräfte in seine Wohnung eindrangen. Die National Investigation Agency (NIA) verhaftete ihn auf Basis des umstrittenen Unlawful Activities Prevention Act (UAPA). Er sei seit sechs Jahren in Kontakt mit Unterstützern einer militanten pakistanischen Gruppe gewesen, ein Vorwurf, den seine Kollegen später kategorisch zurückwiesen. Den ganzen Tag durchsuchten sie seine Wohn- und Büroräume. Sie stellten sein Handy, den Laptop, das Handy seiner Frau und einige Bücher aus der Bibliothek sicher, so seine Frau Sameena Mir später gegenüber den Medien. Die Kinder seien traumatisiert.

Parvez ist Programmkoordinator der Jammu Kashmir Coalition of Civil Society (JKCCS). Im Jahr 2000 gegründet, arbeitet die Dachorganisation verschiedener unabhängiger Menschenrechtsorganisationen von Srinagar aus. »JKCCS versucht durch seine Mitglieder, den Mächtigen die Wahrheit zu sagen, sei es durch Berichte, Programme, systematische Dokumentation, Rechtsstreitigkeiten oder andere Engagements«, heißt es auf der Website.[35] Parvez ist zudem Vorsitzender der Asiatischen Föderation gegen das unfreiwillige Verschwinden (AFAD). Seit mehr als 20 Jahren hat der Aktivist Menschenrechtsverletzungen im von Indien verwalteten Kaschmir durch die Streitkräfte dokumentiert. 2019 legte JKCCS einen ausführlichen Bericht über staatliche Folter vor, gefolgt von einem »Human Rights Review Report«, in dem Menschenrechtsverletzungen von Behörden nach der Abschaffung des Sonderstatus öffentlich gemacht wurden.

Doch der Aktivist ist nicht das erste Mal verhaftet worden: 2016, ein Tag, nachdem ihm untersagt worden war, in die Schweiz zu reisen, um an einer Sitzung des UN-Menschenrechtsrates teilzunehmen, wurde er gemäß dem Public Safety Act (PSA) festgenommen. Nach 76 Tagen wurde er freigelassen. Noch während seiner Haft wurde der AFAD der Asia Democracy and Human Rights Award verliehen.

Menschenrechtsorganisationen machen den indischen Behörden schon lange Vorwürfe für ihr Vorgehen in Kaschmir: Seit dem Ausbruch der Aufstände 1989 sei die Armee auch für schwere Verbrechen wie den Einsatz von Schrotflinten, Folter, Tötung und Vergewaltigung verantwortlich, sagt Amnesty International. Die staatliche indische Menschenrechtskommission erklärte bereits 2011, sie habe Beweise dafür, dass in den letzten 20 Jahren 2156 Leichen in 40 Gräbern begraben worden seien. Human Rights Watch forderte Neu-Delhi auf, eine unabhängige Untersuchung der nicht gekennzeichneten Gräber durchzuführen. Doch die Behörden blockten: Bei den nicht identifizierten Toten handele es sich um Militante, die ursprünglich von außerhalb Indiens stammen könnten. Viele der in Kaschmir Vermissten seien zudem nach Pakistan gegangen, um sich Terrororganisationen anzuschließen. Dem widersprechen allerdings die Angaben der indischen Menschenrechtskommission: Ihnen zufolge befanden sich unter den identifizierten Leichen 574 »verschwundene Einheimische«.

Nach Einschätzung von Amnesty International hat sich die Lage in Kaschmir immer mehr verschärft. »Seit die indische Regierung 2019 den Sonderstatus des Bundesstaates Jammu und Kaschmir aufgehoben hat, beobachten wir eine kontinuierliche Verschlechterung der menschenrechtlichen Lage vor Ort«, sagt Theresa Bergmann, Fachreferentin Asien bei Amnesty International im Journal der Organisation. »In Kaschmir stehen Sicherheitskräfte im Verdacht, Menschen willkürlich inhaftiert, gefoltert und außergerichtlich getötet zu haben. Die indischen Behörden gehen rigoros gegen Politiker, Menschenrechtsaktivisten, Journalisten, Regierungskritiker und zivilgesellschaftliche Gruppen vor. So greifen sie zunehmend auf Anti-Terror und Sicherheitsgesetze zurück, um Menschen festzunehmen und zu verfolgen.«[36]

Besonders die Anwendung der Gesetze UAPA und PSA ist vielfach von Menschenrechtlern und Aktivisten kritisiert wurden. »Nach ihnen können Beschuldigte ohne formale Anklage verhaftet werden«, erklärt Anwalt Ashraf Wali. Ihre Anwendung spiegele »die autoritäre Struktur der Verwaltung« wider: »Denn der Beweismaßstab für den Staat ist für die Verfolgung und Verurteilung von Inhaftierten außerordentlich niedrig.« Allein 2021 seien nach den beiden Bestimmungen gemäß inoffiziellen Angaben 900 Menschen in Kaschmir festgenommen worden.[37]

UAPA schreibt eine Freiheitsstrafe von bis zu sieben Jahren für »Befürwortung, Beihilfe, Beratung oder Anstiftung zu rechtswidrigen Aktivitäten« vor. Das PSA lässt eine Inhaftierung Verdächtiger bis zu zwei Jahre ohne formelle Anklage oder Gerichtsverfahren zu. Es wird nach Ansicht von Menschenrechtsorganisationen seit den Neunzigern missbraucht, um die Bevölkerung unter Druck zu setzen – zuletzt wurde es noch einmal häufiger angewendet. So wurden allein in den ersten 30 Tagen nach der Aufhebung des Sonderstatus 2019 laut Regierungsquellen mindestens 290 Personen unter PSA inhaftiert. Insgesamt sind nach Angaben des *Indian Express* seit 2019 gemäß dem PSA 954 Personen inhaftiert worden, 46 Prozent von ihnen seien immer noch im Gefängnis.

Sosehr diese beiden Gesetze die Zivilbevölkerung unter Druck setzen – so gut schützt auf der anderen Seite ein Regelwerk die Sicherheitskräfte: Amnesty International beschuldigt sie im von Indien kontrollierten Kaschmir seit Langem, das Armed Forces Special Powers Act (AFSPA), ein Gesetz über Streitkräfte (Sonderbefugnisse), ausgenutzt zu haben, das es ihnen ermöglicht, »Gefangene ohne Gerichtsverfahren festzuhalten«. Das Gesetz erlaube es den Sicherheitskräften, Personen ohne Anklageerhebung bis zu zwei Jahre festzuhalten. »Es ist ein Werkzeug, das der Armee gegeben wird, um ungestraft zu arbeiten, ohne sich vor irgendeinem Gericht zu rechtfertigen«, sagt Ashraf Wali.[38]

Wali klagt auch, dass seine eigene Arbeit durch die Behörden eingeschränkt sei. »Ich genieße die Freiheit, als Anwalt tätig zu sein, solange ich mich mit privaten Streitigkeiten befasse, zwischen Individuen also. Das ist aber völlig anders, wenn es um Fälle im Bereich des öffentlichen Rechts – Individuum gegen Staat und umgekehrt – geht. Es gibt eine massive Präsenz des Staates, die übertrieben und völlig unangebracht ist.«[39]

Ob die kritischen Worte eines Anwalts oder die Perspektive von Behörden und Regierung: Für mich selbst war es zuletzt oft schwer, die Lage in Kaschmir zu beurteilen. Vor Ort an Informationen zu kommen, ist mit halbwegs legalen Mitteln nicht mehr möglich. Das Tal ist schon lange für Ausländer gesperrt, für ausländische Medien ohnehin. Gleichzeitig ist die Angst vor Repressalien in der Region immens gewachsen. Sie beherrscht auch das Handeln von Menschen, die ich nicht als radikal, sondern als liberal einschätzen würde. Nur verschlüsselt habe ich deshalb oft mit Informanten kommuniziert.

So will auch der Journalist Khalid Bhat aus Srinagar nicht mit seinem richtigen Namen zitiert werden. Er beschreibt den Druck, dem er und seine Landsleute ausgesetzt sind, 2022 mit drastischen Worten: »Was wir ständig erleben, sind Folter, Zerstörung von Häusern, nächtliche Razzien und digitale Überwachung, Vorladungen und Anklagen wegen angeblichem Terror aufgrund politischer Aktivitäten sowie Angriffe auf Menschenrechtsaktivisten. Besonders die Tötung von Zivilisten und ihre Brandmarkung als Militante hat seit letztem Jahr zugenommen.«[40]

Die Behörden nähmen die Region in einen »Würgegriff«, es sei eine Einschüchterungstaktik, so Bhat. Seit der Aufhebung des Sonderstatus gingen sie immer härter gegen politische Parteien, die Zivilgesellschaft und die Medien vor. »Die Polizei nutzt den Dominoeffekt, um das soziale Gefüge, Solidarität und Beziehungen innerhalb von Freunden und Familie zu manipulieren. Das heißt zum Beispiel, wenn eine Person inhaftiert wird, ist die Angst ist so groß, dass ihre Freunde, Verwandten und Bekannten keine Solidarität zeigen und lieber nicht darüber sprechen. Außerdem nehmen die Behörden herausragende Personen ins Visier – jeden, der Einfluss in einem Ort, einer Nachbarschaft hat, Akademiker oder Journalisten, wichtige Persönlichkeiten, die traditionell Missbräuche melden oder melden könnten.«[41]

Das Vorgehen der Behörden behindere seine Arbeit als Journalist, sagt Bhat: »Die Situation ist traurig, beängstigend und hat Formen angenommen, von denen ich und die meisten meiner Kollegen sagen, dass sie beispiellos sind. Die Behörden zwingen uns zum Schweigen – und sie sind damit leider weitgehend erfolgreich. Ich habe persönlich körperliche Angriffe, ernsthafte Drohungen und Einschüchterungen erlebt und gesehen. Ich habe gesehen, wie meine Kollegen in ihren Häusern durchsucht wurden, wie ihre elektronischen Geräte und das Eigentum ihrer Ehepartner und Geschwister beschlagnahmt wurden. Die Behörden verfolgen diese Taktik, um eine andere Sicht auf die Dinge zu verhindern. Um andere Darstellungen zu unterbinden. Sie wollen sicherstellen, dass nur ihre Version einer Geschichte veröffentlicht wird – und nicht diejenigen, die ihre Version in Frage stellen. Denn genau das haben wir in den letzten zwei Jahren immer wieder gemacht: Eine andere Version aufgedeckt, gefakte Darstellungen von Ereignissen in Frage gestellt.«[42]

Mehrere sehr verschiedene Versionen von einer Geschichte gibt es auch zu einem Drama in Kaschmir, das wenig bekannt wurde: zum Exodus der kaschmirischen Pandits. Bis in die frühen Neunziger verließen von einstmals 120 000 bis 140 000 in Kaschmir lebenden Pandits, die auch als kaschmirische Brahmanen bekannt sind, etwa 90 000 bis 100 000 das Tal. Bis zu 80 wurden dabei getötet: Gezielt ermordeten Terroristen hochrangige Beamte aus der Gemeinschaft, um Angst und Panik zu verbreiten. Die Behörden schauten zu, die Bundesregierung garantierte ihnen keine Sicherheiten. Und die Medien schwiegen vielfach, besonders die westlichen. Die Massenflucht ist auch in Europa oder den USA nie ein großes Thema gewesen.

Der indische Politikwissenschaftler Sumantra Bose beschreibt den Exodus so: »Die Serie gezielter Attentate der [Terrororganisation] JKLF, die im August 1989 begann, umfasste eine Reihe prominenter Pandits. Tika Lal Taploo, der Präsident der kaschmirischen Ablegers der hindunationalistischen BJP, wurde im September 1989 getötet, gefolgt im November von Neelkanth Ganjoo, dem Richter, der den JKLF-Pionier Maqbool Butt 1968 zum Tode verurteilt hatte. Als das Tal Anfang 1990 in Chaos versank, wurde Lassa Koul, der Pandit-Direktor der Srinagar-Station des staatlichen indischen Fernsehens, von JKLF-Terroristen getötet. Die Morde an solch hochkarätigen Mitgliedern der Gemeinschaft haben eine Welle der Angst unter den Pandits ausgelöst.«[43]

Die Historikerin Shahla Hussain notiert: »Die Gemeinschaft fühlte sich bedroht, als kaschmirische Muslime unter der Flagge der Unabhängigkeit offen Anti-Indien-Slogans proklamierten. Die gezielten Tötungen von kaschmirischen Hindus 1989, von denen die Aufständischen glaubten, dass sie als indische Geheimdienstagenten fungierten, verstärkten diese Unsicherheiten.« Denn die Pandits hätten sich – anders als die Aufständischen – Indien immer verbunden gefühlt, so Hussain. »Die zunehmenden Aufstände in der Region führten zu einer schwierigen Situation für die hinduistische Gemeinschaft in Kaschmir, die immer stolz auf ihre indische Identität war. Die Forderung der Widerständler nach Selbstbestimmung betrachteten sie nicht nur als die Forderung einer Gemeinschaft, sondern als eine sezessionistische Parole, die die Sicherheit des indischen Staates bedrohte.«[44]

Die Flucht erfolgte hastig, so Sumantra Bose. »Als das Kaschmir-Tal von Aufständen erfasst wurde, floh der Großteil der Pandit-Bevölkerung innerhalb weniger Wochen zwischen Februar und März 1990 in die südindische J&K-Stadt Jammu und weiter in Städte wie Delhi.«[45]

Bis heute ist diese Episode Gegenstand einer politischen Diskussion mit völlig gegensätzlichen Positionen. Zynisch erscheint die Behauptung einiger militanter Separatisten, dass der Massenexodus eine Verschwörung sei. Er sei von Shri Jagmohan, dem damaligen Gouverneur des Bundesstaates Jammu und Kaschmir, inszeniert worden, um die Separatistenbewegung zu diffamieren. Der weist die Vorwürfe freilich zurück.

Problematisch ist aber auch das gegenteilige Narrativ. So etwa die Darstellung von KPS Gill. Der ehemalige Polizeioffizier, Autor und Experte für Terrorismusbekämpfung war keine unumstrittene Figur. Gill wurde 1989 für seine Arbeit im öffentlichen Dienst mit dem Padma Shri Award, Indiens vierthöchster ziviler Auszeichnung, geehrt. Der 2017 verstorbene Ex-Beamte war ein Hardliner, der der Regierung häufig eine zu weiche Haltung in der nationalen Sicherheit vorgeworfen hat. Er stand auch im Verdacht eines sexuellen Übergriffs. Acht Jahre zuvor soll er auf einer Party eine Beamtin des indischen Verwaltungsdienstes unsittlich und gegen ihren Willen berührt haben. Gill beschreibt die Flucht der kaschmirischen Pandits und die Situation in der Region aus seiner Sicht:

> »Seit Ende 1989 befindet sich der indische Bundesstaat Jammu und Kaschmir (J&K) im Griff einer bösartigen Bewegung des islamistischen extremistischen Terrorismus. Nicht weniger als 36 289 Leben sind in diesem Konflikt in fast 14 Jahren eines subkonventionellen Krieges verloren gegangen, der den Menschen des Staates enormes Leid zugefügt hat [...].«

Für Gill gehören die Kaschmir-Pandits »zu den schlimmsten Opfern dieses Konflikts«, denn sie seien Opfer »einer der erfolgreichsten, wenn auch wenig bekannten ethnischen Säuberungskampagnen der Welt geworden«. Den Grund dafür, dass die Welt hier weggeschaut hat, sieht Gill in der Kultur der Pandits, die eine Tradition der Gewaltlosigkeit hätten und die daher keine Vergeltungsschläge ausgeübt haben und ihr Leiden schweigend akzeptiert hätten. Gill schreibt weiter:

> »Ethnische Säuberungen waren offensichtlich ein systematischer Bestandteil der strategischen Agenda der Terroristen in J&K [...]. Schließlich wurden schätzungsweise 400 000 Pandits – über 95 Prozent ihrer ursprünglichen Bevölkerung im Tal – Teil der vernachlässigten Statistik der ›Binnenflüchtlinge‹, die als Ergebnis dieser Terrorkampagne aus ihren Häusern vertrieben wurden. Der indische Staat hat es nicht nur versäumt, sie in ihren Häusern zu schützen, die aufeinander folgenden Regierungen haben kaum mehr als minimale humanitäre Hilfe geleistet, und diese im Exil lebende Gemeinschaft taucht selten im Diskurs über die ›Kaschmir-Frage‹ und ihre Lösung auf. Ihre relativ geringe Zahl, gepaart mit einer Tradition des gewaltlosen Protests, hat die Pandits im politischen Diskurs über Kaschmir – sowohl innerhalb des Landes als auch international – weitgehend irrelevant gemacht. Es sollte jedoch klar sein, dass die vielen ›Friedensprozesse‹ und ›politischen Lösungen‹, die von Zeit zu Zeit in J&K initiiert werden, wenig Bedeutung haben, bis sie weitere Schritte beinhalten, um die schweren Ungerechtigkeiten zu korrigieren, die dieser unglücklichen Gemeinschaft angetan wurden.«[46]

Gills Darstellung ist an vielen Stellen fragwürdig. So belegt er die Theorie von ethnischer Säuberung und Pogrom nicht, die Worte werden vielmehr als Kampfbegriffe verwendet. Obwohl die meisten Wissenschaftler bestreiten, dass es sich bei den Ereignissen um einen »Völkermord« oder um »ethnische Säuberung« handelte. Die Bezeichnung sei ungenau oder werde zur Propaganda missbraucht, so die Forscher. Aber auch die klischeehafte Darstellung der vermeintlich durchweg friedvollen Pandits ist fragwürdig, insbesondere ihre Opferrolle dürfte vielen aus dieser Gemeinschaft selbst zuwider sein.

Als sicher kann allerdings gelten, dass sich die Lage der Pandits seit der Flucht nicht gebessert hat. Zwar hat die Zentralregierung wie die Landesregierung immer wieder mit verschiedenen Vorstößen versucht, die Hindus zu rehabilitieren. Doch mit wenig Erfolg. So sollen 2016 nach der Ankündigung eines Milliarden Rupien schweren Unterstützungspaketes immerhin 1800 hinduistische Jugendliche in das Tal zurückgekehrt sein. Doch R. K. Bhat, Präsident der kaschmirisch-hinduistischen Jugendorganisation Youth All India Kashmiri Samaj, kritisierte das Paket als reine Augenwischerei: Die meisten Jugendlichen lebten in beengten Plattenbauten oder in Mietwohnungen. Die BJP-Regierung meine es nicht ernst mit der Ankündigung, den Pandits zu helfen. Der Journalist Rahul Pandita, selbst ein aus Kaschmir vertriebener Pandit, schreibt in seinen Memoiren, solchen Bemühungen oder Behauptungen fehle der politische Wille.

Für einen Aufschrei sorgte vor einigen Jahren ein Vorstoß der Regierung in Srinagar, vertriebene Kaschmir-Hindus in exklusive, bewachte Kolonien umzusiedeln. Umgehend protestierten separatistische Anführer. Viele kritisierten das Vorhaben als »an Israels Siedlungen in Palästina erinnernde« Settlements. Die rivalisierenden kaschmirischen Separatistenführer Mirwaiz Umar Farooq, Yasin Malik und Syed Ali Shah Geelani taten sich 2016 in einer seltenen Demonstration der Einigkeit zusammen, um sich gegen den Plan zu stellen. »Wir wollen, dass die Pandits zurückkommen, da sind sich alle Muslime in Kaschmir einig. Wir glauben, dass es sich um eine humanitäre Angelegenheit handelt. Die Pandits haben jedes Recht auf Rückkehr, und die Regierung sollte ihnen eine ansehnliche Entschädigung zahlen, um ihnen bei der Eingewöhnung zu helfen«, sagte Mirwaiz Farooq der BBC. »Aber wir sind gegen die exklusiven Siedlungen, weil das einen tiefen Keil in die kaschmirische Gesellschaft reißen wird. Die Trennung der Pandits in abgelegenen Gebieten mit Sicherheitsbarrikaden wird Mauern des Hasses schaffen, das ist nicht der richtige Ansatz.«[47] Der kurz darauf getötete Mudschaheddin Burhan Wani drohte kurzum damit, die »Hindu-Townships« anzugreifen. Die Landesregierung ruderte schnell zurück. Mehbooba Mufti, Chief Minister von Kaschmir, behauptete, sie habe nur gemeint, den Pandits eine Übergangsunterkunft zu bieten, bis sie ihre eigenen Häuser gebaut hätten. Aber nicht viele im Tal sind bereit, sich darauf zu verlassen.

Doch wie sollen die Pandits zurückkehren, ohne dass ihre Sicherheit und Integration garantiert wird? Sanjay Tickoo, Aktivist der Kaschmiri-Pandits, sagte der BBC, dass die Menschen, die ausgewandert sind, nicht in der Lage seien, mit dem Druck des Lebens in Kaschmir fertigzuwerden. Bei den ersten Schwierigkeiten würden sie wahrscheinlich wieder weglaufen. »Die Behörden werden sie unterstützen müssen, sie werden nicht verstreut im Tal leben können, also müssen sie Platz zugewiesen bekommen.« Aber sie sollten auch nicht in Ghettos leben. »Ich denke, die Antwort liegt darin, intelligente Städte zu schaffen, in denen 50 Prozent der Häuser für die Pandits reserviert sein sollten, die restlichen könnten Muslime, Sikhs oder jeden anderen beherbergen, der sich dafür entscheidet, dort zu bleiben. Dann werden wir in der Lage sein, hier eine wirklich zusammengesetzte Gesellschaft wieder aufzubauen.«[48]

Das klingt völlig utopisch. Leider muss man sich die Frage stellen, ob es wirklich denkbar ist, dass es in absehbarer Zeit eine friedlich zusammenlebende multiethnische, multireligiöse Gesellschaft im Kaschmir-Tal geben wird. Ist nicht vielmehr zu befürchten, dass der Aufstand und die drastischen Aktionen der indischen Sicherheitskräfte weiter eskalieren werden? Dass Generationen von Kindern und Jugendlichen im Kampfgebiet aufwachsen? Generationen, die radikalisiert werden?

Denn das Land ist lange nicht mehr das, das es vor Beginn der bewaffneten Aufstände war. »Rückblickend ist es unglaublich, wie sehr sich Kaschmir gewandelt hat, seit ich dort aufgewachsen bin«, sagte mir 2022 Tehmeena Rizvi. Die 27-Jährige stammt aus einer schiitischen Familie in Kaschmir und lebt heute in Neu-Delhi. »Als ich ein kleines Mädchen war, in meiner Kindheit, haben wir uns immer als Inder gefühlt«, erinnert sich Rizvi. »Mein Vater war damals sehr liberal, er stand zu Neu-Delhi. Obwohl er auch sehr religiös ist. Zweimal war er zur Hadsch in Mekka.« Doch plötzlich sei sie ständig gemaßregelt worden, sagt Rizvi. »Sie fingen an, dir zu sagen, dass du keine richtige Muslima seist, wenn du dies oder das tust oder lässt, wenn du deinen Kopf nicht bedeckst, wenn du nicht fünfmal täglich betest. Sie sagten dir immer genauer, wie du dich zu verhalten hast. Ich habe gesehen, wie sich das tägliche Leben direkt vor meinen Augen geändert hat, wie die Radikalisierung immer weiter fortschritt. Es ist eine irrationale Entwicklung. Und es ist Unsinn. Denn der Islam sagt, du bist Muslim, aber dem Land verpflichtet, das deine Heimat ist.«

Heilige Ungleichheit

Wer durch Indien reist, kann irritierende Szenen erleben. Und schlichtweg grausame. Wie oft habe ich Kloreinigerinnen mit ihren Handbesen beobachtet, die von den Betreibern von Hotels oder Apartments über die Anlagen gescheucht wurden. Wie Schatten bewegten sie sich durch die Zimmer, demütig, den Blick stets nach unten gerichtet. Immer wieder habe ich Teehausbetreiber erlebt, die halb nackte Bettler unter Androhung von Prügel vertrieben. Polizisten, die Obdachlose mit dem Bambusstock verdroschen. In Nord-Delhi habe ich mit Müllsammlern gesprochen, die in stinkenden Containern voller Unrat wohnten. Alle anderen Bewohner des Viertels machten einen großen Bogen um sie. Besonders brutal war der Sammeltaxifahrer, der in Tamil Nadu einen Menschen anfuhr, der am Straßenrand zusammenbrach – und ohne viele Aufhebens sein Fahrzeug weiterlenkte. Auf eine andere Art grausam war die Hindufrau, die einen alten Mann lautstark beschimpfte, weil der in einem überfüllten Bus in Himachal Pradesh versehentlich mit den Füßen ihre auf dem Boden stehende Tasche berührt hat. Aber vor allem habe ich immer wieder verdreckte Stadtviertel durchquert und ganze Dörfer, die wie ein einziges Inferno erschienen: die Menschen in Lumpen, Hütten als Behausungen, offene Kloaken, Müll überall. Denn das Kastensystem ist bis heute überall in Indien Teil des Alltags. Obwohl es eigentlich lange nicht mehr existieren soll.

Sein Ursprung lässt sich Jahrtausende weit zurückverfolgen. Bis zu den sogenannten Ariern, Stämmen zentralasiatischer Nomaden, die über den Hindukusch einwanderten. Sie lösten die vorherige Induskultur ab. Ihre Urheimat vermuten Forscher – vor allem aufgrund der Verwandtschaft zwischen den alten indischen Sprachen und Sprachen wie Griechisch, Latein, den germanischen und keltischen Sprachen – in den eurasischen Steppen.

Ihre Kultur zeichnete vor allem durch zwei Errungenschaften aus: Sie hatten Pferde und Kühe als Nutztiere domestiziert. Und: Sie verwendeten Kupfer und Bronze, um Schmuck und Werkzeug herzustellen. Aber auch, um Waffen zu produzieren. Ohnehin waren diese Nomaden in militärischer Hinsicht besonders weit entwickelt. Vor allem ein Kriegsgerät verschaffte ihnen in jener Epoche einen entscheidenden Vorteil gegenüber ihren Feinden: der Streitwagen. Die Speichenräder ihrer zweirädrigen, von Pferden gezogenen Fahrzeuge sollen so wertvoll gewesen sein, dass sie gelegentlich auf Ochsenkarren geladen wurden, um sie bis zum Beginn der Schlacht zu schonen.

Wann genau diese Völker in Indien eintrafen, ist in der Forschung umstritten. Allgemein wird angenommen, dass sie etwa zwischen 2000 und 1400 v. Chr. in einzelnen seminomadischen Gruppen auf den Subkontinent vorstießen. In diese Zeit wird auch die Entstehung des ältesten Textes der altindischen Veden datiert, des Rigveda: Um etwa 2000 v. Chr. sollen die Einwanderer die Hymnen verfasst haben. Die Sammlung von rund 1 000 Hymnen ist die Quelle zahlreicher Schilderungen aus dieser Epoche.

Viele Autoren haben die Sesshaftwerdung der Völker aus dem Norden als Invasion nach Indien beschrieben, als eine gewaltsame Landnahme. Befeuert wurde diese Annahme durch die Erkenntnis, dass der Untergang der Induskultur genau in jenen Zeitabschnitt fiel, in der sie sich nach Süden ausbreiteten. So interpretierte der britische Archäologe Mortimer Wheeler Mitte des 20. Jahrhunderts die zahlreichen Funde unbestatteter Leichen in den obersten Ausgrabungsschichten von Mohenjo-Daro, einem der wichtigsten Zentren der Induskultur, als Opfer von Eroberungskriegen. Er schrieb, der vedische Gott Indra sei »beschuldigt«, die alte indische Kultur zerstört zu haben.[49]

Allerdings gegen den erheblichen Widerstand der Einheimischen, wenn man den alten Schriften glauben will. Die »dunkelhäutigen« *Dasa* oder *Dasyu*, die vor den Eindringlingen dort siedelten, werden darin immer wieder als Feinde beschrieben. Sie verteidigten sich in ihren Burgen oder Forts, Purah genannt – heute ist das Wort in Indien ein häufiger Bestandteil von Städtenamen. Indra, der berühmteste Gott der vedischen Zeit und der im Rigveda am meisten angerufene, wurde von den Eroberern Purandara, Festungszerstörer, genannt. Denn gemäß den vedischen Schriften zerschmetterte er jeden Widerstand. Mit seinem Donnerkeil (Vajra) tötete er die Feinde. Berauscht vom heiligen Trank Soma, stürmte er die Burgen der Dasyu.

Vielfach bezeugt ist auch, dass die alten Arier, deren Brahmanen in komplexen Zeremonien den Göttern opferten, die Einheimischen, die Tiere und Bäume verehrten, für kulturlos hielten. So heißt es etwa in der Indra gewidmeten 22. Hymne von Rigveda, Buch 10: »Um uns herum sind die Dasyus ohne Riten, ohne Sinn, unmenschlich, die sich an fremde Gesetze halten. Zerstöre, du Bezwinger des Feindes, die Waffe, die diese Dasa führen.«

Auch darauf, dass die landnehmenden Nomaden aus dem Norden sich von den Einheimischen durch ihre Hautfarbe unterschieden, wird im Rigveda immer wieder abgehoben. Das klingt schlicht rassistisch. So steht in Buch 9, Hymne 41, über den Fortschritt der Invasoren: »Energisch und kühn sind sie vorangekommen, ungestüm mit der Geschwindigkeit von Stieren. Trieben die Schwarzhäutigen weit fort. Mögen wir die ritenlosen Dasyu besiegen, mögen wir an die Brücke der Glückseligkeit denken, die Brücke des Leids hinter uns lassen.«

Es gibt zahlreiche weitere Verse im Rigveda, die offensichtlich beschreiben, wie die Arier auf gewaltsame Weise nach Nordindien vordrangen. Etwa in Buch 1, Hymne 100: »[Indra] der vielbeschworene, hat die Dasyu [...] nach seiner Gewohnheit getötet und sie mit Pfeilen niedergestreckt. Der mächtige Donnerer [gemeint ist Indra] mit seinen hellhäutigen Freunden gewann das Land, das Sonnenlicht und das Wasser. Sei, du, oh Indra, immer unser Beschützer, und ungehindert können wir die Beute gewinnen.«

Agni, der Gott des Feuers, den die Völker aus dem Norden ebenfalls verehrten, stand den zerstörerischen Taten des Götterhelden Indra kaum nach. Wenn es von ihm in Buch 7, Hymne 6, heißt: »Er machte mit seinen Waffen die Mauern weichen«, kann damit nur gemeint sein, dass die hölzernen Forts und Befestigungen der Einheimischen abgefackelt wurden. Der Stamm der Purus scheint dabei besonderen Erfolg gehabt zu haben. In Buch 5, Hymne 7, steht: »Aus Furcht vor dir zogen die schwarzen Stämme fort, indem sie kampflos ihren Besitz zurückließen, als du Vaishnava Agni [...] flammend ihre Burgen brechend leuchtetest ... du, Agni, triebest die Dasyus aus ihrer Heimat, indem du den Arya [also den Ariern] weites Licht schufst.«

Die Kriegszüge der Eindringlinge waren, wie so oft in der Geschichte, gleichzeitig Raubzüge. Viele Hymnen beschreiben die Vereinnahmung der Ressourcen des Landes, die mit den Siegen einherging. Zum Beispiel Buch 2, Hymne 11 des Rigveda 1896: »Du hast das Licht offenbart, um die Arya zu erleuchten; zu deiner Linken, oh Indra, sanken die Dasyu. Mögen wir Reichtum erlangen, indem wir mit deiner Hilfe und den Aryas alle unsere Feinde, die Dasyus, unterwerfen.«

In Buch 1, Hymne 103, werden Gewinne aus den Kämpfen konkreter beschrieben: »[Indra] befestigte die Erde und breitete sie aus. Bewaffnet mit seinem Donnerkeil und vertrauend auf seine Tapferkeit wanderte er umher und zerschmetterte die Festungen der Dasas. Schleudere kundig, du Träger des Donnerkeils, dein Geschoss auf die Dasyu. Mehre, oh Indra, die Macht und den Ruhm der Arier! Seht diesen seinen reichen Gewinn und glaubt an Indras Heldenkraft. Er gewann die Rinder, gewann die Rosse, er die Gewächse, er die Wasser, er die Bäume. Dem Tatenreichen, männlichen Bullen, von echtem Kampfesmut, wollen wir Soma auspressen, dem Helden, der mit Bedacht wie ein Straßenräuber des Opferlosen [der nicht opfernden Dasyu] Besitz aufzuteilen pflegt.«

Aber war es wirklich ein derart gewaltsames Vordringen? Eine regelrechte Invasion? Oder spiegelten diese Beschreibungen von kriegerischen Auseinandersetzungen nur einen kleinen Ausschnitt der tatsächlichen Geschehnisse in jener Epoche wider? Vor allem viele indische Autoren begannen im späten 20. Jahrhundert an der These von der arischen Invasion nach Nordindien zu zweifeln. Sie entwickelten dagegen die Theorie, dass Migration und Akkulturation die entscheidenden Methoden gewesen seien, mit denen sich Indoarier, ihre Sprache und Kultur um 1500 v. Chr. in Nordwestindien ausbreiteten. Das Invasionsmodell sei kolonialistisch intendiert. Die Briten hätten es genutzt, um ihre eigene Unterwerfung des Subkontinents damit zu rechtfertigen.

Der deutsche Indologe Michael Witzel beschreibt diese wissenschaftliche Entwicklung so: »In diesen Ansichten wird, wenn auch oft aus ganz anderen Gründen, jede Einwanderung oder Einsickerung – fast immer ›Invasion‹ genannt – der (Indo-)Arier in den Subkontinent bezweifelt oder einfach geleugnet. Die Arya des Rigveda sollen nur ein weiterer Stamm oder eine Gruppe von Stämmen sein, die neben Dravidianern, Mundas und so weiter schon immer in Indien ansässig waren. Die Theorie einer Einwanderung von indoarisch sprechenden Arya (›arische Invasion‹) wird einfach als Mittel britischer Politik angesehen, um ihr eigenes Eindringen in Indien und ihre anschließende Kolonialherrschaft zu rechtfertigen: In beiden Fällen wurde eine ›weiße Rasse‹ gesehen, die die lokale dunklere Bevölkerung unterwarf.«[50]

Aber auch diese konträre Position ist schon wieder überkommen. Heute wird vielfach von einer Theorie einer Kombination aus kriegerischer Eroberung und friedlicher Migration und Akkulturation ausgegangen. Witzel schreibt: »Das ›Invasionsmodell‹ [...] wurde in den letzten Jahrzehnten durch viel ausgefeiltere Modelle ersetzt. Diese Entwicklung ist aber nicht etwa eingetreten, weil die Indologen, wie heute häufig behauptet wird, auf die aktuelle indische Kritik an der älteren Theorie reagiert hätten. Vielmehr bemerkten zuerst die Philologen und etwas später die Archäologen gewisse Ungereimtheiten in der älteren Theorie und versuchten, neue Erklärungen, eine neue Version der Einwanderungstheorien zu finden.«

Mit welchen Methoden auch immer, die Arier dehnten ihren Siedlungsraum nach ihrer Überquerung des Hindukusch bis an die westlichen Ausläufer des Zweistromlandes zwischen den Flüssen Yamuna und Ganges aus. Der heutige Punjab, das Fünfstromland, gilt als Schwerpunkt der vedischen Bevölkerung über die folgenden Jahrhunderte hinweg.

Und hier begann auch ein neuer historischer Abschnitt: die Sesshaftwerdung. Die Halbnomaden wurden zu Bauern. Fruchtbare, wüstennahe Landstriche mussten nun bewässert, Wald muss gerodet werden. Es brach das an, was Indologen als spätvedische Zeit bezeichnen. Doch mit der Sesshaftwerdung wurde auch der Kontakt mit der Urbevölkerung intensiver, das Handwerk bekam eine wachsende wirtschaftliche Bedeutung. Die tiefgreifenden sozialen Veränderungen, die damit einhergingen, führten zu einer neuen sozialen Differenzierung der Gesellschaft.

Bereits in der frühen vedischen Gesellschaft, die noch weitgehend auf Wanderschaft war, hatte es eine klare Aufteilung gegeben. Neben den freien Stammesangehörigen (Vaishya) gab es die Krieger (Kshatriya), aus deren Mitte die Stammesfürsten (Rajan) hervorgingen, zudem die Priester, die Brahmanen. Doch nun kam eine weitere soziale Klasse hinzu: die Shudra. Sie waren als Handwerker, Arbeiter oder Knechte tätig. Und so wie bereits zu jener Zeit die Eindringenden die Einheimischen als »dunkelhäutige Stämme« bekämpft hatten, wurde mit der Sesshaftwerung die Hautfarbe ein entscheidendes Kriterium für innergesellschaftliche Abgrenzung. Die vier »Stände« wurden Varna genannt. Übersetzt heißt das »Farbe«. Es fällt schwer, nicht auch diese Kategorisierung ganz einfach als Rassismus zu verstehen.

Beschrieben wurde dieses religiös fundierte Gesellschaftssystem erstmals in Buch 10, Lied 90, einer späten Hymne des Rigveda. Sie veranschaulicht die Erschaffung der vier Varnas und des Kosmos anhand der Opferung des mythischen Urwesens Purusha:

»Dieser Purusha ist alles, was je war, und alles, was je sein wird. [...] So gewaltig ist seine Größe; ja, noch größer als dies ist Purusha. Ein Viertel von ihm sind alle Geschöpfe, drei Viertel von ihm ist das Unsterbliche im Himmel. Als die Götter mit Purusha als Opfergabe das Opfer vollzogen, da war der Frühling dessen Schmelzbutter, der Herbst die Opfergabe, der Sommer das Brennholz. Als sie den Purusha auseinanderlegten, wie viele Teile machten sie? Wie wurde sein Mund, seine Arme, wie wurden seine Schenkel und Füße genannt? Sein Mund ward zum Brahmanen, aus seinen beiden Armen wurde der Rajan gemacht. Seine beiden Schenkel wurden zum Vaishya, aus seinen Füßen entstand der Shudra.«

Und die Shudras wurden verachtet. Vor allem, weil die Hindus der höheren Kasten eine Sorge umtrieb: die Angst vor ritueller Verunreinigung. So war schon in dieser Zeit vorgeschrieben, dass bei bestimmten Opferzeremonien nur von Aryas geformte Töpferwaren verwendet werden. Hermann Kulke und Dietmar Rothermund zitieren in *Geschichte Indiens* einen nicht genauer bezeichneten spätvedischen Text: »Sie [die Sthali, eine irdene Melk- und Kochschüssel] ist von einem Arya geformt, mit senkrecht nach oben gehenden Seitenwänden: zur Gemeinschaft mit den Göttern. So ist sie mit den Göttern vereint. Dämonisch (asurya) ist fürwahr das Gefäß, welches von einem Töpfer gebildet, auf einer Töpferscheibe gedreht ist.«[51]

Doch was genau steckte hinter diesem Denken der alten, den Göttern in höchst komplizierten Riten opfernden Hindus? Deepa Joshi und Ben Fawcett erklären es in *Water, Hindu Mythology and an Unequal Social Order in India* so: »Das Kernanliegen des hinduistischen Ritualismus betrifft die Beeinflussung und Aufrechterhaltung von Reinheit und Unreinheit. Das Kastensystem [...] schreibt dem menschlichen Körper Zustände ritueller Reinheit und Verunreinigung aufgrund von Kaste beziehungsweise kastenbasiertem Beruf und Geschlecht zu. [...] Im sozial abgestuften System gelten Brahmanen, weil sie beruflich rituelle und religiöse Aktivitäten ausüben, als die reinsten. Ihre Aufgaben gelten als die erhabensten und saubersten aller gesellschaftlichen Aktivitäten. Am anderen Ende des sozialen Kontinuums werden die Shudras aufgrund der verunreinigenden Aktivitäten, zu denen sie sozial verpflichtet sind, als verunreinigt angesehen. Den Shudras wurden in der Vergangenheit die Aufgaben der Einäscherung von Toten, der Umgang mit toten Tieren, der Umgang mit menschlichen Fäkalien, das Schneiden von Haaren, Nägeln sowie von Wasch- und Reinigungsprozessen im Zusammenhang mit Körperausscheidungen übertragen. Aufgrund ihrer beruflichen Verbindung mit schmutzigen Gegenständen und verschmutzter menschlicher Materie gelten sie selbst als ewig dreckig.«[52]

Und welche Bedeutung hatte diese Denkweise wirklich für die damalige Gesellschaft? Viele Wissenschaftler bezweifeln heute, dass die Varnas je mehr waren als ein theoretisches Konzept. Sie verweisen darauf, dass sich schon in den einige Jahrzehnte nach dem Rigveda in der Sprache Pali verfassten Texten die Beschreibungen der Gesellschaft unterscheiden: Während die brahmanischen Pali-Texte vom vierfachen Varna-System sprechen, taucht diese Kategorisierung in buddhistischen Texten nicht auf. Möglicherweise war, so mutmaßen die Forscher, zu jener Zeit das Varna-System, obwohl Teil der brahmanischen Ideologie, in der Gesellschaft praktisch nicht wirksam.

Auch das Mahabharata, das irgendwann zwischen dem vierten vorchristlichen und dem vierten nachchristlichen Jahrhundert geschrieben wurde, ist in der Sache nicht eindeutig: Es beschreibt verschiedene Varna-Modelle. Eines scheint dem Gesellschaftsmodell des Rigveda zu entsprechen. Es identifiziert die Hautfarbe mit den Varnas: »Brahmins Varna war weiß, Kshatriyas war rot,

Vaishyas war gelb und die Shudras schwarz.«[53] In der Bhagavad Gita, dem wichtigsten philosophischen Text des Mahabharata, wird jedoch auch – deutlich komplexer – eine Verbindung zwischen den vier Varnas und unterschiedlichen Berufen, Pflichten wie auch charakterlichen Fähigkeiten beschrieben. Zudem findet sich im Mahabharata laut dem US-amerikanischen Religions- und Geschichtswissenschaftler Alfred John Hiltebeitel aber auch ein Modell, das die Varnas mit verschiedenen Verhaltensweisen assoziiert. Vergnügungen und Kühnheit etwa werden demnach den Kshatriyas zugeschrieben, Wahrheit, Strenge und reines Verhalten den Brahmanen. Gewalt, Habgier und Unreinheit sind – wenig überraschend – Eigenschaften der Shudras. Hiltebeitel argumentiert deshalb, es sei, was diese Texte betrifft, »wichtig zu erkennen, dass Varna theoretisch, nicht genealogisch ist. Die vier Varnas sind keine Abstammungslinien, sondern Kategorien«.[54] Aber blendet er dabei nicht die Verbindung zwischen Hautfarbe und Varna einfach aus?

Ganz sicher einen Bezug zur biologischen Herkunft haben jedenfalls die sogenannten Jatis. Das Wort Jati bedeutet »Geburt«, es steht für die gesellschaftliche Gruppe, in die jedes Individuum hineingeboren wird. Und es gibt Tausende dieser Gruppen. Sie definieren sich etwa durch ihren Stamm, die Gemeinschaft, den Clan, den Unterclan oder eine religiöse Sekte. Auch Beruf, regionale Herkunft, Religion oder Sprache können die Jati festlegen – aber eine allgemeingültige Definition gibt es letztlich nicht.

Vor allem ist umstritten, wann das System entstanden ist. Laut dem indischen Soziologen Dipankar Gupta haben sich während des Maurya-Imperiums, also ab dem vierten vorchristlichen Jahrhundert, Gilden gebildet. Diese hätten sich während des Feudalismus zwischen dem siebten und zwölften nachchristlichen Jahrhundert zu den späteren Jatis entwickelt. Doch ganz ähnlich wie über die Relevanz der Varnas wird auch über die der Jatis für die indische Gesellschaft diskutiert. Viele Forscher bezweifeln, dass sie bis weit vor den letzten Jahrhunderten eine nennenswerte soziale Bedeutung hatten. Als wissenschaftlich erwiesen gilt dagegen, dass es keinen Zusammenhang zwischen den Konzepten von Jati und Varna gibt.

Als erwiesen gilt ebenso, dass sich das Kastensystem, wie wir es in der Gegenwart kennen, erst spät entwickelt hat. Und zwar auf der Basis der Jatis wie auch der Varnas. Dafür gibt es zumindest klare Indizien. So nutzten die islamischen Sultanate des Mittelalters in Indien die traditionelle soziale Schichtung für Regierungszwecke, etwa um Steuereinnahmen von Nicht-Muslimen einzutreiben. Der amerikanische Historiker Richard Eaton schreibt über die Lage in Bengalen: »Wenn man die hinduistische Gesellschaft Bengalens als Ganzes betrachtet, scheint es wahrscheinlich, dass das Kastensystem – weit davon entfernt, jene alte und unveränderliche Essenz der indischen Zivilisation zu sein, wie Generationen von Orientalisten angenommen haben – sich erst im Zeitraum 1200 bis 1500 zu seiner modernen Form entwickelt hat.«[55]

Was für die muslimischen Sultanate galt, galt noch einmal mehr für die Briten in Indien: Das gesamte Kastensystem habe zwar einen prämodernen Ursprung. Doch in der Form, in der es heute existiert, sei es vor allem das Ergebnis von Entwicklungen während der britischen Kolonialzeit, meinen viele Forscher. Der amerikanische Gelehrte Nicholas B. Dirks *notiert:* »Die Kasten (wie wir sie heute kennen) sind ein modernes Phänomen, insbesondere das Produkt einer historischen Begegnung zwischen Indien und der westlichen Kolonialherrschaft. Damit will ich nicht implizieren, es sei einfach von den besonders cleveren Briten erfunden worden [...]. Aber ich behaupte, dass ›Kaste‹ unter den Briten zu einem einzigen Begriff wurde, der dazu diente, Indiens vielfältige Formen sozialer Identität, Gemeinschaft und Organisation zu subsumieren, zu organisieren und vor allem zu ›systematisieren‹. Dies wurde durch einen identifizierbaren (wenn auch umstrittenen) ideologischen Kanon als Ergebnis einer konkreten Begegnung mit der kolonialen Moderne während 200 Jahren britischer Vorherrschaft erreicht. Kurz gesagt, der Kolonialismus hat die Kaste zu dem gemacht, was sie heute ist.«[56]

Auch diese These ist belegbar: Seit dem ausgehenden 18. Jahrhundert versuchten die britischen Herrscher, die Inder gemäß deren eigenen Gesetzen zu regieren. So forderte Warren Hastings, Generalgouverneur in Britisch-Ostindien, bereits 1772, »dass in allen Klagen bezüglich Erbschaft, Heirat, Kaste und anderen religiösen Bräuchen oder Institutionen das Gesetz des Korans in Bezug auf Mohammedaner und das des Shaster (Dharmashastra) in Bezug auf Gentoos (gemeint sind Hindus) ausnahmslos eingehalten werden muss«.[57]

Doch diese Forderung hatte ihre Tücken. Die Scharia war hinlänglich und bekannt. Durch das Al-Hidayah etwa, eine Sammlung von Rechtstexten aus dem zwölften Jahrhundert, aber auch durch später verfasste Rechtstexte, die den Mogulherrschern gedient hatten. Doch der Dharmashastra war für die Briten komplettes Neuland. Die Übersetzung dieser in Sanskrit verfassten Rechtstexte mussten sie erst einmal bei den Brahmanen in Auftrag geben. Und dabei erlagen die Kolonialherren einem fatalen Missverständnis: Sie nahmen an, dass die Texte althergebrachtes Recht beschrieben. Aber tatsächlich handelte es sich bei den Überlieferungen oft nur um theoretische Ideen, nicht um praktische Anweisungen. Dennoch machten die Briten die Kastenorganisation zu einem zentralen Verwaltungsmechanismus ihres Kolonialreiches. Auch, weil das so praktisch war. Der Autor G. Aloysius erklärt das Vorgehen so: »Die Briten als besonders pragmatische Imperialisten waren darauf bedacht, nicht die Sozialordnung zu zerstören.« Zudem habe der Bestand des Kastensystems, der die Gesellschaft teilte, einer Vereinigung der Inder gegen sie entgegengewirkt.[58]

Ein besonders eindeutiger Fall ist der koloniale Einfluss auf das Kastensystem in sprachlicher Hinsicht: Schon der Begriff Kaste ist ursprünglich kein indisches Wort – obwohl er heute auch in indischen Sprachen weit verbreitet ist. Laut *Oxford English Dictionary* leitet er sich vom portugiesischen *Casta* ab, was »Rasse, Abstammung« und ursprünglich »rein oder unvermischt (Stamm oder Rasse)« bedeutet. Es gibt dafür keine genaue Übersetzung in indischen Sprachen. Die Katze beißt sich hier sprachhistorisch sozusagen in den Schwanz: Varna und Jati sind die zwei am ehesten annähernden indischen Begriffe.

Aber sie sind eben keineswegs identisch mit dem jüngeren Begriff Kaste, auch wenn dieser sich aus ihnen speist. Das spiegelt sich darin wider, wie der Begriff Kaste heute definiert wird. So scheint Wikipedia vor allem Jatis zu meinen, wenn es erklärt: »Heute gibt es in Indien 3 000 Kasten und 25 000 Unterkasten, die jeweils einem bestimmten Beruf zugeordnet sind.« Die *Encyclopedia Britannica* skizziert zunächst ebenfalls im Wesentlichen Jatis, wenn sie schreibt, eine Kaste sei »eine endogame erbliche Gruppe von Familien, die einen gemeinsamen Namen tragen, oft eine gemeinsame Abstammung beanspruchen, sich in der Regel dazu bekennen, derselben erblichen Berufung zu folgen, an denselben Bräuchen festhalten – insbesondere in Bezug auf Reinheit, Mahlzeiten und Ehen – und oft weiter in kleinere endogame Kreise unterteilt. Auch Stämme, Zünfte oder Religionsgemeinschaften, die durch besondere Bräuche gekennzeichnet sind [...], können als Kasten angesehen werden.« Der Status der einzelnen Kasten variiere in verschiedenen Regionen, schreibt die *Encyclopedia*, fügt dann aber hinzu: »Obwohl soziale Mobilität möglich ist, ist das gegenseitige Verhältnis der Kasten hierarchisch bestimmt:

Lokale Brahmanengruppen nehmen den höchsten Platz ein, und Unterschiede in der rituellen Reinheit sind die Hauptkriterien für die Position in der Hierarchie.«

So werden im Begriff Kaste Varna und Jati oft zusammengewürfelt. Nicht selten wird das eine als das ältere, das andere als das jüngere Konzept des Kastensystems beschrieben. Selbst Indologen unterlaufen bisweilen Verwechslungen und Vermischungen. Deshalb behält wohl der Soziologe G. S. Ghurye recht, der bereits 1932 notierte: »Trotz intensiver Studien besitzen wir keine wirkliche allgemeine Definition der Kaste. Mir scheint, dass jeder Definitionsversuch an der Komplexität des Phänomens scheitern muss.«[59]

So unklar die Begrifflichkeiten von Varna, Jati und Kaste – so eindeutig sorgen sie für sozialen Zündstoff. Und das bis in die Gegenwart. Das gilt etwa, wenn es um Liebe oder gar Ehen über die Grenzen der Jatis hinweg geht. Doch es gilt auch für das System der Varnas. Denn diese religiös begründete gesellschaftliche Kategorisierung implizierte von Anfang an, dass es neben den vier im Rigveda genannten Gruppen der Hindus eine weitere, fünfte Gruppe gibt: all jene, die als völlig außerhalb ihres Geltungsbereichs betrachtet wurden. Man nennt sie *Dalits*, die »Unterdrückten«.

Die Dalits

Heute leben in Indien über 200 Millionen Dalits. Ihre offizielle Bezeichnung ist Scheduled Castes, das lässt sich etwa als »Gelistete Kasten« übersetzen. Sie leben über das ganze Land verteilt. Laut der Volkszählung von 2011 in Indien machten sie 16,6 Prozent der gesamten Bevölkerung aus. Die meisten Angehörigen der Scheduled Castes gab es demnach im Bundesstaat

Punjab (32 Prozent). Hohe Anteile hatten auch die Bundesstaaten Uttar Pradesh (21 Prozent) und Westbengalen (11 Prozent). Dalits gelten bis heute als rituell unrein. Hindus der oberen Kaste betrachten ihre Nähe als schädlich. Die Berufe, die sie ausüben, gelten in spiritueller Hinsicht als schmutzig – etwa Arbeit mit Leder, die Entsorgung toter Tiere, manuelle Reinigungstätigkeiten oder sanitäre Arbeiten. Dalits sind allerdings nicht nur Hindus: Sie bekennen sich heute zu verschiedenen religiösen Überzeugungen, darunter Hinduismus, Buddhismus, Sikhismus, Christentum, Islam und verschiedene andere Glaubenssysteme.

Zwar wurde 1947, als Indien seine Unabhängigkeit von Großbritannien erlangte, die Praxis der »Unberührbarkeit« aufgrund der Kaste verboten. Ein umfassendes Programm sollte Kastenlosen das Recht auf Zuwendung vom Staat und einen Anteil an Sitzen im Parlament garantieren, um sie mit den »Kastenhindus« gleichzustellen. Doch das System besteht weiter. Die Zeitungen sind bis heute voller Berichte über Diskriminierungen – von Kindern der oberen Kaste in Gujarat, die sich weigern, aus einer von einem Dalit gewaschenen Schüssel zu essen, bis zu Kastenhindus, die Dalits daran hindern, ihre Tempel zu betreten. Gewalt, auch Mord, ist fast an der Tagesordnung.

Besonders gut erkennt man die Siedlungen der Dalits auf dem Land. Denn in Indien gibt es etwa 600 000 Dörfer – und fast zu jedem gehört ein kleiner Abschnitt am äußeren Rand, der für sie bestimmt ist. Man sieht auf Anhieb, welcher Teil des Dorfes das ist. Und zwar am Dreck.

Vor einigen Jahren reiste ich durch das Hinterland des Bundesstaates Tamil Nadu. In vielen Orten streckten mir bettelnde Kinder in Lumpen die Hände entgegen. Immer wieder hockten ganze Familien am Straßenrand in Behausungen, die aus nichts als Plastiktüten und Gestrüpp gebaut waren.

Ein Ort, ganz im Süden des Bundesstaates, war vollends schwarz. Er sah aus wie komplett von einer zentimeterdicken Rußschicht bedeckt. Die niedrigen Holzhäuser und Schuppen waren mit schwarzer Folie abgedichtet, schwarze Schweine wühlten in der vertrockneten Gosse, in der Plastiktüten über schwarzes, halb zersetztes Laub flatterten. Die Menschen selbst waren schwarz wie die Nacht, ihre verdreckte Kleidung wie die Haut. Es war später Nachmittag, und ich war erschöpft. Hunde bellten, der Gestank der offenen Müllhalden war schwer zu ertragen, und die Sonne hämmerte vom Himmel. Ich flüchtete mich in das einzige Straßenrestaurant. Doch dort mochte ich meine Arme nicht auf die Tischplatte stützen, die Tische nicht anfassen, die Stühle. An einem aus Blechkanistern gedengelten Kochtresen rührte ein schmächtiger Jüngling mit einem Handtuch als Turban in einem dampfenden Zwanzig-Liter-Topf.

»Wir sind alle Dalits hier«, sagte ein buckliger Brillenträger, der sich zu mir an den Tisch setzte. »Wir arbeiten bei den Landbesitzern. Aber wenn die Reissaison vorbei ist, wenn die Zementfabriken keine Aufträge mehr haben, sind wir arbeitslos.« Eine kleine Anzahl Männer kam herein. Die Besucher guckten nicht direkt zu mir herüber, wenn sie wie zufällig durch die niedrige Tür unter dem dunkelgrauen Wellblechdach hereinschlenderten und sich an die umstehenden Tische setzten, ohne irgendetwas zu bestellen. Sie hockten schweigend auf den Bänken und warfen mir nur gelegentlich scheue Blicke aus den Augenwinkeln zu.

Der Mann an meinen Tisch sagte, er habe einen Bruder, der habe früher in Dubai gearbeitet. »Er hat Autos repariert. Aber dann gab es da auch keine Arbeit mehr.« Jetzt arbeite er in Singapur. »Hast du einen Job für mich?«, fragte er. »In Deutschland, meine ich? Ich könnte mit dir mitkommen!«

Ich flüchtete aus dem Straßenrestaurant, so wie ich hineingeflüchtet war. Ich flüchtete aus dem Ort, vor den sozialen Missständen, der Armut und der Perspektivlosigkeit. Und ich hatte ein furchtbar schlechtes Gewissen. Auch, weil ich wusste: Es gibt zahllose solche Dörfer und Siedlungen im Land.

Und oft kommt es auch zu Konflikten zwischen Kastenhindus und Dalits. In manchen Dörfern eskaliert die Gewalt. Ein Beispiel ist Uthapuram. Eine »Mauer der Unberührbarkeit« hat in diesem Dorf, das ebenfalls in Tamil Nadu liegt, eine traurige Berühmtheit erlangt. Kastenhindus hatten sie 1989 nach einem Zusammenstoß mit Dalits errichtet. Erst 2007, nach massiven Protesten, ordnete die Landesregierung ihren Abriss an. Aber die Eskalation war damit lange nicht vorbei: Immer wieder ist es dort seither zu gewaltsamen Auseinandersetzungen zwischen Dalits und Hindus aus den oberen Kasten gekommen. Immer wieder geht es um den Zugang zu Wasser und anderen Ressourcen. Und um die Verachtung, die Dalits entgegengebracht wird.

Was für getrennte Wohnviertel und Siedlungen gilt, das gilt ebenso für die Arbeit: Bis heute werden die Dalits in ganz Indien durch Herkunft und Armut gezwungen, die dreckigsten Jobs zu machen: Sie arbeiten als Sanitärarbeiter, als Straßenreiniger, Kanalreiniger, Müllsammler und Straßenkehrer. 40 bis 60 Prozent der Dalit-Haushalte sollen noch 2019 sanitären Arbeiten nachgegangen sein.

So sind allein bei den Behörden von Mumbai rund 30 000 Dalits als sogenannte Conservancy Workers, auch Sweeper genannt, beschäftigt. Sie sammeln Müll, fegen die Straßen der Stadt, reinigen die Dachrinnen, be- und entladen Müllwagen und arbeiten auf den Deponien. Der Fotograf Sudharak Olwe hat sie abgelichtet, man kann die Fotos online finden: Schwarz-Weiß-Bilder von Männern, die nackt bis auf eine kurze Hose aus der Kloake von Mumbai in die Kamera schauen. Männer in engen Abwasserrohren. Männer mit einfachen Besen, die kotbeschmierten Füße in Plastiksandalen. Wer die Abwässer Mumbais kennt, möchte sich den Gestank nicht vorstellen. Und noch viel weniger über das Risiko nachdenken, sich bei dieser Arbeit die schwersten Infektionskrankheiten einzufangen.

Und wer die langjährigen Beteuerungen der Zentralregierung kennt, die kastenabhängige Art der Beschäftigung abschaffen zu wollen, der glaubt ihnen schlicht nicht mehr. »Wiederholte Versuche der indischen Regierung, kastenabhängige Tätigkeiten als Entsorger von Exkrementen zu beenden, sind durch Diskriminierung und lokale Komplizenschaft zunichtegemacht worden«, sagt Meenakshi Ganguly, Direktorin für Südasien bei Human Rights Watch. »Die Regierung muss ernsthaft Gesetze in die Praxis umsetzen, die das manuelle Entsorgen verbieten, und die betroffenen Kastengemeinschaften unterstützen.«[60]

Nicht gelungen ist es der Regierung auch, die im ganzen Land immer wieder ausbrechende Gewalt gegen Dalits einzudämmen. Obwohl die Unberührbarkeit offiziell verboten ist, hat sie landesweit eine lange, bittere Tradition. Schon beim Kilvenmani-Massaker 1968 wurden 44 Dalit-Dorfarbeiter, die für höhere Löhne streikten, von einer von Grundbesitzern geschickten Bande ermordet. Beim Massaker von Karamchedu 1985 wurden sechs Dalit-Männer von Angehörigen der Kamma-Kaste getötet, drei Dalit-Frauen vergewaltigt, Hunderte Menschen vertrieben. Doch das sind nur Beispiele. 1989 verabschiedete die Zentralregierung in Neu-Delhi angesichts der anhaltenden Übrgriffe auf Dalits eigens eine Bestimmung, die als The Prevention of Atrocities Act bekannt ist. Die darin aufgelisteten Verbrechen spiegeln die Grausamkeit der Taten wider: Laut dem Gesetzestext ist es etwa illegal, Menschen nackt durch die Straßen zu führen, sie zu zwingen, Fäkalien zu essen, ihnen ihr Land wegzunehmen, ihr Wasser zu verschmutzen, ihr Wahlrecht zu beeinträchtigen und ihre Häuser niederzubrennen.

Aber die Gewalt gegen Dalits ging weiter. Bis in die Gegenwart. So ermordeten etwa 1997 Mitglieder der höheren Kasten in Melavalavu sechs Dalits, nachdem einer von ihnen in den Gemeinderat gewählt worden war. 2006 wurden vier Mitglieder einer Dalit-Familie in Maharahstra von einem Mob von 40 Angehörigen einer höheren Kaste getötet. 2016 vergewaltigten und ermordeten ein Sekretär der hindunationalistischen Munnani Union und drei Komplizen ein siebzehnjähriges Dalit-Mädchen in Tamil Nadu. Im September 2020 wurde ein Dalit-Mädchen in Uttar Pradesh mutmaßlich von vier Männern aus der Thakur-Kaste ermordet. Nachdem sie zwei Wochen lang um ihr Leben gekämpft hatte, starb sie in einem Krankenhaus in Delhi.

Die Pandemie hat die Lage noch einmal verschärft. Laut der Organisation Evidence aus Madurai, die sich für Dalit-Rechte einsetzt, werden in Tamil Nadu regelmäßig jeden Monat etwa 100 bis 125 Fälle von Übergriffen gegen Dalits angezeigt, von denen fünf bis sieben brutal sind. »Aber im Lockdown haben brutale Gräueltaten wie Vergewaltigung, Mord und Lynchen rasant zugenommen«, sagte mir Evidence-Gründer Vincent Raj. Allein im April und Mai 2020 habe er bis zu 30 brutale Taten gezählt. Doch die Fälle wurden nicht mehr gemeldet. »Die Polizei gab die Pandemie als Grund an, um die Aufnahmen von Anzeigen zu vermeiden oder zu vermeiden einzugreifen. Und für die Täter war der Lockdown die beste Gelegenheit, Gräueltaten gegen die gefährdeten Gemeinschaften zu verüben«, so Raj.

Für viele hindunationalistische Politiker war die Pandemie eine willkommene Gelegenheit, um die Dalits weiter ins Abseits zu stellen. Weil ein Großteil von ihnen auch als Gelegenheitsarbeiter tätig ist, die oft in unterschiedlichen Teilen Indiens fern von ihren Familien arbeiten, waren viele gestrandet, als Premierminister Modi im März 2020 den landesweiten Lockdown anordnete – mit einer Frist von nur vier Stunden. Kurz darauf beschuldigten hochrangige BJP-Mitglieder die Dalits offen, das Coronavirus zu verbreiten. So erklärte der Ministerpräsident von Uttar Pradesh,

Yogi Adityanath, dass zurückkehrende Wanderarbeiter Träger von Covid-19 seien, der Großteil von ihnen seien Dalits. Oppositionsführer verurteilten die Äußerungen. Modi und seine Regierung hüllten sich in aussagekräftiges Schweigen.

Dr. Ambedkar

Mahatma Gandhi nannte die Kastenlosen Harijans, vereinfacht übersetzt, Gotteskinder. »Sie sind die, die von Gott auserwählt wurden, die am Rande der Gesellschaft stehen. Das bedeutet Harijans bezogen auf die unterdrückte Klasse«, zitiert ihn Shri S. R. Venkataraman.[61] Ein Kastenloser habe Gandhi den Begriff vorgeschlagen, schon der Poet Narasimha Mehta aus Gujarat habe ihn verwendet.

Doch die so Genannten lehnen ihn ab. Sie nennen sich selbst Dalits – die Unterdrückten. Der Begriff Dalit ist auch ein Kampfbegriff. Er wurde zuerst in den späten 1880er-Jahren von dem Sozialreformer Mahatma Jotiba Phule verwendet. Bei den Volkszählungen der Briten wurde er dann als »unterdrückte Klassen« übersetzt. Doch populär gemacht hat ihn erst der Ökonom, Reformer und spätere politische Führer B. R. Ambedkar, selbst ein Unberührbarer, der alle unterdrückten Menschen ungeachtet ihrer Kaste in die Definition miteinschloss.

In den Siebzigern sorgten dann die Dalit Panthers dafür, dass das Wort Dalit tiefer in den allgemeinen Sprachgebrauch eindrang. Die jungen, meist gebildeten Aktivisten waren inspiriert von der Black Panther Party, die Mitte des vergangenen Jahrhunderts in den USA gegen die Diskriminierung von Afroamerikanern kämpfte. Sie schärften damit auch die politische Dimension des Begriffes Dalit. Und deshalb überrascht es nicht, dass die hindunationalistische Regierung in Neu-Delhi seine Verwendung nicht gern sieht. So forderte das Ministry of Information and Broadcasting 2016 die Medien im Land auf, Dalit nicht zu verwenden und stattdessen den verfassungsmäßigen Begriff Scheduled Caste zu nutzen. Mit begrenztem Erfolg.

Zumal der Mann, der mit dem Begriff besonders verbunden ist, heute eine als Ikone der Dalits in ganz Indien fungiert. Ob im Süden oder im Norden, im Westen oder Osten: In Parks, auf öffentlichen Plätzen oder auch Verkehrsinseln stehen seine Statuen, an Hauswänden prangen Bilder von dem ernst, fast traurig blickenden Mann mit den streng zurückgekämmten Haaren, der Nickelbrille und den vollen Lippen. Dr. Ambedkar wird verehrt wie Gandhi oder andere Gründerväter der Nation. 2012 erhielt er bei einer im Auftrag von History TV18 und CNN IBN durchgeführten Umfrage, wer der größte Inder nach Gandhi sei, die meisten Stimmen. 1990 wurde ihm posthum die höchste zivile Auszeichnung des Landes, Bharat Ratna, verliehen.

B. R. Ambedkar wurde am 14. April 1891, in der Stadt Mhow, dem heutigen Dr. Ambedkar Nagar, geboren. Er war das letzte Kind eines Armeeoffiziers und stammte aus der Kaste der Mahar, die als Unberührbare gelten. Ambedkar hat die Diskriminierung, die er als Kind und junger Mann erlebte, in zahlreichen Texten geschildert. In der Grundschule durften er und seine Dalit-Mitschüler sich im Unterricht nicht setzen. Wenn sie Wasser trinken wollten, goss es ein Mitschüler aus einer höheren Kaste mit einigem Abstand in ihren Mund – denn sie durften weder die Flüssigkeit berühren noch den Krug. In *A Childhood Journey to Koregaon* beschreibt der spätere Aktivist, wie er und seine Geschwister kurz nach der Jahrhundertwende auf dem Weg in die Sommerferien zum verwitweten Vater vor Durst vergeblich versuchten, sich als Muslime auszugeben, doch der gnadenlose Bahnhofsvorsteher in dem Ort Koregaon sich nicht täuschen ließ und ihnen das Trinkwasser verwehrte.

1897 zog seine Familie nach Mumbai. 1906, als er fünfzehn war, arrangierten die Eltern seine Hochzeit mit einem neunjährigen Mädchen namens Ramabai. 1912 konnte er als einziger Unberührbarer mithilfe eines Stipendiums des Maharadscha von Baroda, einem damaligen Fürstenstaat im heutigen Gujarat, am Elphinstone College der University of Bombay studieren. Er schloss das Studium mit dem Bachelor of Arts ab und setzte mithilfe weiterer Stipendien seine Ausbildung im Ausland fort. An der Columbia University in New York studierte er Wirtschaftswissenschaften. Seine Masterarbeit verfasste er über das Kastensystem. An der London School of Economics begann er eine weitere Doktorarbeit. Zudem absolvierte er eine juristische Ausbildung am Gray's Inn in London.

1923 kehrte Ambedkar als Rechtsanwalt nach Indien zurück. Er machte Karriere, wurde Finanzminister in Baroda und lehrte als Professor für Nationalökonomie. Doch nach zwei Jahren nahm er sich ganz der Belange der Dalits an. 1927 führte er Tausende von Dalits in einem Protestmarsch zum Chowdar-Reservoir in Maharashtra, um dort Wasser zu trinken, was ihnen von den Kastenhindus verwehrt war. 1936 veröffentlichte er unter erheblichen finanziellen Schwierigkeiten sein Buch *Annihilation of Caste*. Darin verurteilte er die religiösen Führer der Hindu-Orthodoxen und das Kastensystem im Allgemeinen. Der einzige dauerhafte Weg, eine wirklich kastenlose Gesellschaft zu erreichen, bestehe darin, den Glauben an die heiligen Schriften der Hindus zu zerstören und ihre Autorität zu leugnen.

Ambedkar entwickelte sich zum politischen Führer der Dalits ganz Indiens. 1947, im ersten indischen Kabinett unter Jawarhalal Nehru, wurde er Justizminister. Er bekam den Vorsitz im Verfassungskomitee, war maßgeblich an der Ausarbeitung der Verfassung selbst beteiligt, als deren eigentlicher Vater er gilt. Doch je größer sein Einfluss wurde, desto mehr verzweifelte der

Politiker am Hinduismus. 1951 trat Ambedkar als Minister zurück, weil er erkannte, dass die hinduistische Führungsschicht nicht bereit war, seinen Forderungen nach sozialer, wirtschaftlicher und politischer Gleichstellung der Dalits im vollen Umfang nachzukommen.

Ebenso verzweifelte er an Gandhi. 1955 beschuldigte er den Mahatma eines doppelten Spiels. Er betrüge seine Landsleute. In englischsprachigen Zeitungen schreibe Gandhi gegen das Kastensystem, während er es in Zeitungen, die auf Gujarati erschienen, unterstützte: »Er (Gandhi) agiert durchweg doppelzüngig. Wenn Sie die beiden Zeitungen lesen, werden Sie sehen, wie Gandhi die Menschen in Indien getäuscht hat«, sagte Ambedkar der BBC. »In der englischen Zeitung stellte er sich als Gegner des Kastensystems und der Unberührbarkeit dar [...]. Aber wenn Sie [das] Gujarati-Magazin lesen, werden Sie ihn [als] den orthodoxesten Mann sehen. Er unterstützt das Kastensystem, den Varnashram-Dharma [die auf Kasten basierenden Unterteilung der hinduistischen Gesellschaft] und all die orthodoxen Dogmen, die Indien unterdrückt haben.«[62]

Ambedkar betrachtete den Hinduismus immer mehr als eine »repressive Religion«, und so begann er, über die Konversion zu einer anderen Glaubensgemeinschaft nachzudenken. Aber welche konnte das sein? Den Islam kritisierte er, denn »die rigide Unterscheidung, die er zwischen Muslimen und Nicht-Muslimen macht, ist eine sehr reale, sehr offensive und sehr entfremdende Unterscheidung«. Das Christentum sah er als unfähig an, Ungerechtigkeiten zu bekämpfen. Er schrieb: »Es ist eine unbestreitbare Tatsache, dass das Christentum nicht ausreichte, um die Sklaverei der Schwarzen in den Vereinigten Staaten zu beenden. Ein Bürgerkrieg war notwendig, um den Schwarzen die Freiheit zu geben, die ihnen von den Christen verweigert wurde.« Die Bekehrung unterdrückter Inder zu diesen beiden Religionen lehnte er aber auch wegen der politischen Folgen ab, die das für sein Heimatland habe: Wenn sie zum Islam konvertierten, so Ambedkar, »wird die Gefahr einer muslimischen Herrschaft real«. Und wenn sie zum Christentum konvertierten, dann würde dies »dazu beitragen, den Einfluss Großbritanniens im Land zu stärken«.

Er entschied sich stattdessen für eine ur-indische, aber in Indien zu jenem Zeitpunkt nur noch von einer verschwindend kleinen Minderheit praktizierten Religion: Am 16. Oktober 1956, wenige Wochen vor seinem Tod, konvertierte er zum Buddhismus. Diese Glaubensrichtung sah er als einen Gegenpol zur alten, von Ritualen geprägten Religion der brahmanischen Priester an. »Die Geschichte Indiens ist nichts als die Geschichte eines tödlichen Konflikts zwischen Buddhismus und Brahmanismus«, schrieb er in einem Buch, das den auf den ersten Blick erstaunlichen Titel *Revolution and Counter Revolution in Ancient India* trägt. Laut Ambdekar war die Unberührbarkeit ein Konzept, das aus diesem Kampf entstanden war.[63]

Dr. Ambedkar hat weitere Texte mit ähnlich ungewöhnlichen Titeln verfasst: Sie heißen *Buddha or Karl Marx* oder auch *Buddhism and Communism*. Er ist auch deswegen eine interessante Figur, weil er einerseits die radikale Befreiung der unterdrückten indischen Schichten forderte. So folgte er durchaus der marxistischen Theorie, dass die Ausbeutung der Massen durch wenige Privilegierte die Armut und ihre Probleme fortsetze. Doch anderseits brach er mit einer marxistischen Maxime: nämlich, dass das Sein das Bewusstsein bestimme. Vielmehr argumentierte Ambedkar, eher auf einer Linie mit dem von Marxisten als bürgerlich verschmähten Soziologen Max Weber, dass auch die Kultur Geschichte schreiben könne. In diesem Fall die Geschichte der Unterdrückung. Ausbeutung habe viele Dimensionen, wirtschaftlich wie sozial, religiös wie politisch, argumentierte Ambedkar. Im indischen Kontext sei soziale oder religiöse Ausbeutung nicht weniger relevant als wirtschaftliche Ausbeutung. Zudem lehnte er gewaltsame Methoden zur Befreiung der unterdrückten Massen ab.

Ambedkar war auch einer der Kritiker der Theorie von der arischen Invasion nach Indien. Er wollte die Geschichte seiner Heimat anders verstanden wissen. In seinem 1946 erschienenen Buch *Who Were the Shudras?* beschreibt er diese These als »so absurd, dass sie schon längst hätte tot sein müssen«.[64] Er betrachtete die Shudras vielmehr ursprünglich als »Teil der Kshatriya-Varna in der indoarischen Gesellschaft«, also als Teil des zweiten Standes. Diese seien erst später sozial degradiert worden. Auch die Hymne im Rigveda, in dem der mythische Purusha in einem Opfer an die Götter geteilt wird und die vier Varnas entstehen, bezeichnet er als »eine spätere Hinzufügung« in die heiligen Texte: »Diese Verse über die Frage nach der Teilung von Purusha und die Ursprünge der Varnas sind eine betrügerische Manipulation des Originals.«[65]

So steil manche von Ambedkars Thesen, so groß ist bis heute seine Anhängerschaft. Das sieht man besonders gut in Nagpur. Die Stadt in Maharashtra ist ein Zentrum der Dalit-Buddhisten. Und der innerste Punkt dieses Zentrums ist Dheekshabhumi. Es ist ein riesiges, modernes Kuppelgebäude, eine modern interpretierte buddhistische Stupa.

Als ich Dheekshabhumi besuchte, wurde der Platz davor vor allem als Parkplatz benutzt. Ein junges Paar ließ sich neben einem Kleinwagen fotografieren. Ein Mann mit der weißen Mütze der Kongress-Partei spielte Ziehharmonika. Im Eingang zum Heiligtum hatten Devotionalienhändler Bilder und Bücher von Ambedkar auf dem Boden ausgebreitet. Das Tor vor der Stupa erinnerte mich an klassische indische Bauten wie Sanchi, besetzt mit Elefanten und Pferden und Löwen, die das Dharmachakra tragen, das »Rad des Gesetzes«. Der Weg zum Eingang des Heiligtums war von Metallzäunen begrenzt, über denen buddhistische Fahnen wehten. »Jai Bhim«, grüßte jeder, den ich traf. »Es lebe Bhimrao Amnedkar.«

Ich versuche mir vorzustellen, wie es war, hier am 14. Oktober 1956. Als Ambedkar den buddhistischen Glauben annahm – gemeinsam mit etwa 600 000 Anhängern. An diesem Tag sagte er: »Religion ist für den Menschen da, nicht der Mensch für die Religion. Bekehrt euch, um wie Menschen behandelt zu werden. Bekehrt euch, um euch zu organisieren. Bekehrt euch, um stark zu werden. Bekehrt euch, um gleich zu sein. Bekehrt euch, um frei zu werden.« Bis heute kommen jährlich Tausende Pilger nach Dheekshabhumi. Etwa sieben Millionen Anhänger der von Dr. Amnedkar neu interpretierten Form des Buddhismus gibt es mittlerweile in Indien. Sie nennen ihn Navayana, »Das neue Fahrzeug«. Sie verehren Ambedkar als Boddhisattva, als »Erleuchtungswesen«.

Ich betrat das Innere. Vor einer Buddhastatue wurde die Asche des Sozialreformers in einem weißen Grab unter einer doppelten, wiederum stupaförmigen Glaskuppel aufbewahrt, einer Miniaturversion des ganzen Gebäudes. Die Besuchergruppen umkreisten sie im Uhrzeigersinn wie in tibetischen Klöstern. Doch anders als in jenen oder auch zum Beispiel in katholischen Kirchen war hier alles hell und klar. Eher wie in Tempeln, die ich aus Thailand kannte.

Ich fuhr durch die Stadt. Immer wieder passierte ich buddhistische Tempel, an manchen waren japanische Schilder, an manchen Schilder in südostasiatischen Schriften. In Nagaloka, einem buddhistischen Zentrum im Norden der Stadt, nahm ich an einer Puja teil. Ein Dutzend Männer im Lotussitz stimmte bei der Zeremonie in der alten indischen Sprache Pali ein monoton klingendes Lied für den Bhagvan an, den Erleuchteten, der »die geistige Ablenkung zerstört«. Viele der Adepten waren an diesem Winterabend in Wolldecken gehüllt, darunter trugen sie Pullunder und Jeans. Viele hatten schwarze Kastenbrillen auf. Einer trug eine kurze Hose und eine Schirmmütze auf dem Kopf, ein anderer ein Halstuch und weiße Handschuhe. Die Stille war entspannend. Im Zentrum des Raumes thronte eine drei Meter hohe bronzene Buddhastatue mit klassischer Lockenfrisur, davor Blumentöpfe, ein winziger Tisch, eine Kerze, Blütenblätter. Die Halle wirkte spartanisch, die Wände waren unverputzt: die puristische Version einer orientalischen Religion. Hier fühlte ich mich eher an ein Zen-Kloster erinnert – und gleichzeitig an protestantische Kirchen.

Auf dem Gelände des buddhistischen Zentrums unterhielt ich mich mit dem einzigen Mönch in Nagaloka, der eine Robe trug. Der Alte fuhr einen japanischen Motorroller. Wir sprachen über Deekshabumi, über die Puja. Über den buddhistischen Glauben der Dalits. »Worum also geht es hier denn nun, wenn man es auf den Punkt bringen will?«, fragte ich ihn. »Um den Buddha oder um Marx? Ihr seid Mönche. Wollt ihr die Unterdrückten bekehren oder wollt ihr sie befreien? Und wie soll das gehen, wenn ihr Gewalt ablehnt? Braucht es dazu nicht doch die Revolution?«

Er grinste verschmitzt. »Was ihr Westler oft nicht verstehen wollt, ist, dass es in Indien nicht möglich ist, Religion und Politik zu trennen.«

Der große Graben

Manchmal habe ich Menschen in Indien kennengelernt, deren Leben mir sehr vertraut war: Angehörige der Mittelschicht. Der Familienvater in Delhi, Inhaber einer kleinen Autowerkstatt, der mit zwei Töchtern, Frau und Mutter in einem Appartement in einem Fünfzigerjahre-Bau wohnte, das sein Vater gekauft hatte, war einer von ihnen. »Zum Glück habe ich das Appartement geerbt«, sagte er. »Denn in dieser Stadt sind die Preise schon lange nicht mehr zu bezahlen.« Seine Familie lebte vielleicht nicht wie wir in Mitteleuropa, der Standard war eher der, den ich aus Südosteuropa kannte. Kühlschrank und Gaskocher unterm Abzug in der gekachelten Küche. Externe Klimaanlagen vor den Fenstern. Ein Bad, ein Klo, ein Wohnzimmer mit Balkon zur etwas zur lauten Straße. Seine Kinder teilten sich das Zimmer neben dem seiner Mutter. Jeden Morgen fuhr er die Mädchen mit dem Kleinwagen auf dem Weg zur Arbeit zur Schule, seine Frau war trotz ihrer Ausbildung Hausfrau. Jedes Mädchen hatte ein Handy, aber sie teilten sich ein Tablet. Es sei hart, wenn nur einer allein für alle verdiene, die Preise stiegen immer weiter, sagte er. »Besonders teuer ist die Ausbildung der Kinder. Aber die ist ja auch besonders wichtig.«

Denn es gibt sie schon, die indische Mittelklasse. Nicht nur in Delhi, Mumbai oder Kalkutta, sondern sogar auf dem Land. Zum Beispiel bei den beiden Brahmanen-Brüdern in dem Ort Talbehat in Nordindien, wo ich einmal unterkam, auch sie hatten das Haus geerbt. Die Mauern des alten Gebäudes waren zwar marode und im Monsun wurden sie offensichtlich auch feucht. Und die Hauptstraße des Ortes brachte die Fenster auch nachts noch zum Scheppern. Aber der Innenhof war ruhig und gepflegt. Es gab kein fließendes warmes Wasser, aber immerhin einen Boiler. Und natürlich schon lange Strom für die Beleuchtung, für den Kühlschrank und den Fernseher, vor dem der eine der beiden Brüder allmorgendlich, angewiesen von einem Fernseh-Lehrer, Yoga-Übungen machte.

Mittelklasse war sicher auch die Familie, die ich in der Stadt Chhindwara in Madhya Pradesh kennenlernte. Sie erinnerte mich immer ein bisschen an mein Zuhause: ein kleines Haus mit fünf Zimmern, ein kleiner Garten. Vielleicht, weil mir die Mischung zwischen ländlich und städtisch so vertraut ist. Vielleicht fühlte ich mich aber auch nur so wohl, weil die Mutter selbst kochte und ein köstliches Essen für alle auf den Tisch stellte.

Und auch manche Kneipen in Mumbai, wo junge Leute jeden Geschlechts in einer eher lockeren Atmosphäre ihr Bierchen schlürfen, oder mancher Kebab-Imbiss am Connaught Circle in Neu-Delhi haben zumindest einen Anflug von Bürgertum.

Aber auch nicht viel mehr. Oft fremdelte ich in Indien eher bei jenen, die sich als Mittelschicht betrachten, weil ich bei ihnen häufig viel mehr Merkmale dessen fand, was wir im Westen der Oberschicht zuschreiben. So war es zum Beispiel bei der klassischen Musikerin, die ich in Delhi kennenlernte. Sie wohnte in einer der jahrzehntealten Gated Colonies im Süden der Stadt. Ein Wachmann beäugte jeden, der hineinkam, das Tor wurde nachts geschlossen. Oder bei dem mittleren Angestellten in Dehra Dun, der in einem kleinen Häuschen etwas außerhalb wohnte. Das hätte durchaus einer Mittelschicht-Familie in Europa gehören können. Nur hätte die keinen unangenehm devoten Diener gehabt, der beim Fernsehabend bereitstand, um Whiskey nachzuschenken. Und die jungen Musiker, die ich in Bangalore kennenlernte, kamen mir zwar zunächst vor wie meine Kumpel aus der Jugend. Sie tranken, sie feierten, manche kifften. Sie redeten über Mädchen, Jack Kerouac und Jimi Hendrix. Aber als sie mich zu einem Auftritt einluden, fand ich mich in einer Bar in einem piekfeinen Shoppingkomplex wieder. Vier-Meter-Salzwasseraquarien zierten die asymmetrischen Wände. In den Ecken standen hellblaue Plüschsessel. Die Drinks waren unerschwinglich. Auch die Street-Art-Künstlerinnen aus verschiedenen Metropolen, über die ich mal eine Reportage machte, waren zwar Repräsentantinnen einer Kunst, die aus den Ghettos stammt – aber sie selbst waren, allein schon, weil sie das Geld für ihre Spraydosen aufbringen konnten, für indische Verhältnisse privilegiert.

Denn tatsächlich ist die indische Mittelschicht verschwindend klein. Obgleich die Medien des Landes lange geradezu davon besessen waren, den angeblichen Aufstieg dieser gesellschaftlichen Gruppe zu verkünden. Er stand im Fokus des Narrativs von der wirtschaftlichen Entwicklung Indiens seit den Neunzigern. Er war mit dem Begriff »India Shining« verbunden, dem Marketingslogan der BJP, der kurz nach der Jahrtausendwende entwickelt worden war, um Indien in der globalisierten Wirtschaft zu bewerben.

Viele Autoren sind auf diesen Zug aufgesprungen. So schreiben Devesh Kapur und Milan Vaishnav in ihrem Buch *Cost of Democracy*, dass etwa 50 Prozent der Inder sich selbst als Mittelschicht betrachteten. Ihre Einschätzung basiert auf der Definition der Ökonomen Sandhya Krishnan und Neeraj Hatekar, der zufolge ein Haushalt zur Mittelschicht gehört, der zwei bis zehn US-Dollar am Tag verdient. Aber kann jemand mit so geringem Einkommen wirklich als Mittelschicht gelten? Selbst in Indien?

In vielen Analysen sieht die Wahrheit ganz anders aus. So befand etwa das US-amerikanische Forschungsinstitut Pew Research 2015, dass nur zwei Prozent der Inder der Mittelschicht angehörten, während mehr als 80 Prozent in die Kategorie mit niedrigem Einkommen fielen. Demnach lag das durchschnittliche jährliche Pro-Kopf-Einkommen in Indien bei 2200 US-Dollar, eines der niedrigsten der Welt. Die Forscher haben bei ihrer Studie in mehr als hundert Ländern die Bevölkerung in fünf Gruppen eingeteilt: arm, niedriges Einkommen, mittleres Einkommen, oberes mittleres Einkommen und hohes Einkommen. Die Mittelschicht in Indien sollte laut Pew Research über ein monatliches Einkommen von 300 bis 600 US-Dollar verfügen.

Natürlich gibt es verschiedene Modelle, um die Mittelschicht zu definieren – die Granden der Soziologie von Karl Marx über Max Weber bis hin zu Pierre Bourdieu haben sich daran abgearbeitet. Doch auch nach anderen Ansätzen bleibt die indische Mittelschicht ein Randphänomen. So kam die Soziologin Maryam Aslany vom King's College in London, die etwa Konsumverhalten und Kaufkraft wie auch Daten zu Hausbesitz und sanitären Einrichtungen mit einbezog, bei ihrer Untersuchung zu dem Ergebnis, dass 28 Prozent der indischen Bevölkerung der Mittelschicht angehören – davon vierzehn Prozent der unteren Mittelschicht und etwa drei Prozent der oberen Mittelschicht. Sie stellte fest, dass die Jobs in der Mittelschicht zwar sehr unterschiedlich seien, ein großer Teil dieses gesellschaftlichen Segments jedoch Angestellte sind.

Dabei ist die Mittelschicht vor allem ein städtisches Phänomen. In einer staatlichen Umfrage des National Family Health Survey (NFHS) wurde 2015 ermittelt, wie viele Haushalte grundlegende Anforderungen wie Waschmaschinen, Klimaanlagen, Fernseher und Kühlschränke hatten. 33 Prozent der Waschmaschinen finden sich demnach nur in einigen Metropolen, 15 Prozent der Klimaanlagen allein in Delhi. Gleichzeitig verwenden laut dem aktuellen *Census of India* von 2011 mehr als 60 Prozent der ländlichen und mehr als 20 Prozent der städtischen Bevölkerung immer noch Holz als Brennstoff.[66]

Man müsse sich an die Vorstellung gewöhnen, dass Indien weiterhin ein armes Land sei, schreibt Jibran: »Die obersten ein Prozent verfügen über etwa 40 Prozent des gesamten Vermögens, verglichen mit den drei Prozent, über die die unteren 50 Prozent Indiens verfügen.«[67]

Natürlich habe ich in Indien neben all der Armut und selten einem bisschen Mittelschicht auch immer wieder extremen Reichtum gesehen. Prunk und Pomp. In Städten wie Mumbai und Hyderabad, Delhi und Kolkata. Bei Gastgebern, die keinen Schritt auf die schmutzige Straße machen würden. Die für jeden kleinsten Akt einen Bediensteten losschickten. Meistens in den Metropolen, gelegentlich aber auch auf dem Land, wo plötzlich ein dicker Schlitten heranrollte und ein obszön Beringter oder Geschminkter aus dem Fenster der rückwärtigen Bank quoll, um mich einzuladen oder mir auf andere Art den Weg aus dem allgegenwärtigen Elend zu weisen.

Ich habe die Malls und Hotels von Banjara Hills in Hyderabad besucht. Natürlich kenne ich auch die an westliche Wohngegenden erinnernden Residenzen in Vierteln wie Greater Kailash in Neu-Delhi. Oder den fantastischen Blick von Malabar Hills in Mumbai. Aber an diesen feinen Orten war ich meist eher zufällig, eigentlich interessierten sie mich nicht. Es ist doch hinlänglich bekannt, wie Bollywood-Stars, Rapper oder Geschäftsleute leben. Welche Jachten im Hafen von Mumbai ankern. Mich hat das nie wirklich fasziniert.

Von der Armut habe ich mehr gesehen. Auf dem Land ist es schlicht nicht zu vermeiden, die elendsten Regionen zu durchqueren. Ob in Rajasthan, Maharashtra oder Karnataka: Die Straßen vieler Siedlungen sind von Steinen übersät, die Gossen schillerten giftig, die Häuserfronten vergammeln. Kein Hotel ist sauber, kein Straßenrestaurant unbedenklich. Es gibt bis heute ganze Regionen im Hinterland, die wirken wie aus einem Mad-Max-Film.

Und in den Städten gibt es bekanntlich die Slums. Als der größte ganz Asiens gilt Dharavi. Wie viele Menschen auf einer Fläche von etwa zwei Quadratmetern am Fluss Mahim genau leben, weiß keiner, vermutlich etwa eine halbe Million: Dharavi ist eine Stadt in der Stadt. Und die ist wohl organisiert. 700 Millionen Euro sollen dort mit Handel, Handwerk und Dienstleistungen jährlich umgesetzt werden. 20 000 Kleinstbetriebe soll es geben. Töpfereien und Gerbereien sind ein Schwerpunkt. Auch große Mengen Plastikmüll werden gereinigt, geschreddert und eingeschmolzen.

Einmal hatte ich in Mumbai einen Nebenjob: den Auftrag, für ein norddeutsches Unternehmen einen Händler zu finden, der traditionelle indische Einweg-Tassen töpferte, es sollte eine neue Form der To-go-Tassen für Tee entwickelt werden. Ich fragte einen Taxifahrer, ob er mir helfen könne. »Wir fahren nach Dharavi«, erwiderte der knapp. »Da gibt es alles.« Wir erkundigten uns am Rand des Slums in einigen Teehäusern, dann suchten wir die entsprechenden Destinationen. Es regnete in Strömen. Der Slum, den wir im Taxi umrundeten, war gewaltig. Reihen an Reihen von niedrigen Häusern, die sich in der Dunkelheit ausstreckten. Ein Moloch, der, selten mehr als zwei Stockwerke hoch, in der Dunkelheit waberte. Die Luft roch nach Fisch, vielleicht auch nach Urin. Und die Feuchtigkeit war schlimmer als die nächtliche Hitze. Ideal für die Anbahnung des Geschäfts schien uns ein Viertel voller Kleinstbetriebe an einer Brücke, wo der Slum über den Fluss quoll. Wir entdeckten eine ganze Straße von Töpfern, vor deren Läden sich unter tropfenden Markisen im Licht von nackten Glühbirnen Tassen und Töpfe stapelten, allesamt aus rohem, rotem Ton. Der Inhaber des Geschäftes, das wir auswählten, war hochprofessionell, wir tauschten Visitenkarten aus, er nannte mir Preise. Er sprach über Verpackungsmöglichkeiten und Containertarife, über Stückzahlen und Rabatte. Er gab mir seine Internetadresse. Es wäre leicht gewesen, einen Deal zustande zu bringen – wenn das deutsche Unternehmen dann nicht doch abgesprungen wäre.

Dharavi ist ein boomendes Geschäftszentrum. Und es ist lange auch eine Marke geworden, verewigt in dem Traveller-Roman *Shantaram* des australischen Autors Gregory Roberts, Schauplatz des bekannten Films *Slumdog Millionaire*. Seit 2006 bieten Veranstalter Touristenführungen durch den Slum an. Immer wieder gab es Pläne, ihn abzureißen, zeitweise Gerüchte, er solle verkauft werden. Doch Dharavi hat sich nie unterkriegen lassen.

Ein ganz anderes Quartier ist Bawana in Neu-Delhi. Auch dies ist ein Slum – aber nicht nur ist er anders als Dharavi und mit rund 50 000 Einwohnern eher klein und überhaupt nicht berühmt. Vor allem ist Bawana am Reißbrett entstanden: eine sogenannte »Resettlement-Colonie«. Ein umgesiedelter Slum sozusagen. Und dieses Verfahren hat in Indien Tradition. Schon 1962 wurde etwa für Delhi ein Masterplan vorgelegt, der den Bau einer modernen Stadt ohne Elendsviertel vorsah. Immer wieder versuchen Städte im ganzen Land, völlig slumfrei zu werden; zuletzt hat Chennai einen entsprechenden Vorstoß gemacht. So entstand Bawana kurz nach der Jahrhundertwende, als die Behörden mehrere illegale Siedlungen zerstören ließen und über eine Million Menschen vertrieben. Viele der Menschen, die ursprünglich vor allem aus Bihar und Westbengalen gekommen waren – und zwar, weil sie als billige Arbeitskräfte gefragt waren –, aber sich den Wohnraum in der Metropole nicht leisten konnten, siedelten sich nach der Vertreibung dort wieder an.

Unter erbärmlichen Bedingungen, wie ich selbst erlebte. Bäume gab es keine, die Kloanlagen waren geschlossen, als ich Bawana besuchte. Die meisten Bewohner verrichteten ihr Geschäft deshalb irgendwo im Freien. Das roch man nicht nur, der Kot lag überall am Straßenrand. Man sah Frauen und Kinder, dazwischen ein paar Alte, die in der Wintersonne an Hauswände gelehnt hockten. Aber keine Männer.

Pooja, 25 Jahre alt, hatte drei Kinder. Das kleinste hielt sie auf dem Arm, als sie mich in ihr Zuhause einlud. »Die beiden Jungen sind in der Schule«, sagte sie. Obwohl ihr Heim im Gegensatz zu den meisten anderen Behausungen in der Kolonie aus Backsteinen gebaut war und nicht nur aus Wellblech und Plastik, wirkte es ärmlich. Ein dunkler, fensterloser Raum von zwölf Quadratmetern. Ein Bild von Krishna an der Wand. Essgeschirr auf einem Bord. Säcke und Kleidungsstücke hingen von der Decke. Pooja kochte auf einem kleinen Gaskocher das Mittagessen, Linsen mit Fladenbrot.

Bawana sei zu weit entfernt von allem und für alles, sagte sie. »Mit dem Bus und der Metro sind es zwei Stunden bis ins Stadtzentrum.« Während ihrer Entbindung habe sie kein Transportmittel finden könne, um sie schnell genug von der abgelegenen Kolonie ins Krankenhaus zu bringen. Mit einer Nachbarin habe sie ihr drittes Baby ohne das Wissen medizinischer Fachkräfte hier in diesem Raum zur Welt gebracht. Dabei habe sie noch Glück gehabt, immerhin habe sie ja das Haus und ihr Mann sei nicht arbeitslos. Aber dafür sei sie allein. »Mein Mann kommt nur am Wochenende nach Hause. Meistens jedenfalls. Um das Geld für die Fahrt zu sparen, bleibt er unter der Woche in der Stadt.«

Wie wenig Luft in Indien zwischen Arm und Reich ist, erfuhr ich auch, als ich vor ein paar Jahren in Delhi eine Reportage über eine Gemeinschaft machte, die einen rasanten Aufstieg hinter sich gebracht hat: die »Muskelmänner« aus der Kaste der Gujjar. Ihren ursprünglichen Sport, ein traditionelles Ringen, das sich Kushti nennt, haben diese Leute zu einer Profession entwickelt. Sie stellen in den Nachtclubs Delhis einen Großteil der Türsteher. Denn der ökonomische Aufschwung in Indien hat erst zu einem Boom der Shoppingcenter, dann der Nachtclubs und Bars geführt. Die Eigentümer benötigten auf einmal mehr als schmächtige, uniformierte Sicherheitsleute, um die vergnügungssüchtigen Massen zu kontrollieren.

Im Süden Delhis traf ich die Bodybuilder. Wir besuchten ihre Trainingszentren, den klassischen Trainingsplatz, der Akhara heißt, aber auch Fitnessstudios, die denen bei uns gleichen: Trainingsmaschinen und Bänke, schwitzende Jungs mit gewaltigem Bizeps unter den Langhanteln. Nur eben, dass Bollywoodmusik aus den Boxen dröhnt. Wir fuhren mit ihrem Trainer in die Clubs, in denen sie arbeiteten. Im »Zook« im Nobelviertel Saket schickte ein DJ mit Kopfhörern hinter der schweren Metalltür Technobeats über die Tanzfläche. Nur ein etwas in die Jahre gekommenes Paar tanzte; sie im Sari, er im klassischen westlichen Anzug mit Schlips. In schweren Ledersesseln prosteten sich zwei Sikhs mit Gin Tonic zu.

Der Trainer und Chef der Bodybuilder-Agentur lebte in einer großzügigen Villa im Zentrum von Asola-Fatehpur Beri südlich von Delhi. Auf der Terrasse war ein Kleinwagen geparkt. Der Marmorboden funkelte. In der Küche stand ein gewaltiger Kühlschrank neben der Mikrowelle. »Dies ist eine hervorragende Wohngegend«, sagte er. »Der Bauboom in Delhi hat den Landwirten hier seit den Neunzigern viel Geld in die Kassen gespült. Plötzlich waren unsere Felder begehrt und hatten einen hohen Wert.« Reiche Großstädter hätten das Land gekauft, um teure Anwesen daraufzusetzen. Oder Hotels. »Das Leben ist gut zu uns. Wir sind lange keine einfachen Bauern mehr. Wir haben hier das Beste von allem. Nah an Delhi, aber doch umgeben von grünen Feldern.«

»Verdienst du viel?«, fragte ich, während seine Frau das Abendessen servierte. Er nickte. »120 000 Rupien im Monat. Ich bin ein reicher Mann.« Umgerechnet sind das 1400 Euro. Ein stattlicher Verdienst für indische Verhältnisse, das Achtfache des Einkommens eines Grundschullehrers.

»In Indien gibt es große Unterschiede, was den Lebensstandard angeht«, stimmte seine Frau ein. »Und wer einmal den Wohlstand kennengelernt hat, der will nie wieder in einfachen Verhältnissen leben.«

Das ist sicher umso mehr der Fall, wenn der Aufstieg so rasant geht.

Verklemmtes Patriarchat

Die Fotos gingen durch die indische Presse: Lächelnd tauschten die beiden jungen Frauen Ende 2022 am Strand des Distrikts Ernakulam unter einem Baldachin Ringe und Rosengirlanden aus. Sie trugen Silberschmuck und traditionelle Lehengas. Die Bilder ihres Hochszeitsshootings veröffentlichten Adhila Nasarin und Fathima Noora auch in den sozialen Medien. Und ernteten zahlreiche wohlwollende Kommentare. Dabei sind sie nicht wirklich verheiratet. Die Fotos hätten sie aber machen lassen, weil sie es gern wären, sagten sie danach den Medien.

Immerhin dürfen die beiden zusammenleben. Das hat ein Richter im südindischen Kerala entschieden. Drei Jahre hatten sie zuvor ihre Partnerschaft geheim gehalten. Als sie ihren Familien endlich davon erzählten, reagierten die mit Ablehnung und trennten sie mit Gewalt. Die beiden waren in die Unterkunft einer LGBTQ-Organisation geflohen, bevor sie Anzeige erstatteten und vor Gericht zogen.

Gewisse Fortschritte hat Indien schon gemacht, wenn es um Homosexualität geht. Wer vor zehn Jahren versuchte, mit Schwulen ein Interview zu vereinbaren, landete schnell in zwielichtigen Gefilden. Alle Verabredungen waren Schnitzeljagden, alle Clubs, die Gesprächspartner als Ort für ein Treffen vorschlugen, waren dubiose Spelunken. Schwul sein bedeutete, in der Schattenwelt zu leben. Wenn ein Mann auf Männer stand oder eine Frau auf Frauen, dann gaben sie es jedenfalls nicht öffentlich zu. Das ist seit 2018 anders. Homosexualität ist nicht mehr strafbar. Über die Möglichkeit, homosexuelle Ehen zu erlauben, wurde zuletzt immer wieder diskutiert. Doch die gesellschaftliche Verachtung für Homosexuelle ist geblieben. Mitglieder der LGBTQ-Gemeinschaft sind bis heute Anfeindungen und Gewalt ausgesetzt.

Indien tut sich schwer, wenn es um Liebe geht. Und noch mehr beim Thema Sexualität. Dabei ging es in dem Land mal ganz locker zu. So stammt bekanntlich das Kamashastra aus Indien, die Wissenschaft von der körperlichen Liebe. Es enthält Anleitungen zur Befriedigung der Lust und zum Führen von sexuellen Beziehungen. Das berühmteste der Lehrwerke, die sich mit Erotik befassen, ist das Kamasutra, geschrieben um das vierte Jahrhundert n. Chr. Berühmt sind auch die sehr freizügigen und detaillierten erotischen Darstellungen etwa an den Tempeln von Khajurao, erschaffen im achten bis zehnten Jahrhundert. Wer nach originellen Stellungen für den Geschlechtsverkehr sucht, wird hier fündig, ebenso an zahlreichen anderen, weniger bekannten Heiligtümern in Indien. Diesseitiger geht es kaum.

Heute jedoch ist Indien prüde. Ich erinnere an mehrere Begebenheiten, bei denen ich in weiblicher Begleitung aus dem Westen reiste und wir am Morgen die Gucklöcher in den Hotelzimmern zählten, die man uns zugewiesen hatte. Ebenso an die Probleme, die es immer wieder gab, wenn Unterwäsche draußen zum Trocknen aufgehängt wurde. Vor allem die von Frauen. Oder wenn Badezimmerfenster beim Duschen halb offen standen. Verklemmter geht es nicht. Die wenigen Techtelmechtel, die ich im Land hatte, erinnerten mich eher an die allerfrühesten Phasen meiner Pubertät.

Dass Indien heute so prüde ist, wird zumeist mit dem Einfluss einer nicht eben als lustfreundlich bekannten Kultur erklärt: des Viktorianismus der britischen Kolonialherren. Hinzu kamen wohl auch puritanische Elemente des Islamischen Erwachens, der Wiederbelebung des Islam seit den Siebzigern. Allerdings waren rigide Traditionen auch in der vorkolonialen Ära bereits weit verbreitet, etwa Parda, die Abschirmung der Frau und die Bedeckung ihres Körpers in der Öffentlichkeit. Doch die Entstehung der prüden indischen Gegenwartskultur ist ein kompliziertes Thema.

Der Einfluss, den der Islam generell hatte, ist umstritten. Ebenso die Frage, wie liberal die Haltung gegenüber Sexualität und Nacktheit zumindest in der Kunst vor der Ankunft der Muslime in Indien wirklich war.

Sosehr jedenfalls Sexualität eine Sache für das stille Kämmerlein ist, so sehr sind Vermählungen etwas, das an die ganz große Glocke gehängt wird. Indische Hochzeiten sind pompös. Verwandte aus nah und fern reisen an, tagelang wird gegessen und getanzt. Immer wieder wird das Brautpaar zu verschiedenen Anlässen in neue Outfits gesteckt. Dementsprechend sind diese Events auch exorbitant teuer. Die Beteiligten dieses kostspieligen Unternehmens werden normalerweise von der Familie ausgesucht: Bis heute werden die meisten Eheschließungen in Indien arrangiert. Und das nach klaren Konventionen. Wenn es um Liebe und Heiraten geht, gibt es wohl kein Land mit strikteren Regeln.

Denn nicht nur zwischen gleichgeschlechtlichen Partnern sind Ehen in Indien immer noch ein Tabu. Sondern bis in die Gegenwart auch zwischen Angehörigen verschiedener Religionsgemeinschaften und Kasten. Selbst in den Metropolen. Und die eng gesteckten Grenzen der einzelnen Gemeinschaften sind omnipräsent. So lassen sich schon indische Namen sehr genau lesen. Nicht nur ist ein Khan oder Baig sicherlich kein Hindu. Auch erkennt jeder Inder sofort, dass ein Yadav ein Kshatriya oder Shudra ist, je nach Perspektive, ein Sharma dagegen aus der Kaste der Brahmanen kommt. Und noch viel mehr ...

Besonders, wer über die Grenzen der gesamten Religion hinaus liebt, begibt sich in Gefahr. Ob Hindu und Muslima, ob Christ und Hinduistin: Viele Paare, die sich nicht an dieses Tabu halten, leben in dauernder Angst vor ihren Familien. Vor allem im hindunationalistischen Norden. Seit der Jahrtausendwende hat im Punjab, in Haryana und Bihar, Uttar Pradesh und Madhya Pradesh die

Zahl der sogenannten Ehrenmorde zugenommen. Viele von ihren Familien Verfolgte müssen sich verstecken. Viele suchen Unterstützung bei spezialisierten Hilfsorganisationen.

Mir haben Betroffene berichtet, wie sie vor ihren Verwandten flüchten mussten. Wie sie sich versteckten. Dass sie Angst haben, von ihren Brüdern oder Neffen mit Gewalt zurückgeholt zu werden, dass ihren Partnern Schläge angedroht wurde. »Meine Familie weiß nicht, wo wir wohnen«, sagte mir ein Hindu aus Delhi, der mit einer Muslima verheiratet ist. »Und es wäre das Beste, wenn das für immer so bleibt.«

Andere haben ihre Schicksale öffentlich gemacht, um sich gegen die Konventionen zu stellen. Um ein Zeichen für die Freiheit zu setzen. Beim India Love Project auf Facebook und Instagram erzählen sie ihre Geschichten. Ältere interreligiöse Ehepartner berichten von Beziehungen, die bei ihrer Hochzeit vor Jahrzehnten noch als einigermaßen normal galten, aber in den vergangenen Jahrzehnten immer argwöhnischer beäugt wurden. Wenigstens im Süden, etwa im liberalen Bundesstaat Kerala, haben heute viele Menschen weniger Probleme damit, eine Ehe zu führen, die über Religions- oder Kastengrenzen hinausgeht. Oder auch eine gleichgeschlechtliche Beziehung zu führen. Doch der Argwohn der Hindunationalisten wächst im ganzen Land.

Besonders unfrei in Liebesdingen sind in Indien bekanntlich die Frauen. Daran hat sich in den vergangenen Jahren nicht viel geändert. Denn patriarchale Traditionen sind unter dem hindunationalistischen Einfluss erstarkt. Heute noch kann, wer durch Indiens bäuerliche Regionen fährt, ganze Landstriche erleben, in denen er kaum eine Frau zu Gesicht bekommt. Auch das gilt mehr für den Norden.

Zwar sind Frauen gemäß der indischen Verfassung gleichberechtigt. Aber eben nur auf dem Papier. Denn in den traditionellen, patrilinearen hinduistischen Gemeinschaften gelten sie nicht viel. Und bekanntlich ist das auch in vielen muslimischen Gemeinschaften nicht anders. So liegt ihre Alphabetisierungsrate in Indien etwa fünfzehn Prozent unter der der Männer, das Bevölkerungsverhältnis ist 108 Männer zu 100 Frauen. Und bis in die Gegenwart gilt es als ein Übel, wenn ein Mann keinen Sohn hat.

Das hat auch mit dem Mitgiftsystem zu tun. Denn es ist für Familien mit vielen weiblichen Nachkommen besonders kostspielig, es kann sie schlicht in den Ruin treiben. Als Bedingung für die Eheschließung muss die Familie der Braut der des Bräutigams Gebrauchsgüter, Bargeld, Wertsachen aller Art zukommen lassen. Was ursprünglich die Ausstattung der Brautfamilie zur Hochzeit ihrer Tochter mit Schmuck oder anderen wertvollen Dingen war, hat sich zu einer beträchtlichen Einnahmequelle für die Familie des Bräutigams entwickelt. Auch hier gilt: Auf dem Papier ist das natürlich verboten – aber in der Realität Standard. Nicht selten werden Frauen, deren Mitgift gering ausfällt, von ihrem Ehemann oder dessen Familie ermordet. Viele werden in den Selbstmord getrieben. 1983 führte Indien ein strenges neues Gesetz ein, um die Brautverbrennung einzudämmen. Aber die Zahlen sind seither kaum gesunken: Bis heute gibt es Tausende Fälle pro Jahr.

Welche Verachtung Frauen in Indien entgegengebracht wird, zeigte sich besonders 2012. Im Dezember dieses Jahres wurde Jyoti Singh, eine zweiundzwanzigjährige Praktikantin, in einem privaten Bus im Südwesten Delhis, in dem sie mit ihrem Freund nach einem Kinobesuch unterwegs war, geschlagen, vergewaltigt und gefoltert. Sechs Männer, einschließlich des Fahrers, fielen über sie her. Die junge Frau wurde zur Behandlung in ein Krankenhaus in der Hauptstadt gebracht und elf Tage später nach Singapur verlegt, doch sie starb dort an ihren Verletzungen.

Der Übergriff führte weltweit zu einem Aufschrei. Und im Land selbst zu wochenlangen Protesten. Narendra Modi verurteilte die vielen Vergewaltigungen in seinem Land in seiner ersten Rede zum Unabhängigkeitstag als Premierminister 2014: »Wenn wir von diesen Vergewaltigungen hören, hängen unsere Köpfe vor Scham herab.«

Aber geändert hat sich seither nicht viel. So zeigen die Statistiken des National Crime Records Bureau einen beständigen Anstieg von Gewalt gegen Frauen zwischen 2016 und 2021, außer im Pandemie-Jahr 2020, in dem Experten zufolge der monatelange Lockdown die Datenerfassung beeinflusst hat. 2021 verzeichnete Indien gar die höchste je registrierte Zahl an Verbrechen gegen Frauen. Ein Großteil dieser Fälle waren Entführungen, häusliche Gewalt, Mitgifttode und Vergewaltigungen. Dass Indien weltweit berüchtigt für Vergewaltigungen ist, liegt allerdings nicht allein an der hohen Zahl der Fälle – leider gibt es weltweit viele Länder mit ähnlichen oder höheren Quoten. Sondern an der Art und Weise, wie Opfer und Überlebende von der Gesellschaft stigmatisiert und von Polizei und Justiz gedemütigt werden. Es ist eine Frage der Kultur und des gesellschaftlichen Klimas.

Und in dem gedeiht auch die häusliche Gewalt. »Grausamkeit durch den Ehemann oder seine Verwandten«, so der korrekte juristische Begriff in der indischen Gesetzgebung war zuletzt das dort am häufigsten gemeldete Gewaltverbrechen gegen Frauen. Alle vier Minuten ging 2021 durchschnittlich bei der Polizei ein entsprechender Notruf ein. Um 27 Prozent hatte die Zahl der Fälle bis dahin in fünf Jahren zugenommen. Denn die Gesellschaft schweigt. Sie schaut weg. Oder stimmt sogar zu. Mehr als 40 Prozent der Frauen und 38 Prozent der Männer sagten in einer Regierungsumfrage, dass es für einen Mann in Ordnung sei, seine Frau zu schlagen, wenn sie ihre Schwiegereltern respektlos behandle, ihr Zuhause oder die Kinder vernachlässige, ausgehe, ohne es ihm zu sagen, Sex verweigere oder nicht ordentlich koche.

Die Regierung übt sich unterdessen weiter in Lippenbekenntnissen. In seiner Ansprache an die Nation zum 75. Geburtstag Indiens forderte Modi 2022 einen »Mentalitätswandel«. Frauenfeindlichkeit müsse bekämpft werden. »Eine Verzerrung hat sich in unser Verhalten eingeschlichen, manchmal verletzen wir Frauen. Wir sollten ein Versprechen ablegen, dies aus unserem Verhalten abzuschütteln.«

Vermutlich sind Worte nicht genug.

Indien brutal

Es war der Valentinstag 1981. Die kurz gewachsene Frau trug einen Kaki-Mantel und Jeans, sie hatte die Lippen grell geschminkt, als sie in das Dorf Behmai hineinmarschierte. Über ihre Schulter hing ein Sten Gun, die Maschinenpistole, die die britischen Streitkräfte im Zweiten Weltkrieg eingesetzt hatten. Auch die Mitglieder ihrer Gang waren als Polizisten verkleidet. In der Hand hielt Phoolan Devi ein batteriebetriebenes Megafon. Sie forderte die Dorfbewohner auf, Sri Ram und Lala Ram zu übergeben. »Wenn nicht, stecke ich euch meine Waffe in den Hintern und puste ihn weg«, rief sie Berichten zufolge. »Jai Durga Mata. Es lebe Durga, die Muttergöttin.« Doch die beiden Männer wurden nicht gefunden. Also rief sie alle jungen Männer im Dorf zusammen. Sie befahl ihnen, sich vor einem Brunnen aufzustellen, um sie im Gänsemarsch zum Fluss zu führen. An einer Böschung mussten sie niederknien. Die Banditen legten ihre Gewehre an. 22 Männer lagen tot im Staub.

Behmai ist ein wenige Hundert Einwohner zählender Ort in Uttar Pradesh, bewohnt von Angehörigen der Kaste der Thakur. Hierhin hatten Sri Ram und Lala Ram, beide ehemalige Mitglieder ihrer Gang, Phoolan Devi gebracht, nachdem sie ihren Partner Vikram Mallah erschossen hatten. Sie waren wütend gewesen, dass ein Dorfbewohner aus derselben, niedrigen Kaste, der auch sie angehörten, Anführer der Bande werden sollte. Hier war sie gefesselt und mehrere Tage lang von einer Reihe von Thakur-Männern vergewaltigt und gedemütigt worden. Sie hatten sie nackt durch das Dorf geführt. Aber sie war entkommen. Wie so oft.

Phoolan Devi war eine Legende. Eine Gangsterkönigin, die es gewagt hatte, Indiens strenges Kastensystem herauszufordern. Sie war Indiens moderne Antwort auf Robin Hood. Eine kriminelle Berühmtheit. Ihr Leben wurde verfilmt und in mehreren Büchern beschrieben.

1963 wurde sie in die Kaste der Mallah, die dem Beruf der Bootsleute nachgehen, geboren. Als sie elf war, verkaufte ihr Vater sie für ein Fahrrad und eine Kuh an einen Mann, der dreimal so alt war wie sie. Der Gatte misshandelte sie, sie lief davon. Doch ihre Familie wies sie ab, als sie zurückkehren wollte. Sie irrte herum, wurde wieder missbraucht und schließlich verhaftet. Im Gefängnis wurde sie erneut mehrfach von Polizisten vergewaltigt. Und auch Baboo Gujar, einer der beiden Banditenbosse, denen sie sich irgendwann zwischen dem siebzehnten und achtzehnten Lebensjahr anschloss, versuchte, sie zu missbrauchen. Bevor sein Rivale, Vikram Mallah, ihn erschoss.

So wurden Vikram und Phoolan Devi Partner. Gemeinsam führten sie jetzt die Banditen an. Er brachte ihr bei, wie man mit dem Gewehr umgeht, bevor sie, wie eine indische Version von Bonnie und Clyde, mit ihren Gefährten durch Bundelkhand zogen, eine historische Region im heutigen Uttar Pradesh und Madhya Pradesh. Sie sprengten Züge, plünderten die Anwesen der oberen Kasten, entführten und mordeten. Phoolan war das einzige weibliche Mitglied der Bande. Nach jedem Verbrechen soll sie einen Durga-Tempel besucht und der Göttin für ihren Schutz gedankt haben. Vielleicht war sie zu dieser Zeit das erste Mal in ihrem Leben glücklich – bis zu jenem Tag, an dem ihr Partner erschossen wurde.

In den Jahren nach ihrem Rachefeldzug in Behmai versteckte sich Devi, um den Behörden zu entgehen. Gleichzeitig wuchs ihr Ruhm. Dorfbewohner der unteren Kasten bewunderten sie, sie wurde ihre Heldin, sie nannten sie *Dasyu Sundari*, »schöne Banditin«. Ihre zwei große Gaben waren eine wilde Gerissenheit und ein tödlicher Charme – eine unwiderstehliche Kombination.

Zwei Jahre nach dem Massaker und vier Jahre nachdem sie ihre Karriere als Gesetzlose begonnen hatte, beschloss sie, sich zu stellen. An einem kalten Abend im Februar 1983 tauchte Devi mit zwölf Gefolgsleuten aus den tiefen Schluchten Bundelkhands auf. Madhya Pradeshs damaliger Ministerpräsident begrüßte sie, begleitet von 10 000 begeisterten Phoolan-Devi-Fans.

Im Gefängnis freundete sie sich mit der Schriftstellerin Mala Sen an, deren Bericht über ihr Leben, »Bandit Queen«, verfilmt wurde und sie in den Neunzigern international berühmt machte. Nach ihrer Freilassung 1994 versuchte sie, sich noch einmal neu zu erfinden. Sie heiratete und konvertierte zum Buddhismus. Sie setzte sich für Frauenrechte ein. Für die Samajwadi Party, eine linke Partei der unteren Kasten, gewann sie 1996 und 1999 jeweils einen Sitz im indischen Parlament. Im Jahr 2001 wurde sie, wahrscheinlich von Sher Singh Rana, einem Cousin eines der getöteten Vergewaltiger, ermordet. Mord und Totschlag auf dem Subkontinent sind eben sehr verbreitet. Indien, das in den Augen vieler Sinnsuchender und spirituell Interessierter vermeintlich friedliche, ist alles andere als das. Ich habe es schon auf meinen ersten Reisen so erlebt.

Bereits in den Neunzigern, als ich das Land das zweite Mal besuchte, durchquerte ich, nichts Böses ahnend, den Süden der berüchtigten Region Bundelkhand. Ich wollte einfach mal das idyllische indische Dorfleben kennenlernen. Doch das hatte ich mir etwas anders vorgestellt. Jenseits des Flusses Kunwari radelten mir Bauern mit gezwirbelten Schnurrbärten, weißen Turbanen und doppelläufigen Flinten auf dem Rücken über die Dorfstraßen entgegen. Von den bröckelnden Überresten einer historischen Kleinstadtmauer schleuderte eine Gruppe feixender Burschen faustdicke Steine auf mich herab. Ich fand Schutz in einem Kiosk, wo ein betrunkener Brahmane in Unterhemd und Wickelrock Fladenbrot mit einer dicken Schicht Butterschmalz servierte. »Gott ist in allen Dingen«, sagte er, nahm einen Schluck Whisky, Marke Old Monk, und verscheuchte mit einer vulgären Geste die Straßenjungen, die an seiner Feuerstelle vorbei einen Blick auf den verstörten Ausländer werfen wollen. »Aber alle Dinge sind eine Illusion.«

Ich versuchte, mich mit den Ellenbogen durch die anschwellende Gruppe der Gaffer auf den Marktplatz hinauszukämpfen, um einen Bus zu nehmen. Egal wohin. Doch von allen Seiten zog und zupfte die Menge an meiner Hose und Jacke. Immer wieder warf sich ein hagerer Mittvierziger in beigefarbener Armeeuniform vor mir in den Staub und berührte mit verzücktem Blick und gefalteten Händen meine Wanderstiefel. Plötzlich wurde ich am Arm gepackt. Kräftig, aber sanft dirigierte mich eine Hand durch die Wand aus Beinen und Bäuchen in die offen stehende Tür eines Mahindra-Jeeps. »Nehmen Sie Platz, Sir«, sagte der junge Mann, der jetzt am Steuer saß. »Wo kann ich Sie hinbringen?« Seine langen Haare waren mit Gel zurückgekämmt. Zur überweiten Jeans trug er ein Hawaiihemd. »Ich suche ein Hotel.«

Die Teerstraße wurde zu einer engen Piste, der Dschungel immer dichter. Zwei mannsgroße weiße Affen jagten durchs Gestrüpp. Es war fast dunkel, als wir das staatliche Rasthaus erreichten. »Warten Sie hier, ich muss erst Mister Sharma fragen«, sagte der Fahrer. Nach einer halben Stunde kam ein zahnloser Diener mit einer Schirmmütze auf dem Kopf aus dem Rasthaus und wies mich in mein Zimmer. »Muss ich nichts unterschreiben?«, fragte ich. Der Alte grinste. »Sie sind Sharmas Gast.« Dann beugte er sich zu mir vor und flüsterte in mein Ohr: »Passen Sie auf! Er war im Gefängnis, weil er einen Mann getötet hat.« Die Tür hatte kein Schloss. Ich stellte den wackeligen Tisch davor und hatte eine unruhige Nacht. Erst als ich zwei Tage später in die nächste Kleinstadt kam, verstand ich, wo ich gewesen war. »Wie konntest du dort durchlaufen?«, sagten die Leute. »Da trauen wir uns doch selbst nicht hin. Das ist Gangsterland.«

Bis heute sind viele Landstriche in Indien rechtlos. Vor einigen Jahren wurde ich von den Bewohnern von Kolar Gold Fields, einer verarmten Siedlung im zentralindischen Karnataka, in der einst Gold abgebaut wurde, mit einem Messer vertrieben. Vor allem im Norden bin ich immer wieder durch Gegenden gestreift, wo ich aufgefordert wurde, nicht zu Fuß zu gehen, mir ein Hotel zu suchen, mit dem Taxi die Gegend zu verlassen.

Oft habe ich auf meinen Reisen durch das Land auch kriminelle Staatsbeamte erlebt. Etwa einen Polizisten, dauerstoned, der mir kiloweise konfisziertes Gras verkaufen wollte. Betrunkene Sicherheitskräfte, die mich mit Hinweis auf ihre Dienstwaffe dazu zu nötigen versuchten, gemeinsam eine zweite Rumflasche zu leeren. Ob illegale Bereicherung, unerwartete Aggression, systematische Korruption oder bezahltes Wegschauen: Besonders gefährlich wird es immer dann, wenn die Behörden mit Kriminellen kooperieren.

Bei einem meiner letzten Besuche in Delhi bin ich glatt in eine echte Touristenfalle gestolpert. Weil das Taxi meiner Unterkunft nicht kam, wie ich es bestellt hatte, stand ich das erste Mal in meinem Leben um ein Uhr morgens vor den Toren des Indira Gandhi International Airport und musste mir, wohl ahnend, welches Unheil nun drohte, ein privates Taxi suchen. Es folgte, was im Buche steht: Der Taxifahrer manövrierte mich in seinem klappernden Gefährt an den Zufahrtsstraßen angeblich gesperrter Viertel vorbei, er lamentierte über den Betreiber meines Hotels, das geschlossen sei. Der Mann sei einfach abgehauen. Gegen halb drei morgens lud er den genervten und übernächtigten Reisenden an einem gefakten Touristenbüro ab, das »glücklicherweise« noch geöffnet war. Ich war so erschöpft, dass ich dem Agenten glaubte, das das die Rettung sei, was er mir in Form einer maßlos überteuerten Absteige anbot. Am nächsten Vormittag blockierten die Hotelangestellten in einem mehrstündigen, halbvirtuellen Katz-und-Maus-Spiel die beiden Router des Hauses, um mich zu isolieren. Ich entkam schließlich mithilfe einer illegal erworbenen SIM-Karte, über die ich frei telefonieren konnte. Bis heute will ich nicht glauben, dass die vielen Approved Government Tourist Offices rund um den Connaught Circus nicht zu schließen wären – wenn es denn einer wollte.

Aber ob mit oder ohne behördliche Beteiligung: Indien ist nicht erst seit gestern kriminell. Und nicht erst seit gestern sind Kriminelle in dem Land Legenden. Sondern schon seit Jahrhunderten. Die frühesten Vertreter der indischen Schattenwelt, auf die man stößt, wenn man die Geschichtsbücher wälzt, sind die Thugs. Schon sie wurden von Teilen der Bevölkerung nicht nur gefürchtet, sondern auch geradezu verehrt. Obwohl sie Gangster waren. Oder eben gerade deshalb.

Der Kult der Thugs soll mindestens bis ins 14. Jahrhundert zurückreichen. *Encyclopedia Britannica* beschreibt sie als »einen gut organisierten Zusammenschluss professioneller Attentäter, die mehrere Hundert Jahre in Banden durch Indien gereist sind ... Die Schläger schlichen sich in das Vertrauen der Wanderer ein und erwürgten sie, wenn sich eine günstige Gelegenheit bot, indem sie ihnen ein Taschentuch oder eine Schlinge um den Hals warfen. Dann plünderten und begruben sie sie.« Die Enzyklopädie fügt hinzu, dass die Morde nach alten religiösen Ritualen begangen wurden. Die Schläger hätten ihre Tötungen als einen Aspekt ihrer Hingabe an die Göttin Kali, die mit Gewalt, Sexualität und in neueren Interpretationen auch mit weiblicher Macht in Verbindung gebracht wird, verstanden. Thug bedeutet auf Hindi Dieb oder Betrüger.

Fette Beute, ohne überführt zu werden, darum ging es den Thugs bei ihrer speziellen Vorgehensweise. Die Chancen für Letzteres waren besonders gering: Weniger als sechs Prozent von ihnen sollen je vor den Richter gebracht worden sein. Und ihr Konzept ging auf. Ihre Tätigkeit brachte ihnen im armen Zentralindien, wo sie vor allem operierten, schnellen Wohlstand ohne erheblichen Aufwand. Dass ihre Arbeit zudem von Teilen der Bevölkerung als respektabel, wenn nicht gar ehrenwert betrachtet wurde, hatte vor allem den Grund, dass sie ihre Gemeinschaften mit Geld und Raubgut versorgten.

So waren die Thugs durchaus stolz auf ihre Arbeit. Sie betrachteten sie als ein Handwerk, das der Vater, wie üblich, an den Sohn weitergab. Der Autor Mike Dash zitiert einen der Banditen mit den Worten: »Zunächst wissen unsere Kinder nichts von dem, was wir tun. Sie ziehen mit und bekommen ein Pony und bald mögen sie dieses Wanderleben. Wenn das erste Jahr vorbei ist, wissen sie, dass wir stehlen und noch ein paar andere Dinge, die wir machen. Am Ende des zweiten Jahres wissen sie, dass wir morden. Und im dritten Jahr sehen sie das dann.«[68]

Das Vorgehen der Banditen lässt Mike Dash in seinem Buch beispielhaft einen britischen Beamten namens Thomas Perry wiedergeben. Ein Thug erzählte dem aus London stammenden Mann, der 1811 nach Zentralindien versetzt wurde, von seinem ersten Opfer. Er und seine fünfzehnköpfigen Bande hätten dieses zunächst von der Straße weggelockt, so der Bandit. Dort »ermordeten sie den Mann folgenderweise: Ramsooth, ein Einwohner des Ortes Dultua, erwürgte ihn mit einem Taschentuch. Als er das

Bewusstsein verloren hatte, fügte ihm einer aus der Gruppe Wunden mit dem Messer in beiden Augen zu. Ein anderer versetzte ihm auf dieselbe Weise Wunden am Bauch, sodass niemand die Person wiedererkennen konnte. Dann vergruben sie den Körper in einem Nallah, einem ausgetrockneten Flussbett, etwa eine Meile von der Straße entfernt.« Die Wunden hätten sie ihm aber auch zugefügt, sagte der Inder auf Nachfrage des angewiderten britischen Beamten, weil sie wüssten, dass es vorkomme, dass Menschen, die erwürgt wurden, doch noch lebten.

Normalerweise versteckten die Thugs ihre oft verstümmelten Opfer. Wie schwer es war, sie zu identifizieren, zeigen die Erinnerungen eines Mannes aus der Kaste der Rajputen, den Mike Dash im selben Buch zitiert. Der Bruder des Mannes namens Ruckpur Singh war 1823 in dem Ort Ellichore erhängt worden. Singh erinnert sich, wie er schließlich dessen Überreste sicherte und bestattete. »Ich fand fünf Totenschädel nahe dem Brunnen und acht Totenschädel auf dem Boden des Brunnens, in den ich mehrfach tauchte, um alle Knochen hervorzuholen, die ich finden konnte. Es war unmöglich, den Totenschädel und die Knochen meines Bruders zu identifizieren, deshalb sammelte ich alle Knochen ein, platzierte sie mit den dreizehn Totenschädeln auf einem Stapel Holz, den ich entsprechend den Riten meiner Kaste errichtet hatte, und verbrannte sie alle zusammen.«[69]

Der Kult der Thugs war so verbreitet, dass die britischen Kolonialherren zu drastischen Mitteln griffen, um ihn schließlich zu beenden. In den 1830er-Jahren nahm der Offizier Captain William Henry Sleeman mit seinen Untergebenen mehr als 3000 dieser mutmaßlichen Mörder fest. Mehr als 400 erhängten sie.

Deutlich jünger als die Thugs, aber ebenfalls eine kriminelle Organisation mit erheblicher Tradition und Ausstrahlung, ist die Mumbai-Mafia. Auch sie ist eine Legende. Auch sie hat Stars hervorgebracht. Und jede Menge Fans.

Einer ihrer letzten wichtigen Protagonisten war Chhota Rajan. Er wurde in Indonesien verhaftet und nach der Auslieferung an Indien 2018 wegen des Mordes an einem Crime-Journalisten zu lebenslanger Haft verurteilt. Ein weiterer, jüngerer und ebenfalls für seine Macht und internationalen Aktivitäten bekannter Don war Dawood Ibrahim, Chef der D-Company. Beide Mafiosi stilisierten sich als Autoritäten, die ihre jeweiligen Gemeinschaften schützten und lokale Streitigkeiten schnell beendeten.

Doch die Grundsteine für die Mumbai-Mafia hatten andere gelegt. Jahrzehnte zuvor. Und die waren noch schillernder. Denn schon die echten Klassiker der Bombay-Mafia betrachteten sich als Beschützer ihrer Community. Vor allem aber hatte das kriminelle Mumbai der Sechziger- bis Achtzigerjahre einen besonderen, düsteren Glanz: eine gewisse Ähnlichkeit mit der Bandenkriminalität der Zwanziger und Dreißiger in Chicago wie auch mit der italienischen Mafia. Schmuggel, Glücksspiel, Prostitution und Erpressung waren die Schwerpunkte der organisierten kriminellen Aktivitäten. Angefeuert durch Bollywood kamen bald auch das Schwarzmarktgeschäft für Tickets und die Raubkopie-Produktion hinzu. Die beiden größten Dons dieser klassischen Epoche in Mumbai waren Haji Mastan Mirza und Varadarajan Muniswami Mudaliar. Beide stammten aus Tamil Nadu. Und beide wurden zufälligerweise am 1. März 1926 geboren. Eine dritte Größe war Karim Lala, ein afghanischer Paschtune.

Doch Haji Mastan sollte der berühmteste von ihnen werden. In jungen Jahren führte der Zuwanderer aus dem Süden zunächst mit seinem Vater eine kleine Fahrradwerkstatt auf dem Crawford-Markt der Megametropole. Aber es war klar, dass die Mühe seiner Arbeit ihn nicht reich machen konnte. Wenn er aus der Werkstatt in dem belebten Geschäftsviertel nach Hause ging, sah er die Autos der Millionäre und Prominenten von Mumbai, ihre Bungalows in Malabar Hill. So wollte er auch einmal werden. Und das ging schnell: 1944 bekam Mastan einen Job als Kuli in den Docks der Stadt. Kurz darauf sprach ihn ein Araber an. Er erklärte ihm, wie leicht es sei, ein paar Goldstücke in das Stirnband zu stecken, ein paar Uhren in seine Unterwäsche. Der Mann versprach ihm dafür gute Bezahlung, und Mastan willigte ein. Es begann ein rasanter Aufstieg. Er dehnte das Geschäft mit geschmuggeltem Gold aus. Und als die Regierung von Mumbai 1950 die Prohibition von Spirituosen verkündete, eröffnete sich plötzlich ein weiterer, riesiger Markt. 1956 lernte er Sukur Narayan Bakhia kennen, den größten Schmuggler in Gujarat. Gemeinsam kontrollieren sie fortan das Geschäft in den Docks. So wurde Mastan zu einem der wichtigsten indischen Edelmetall-Schmuggler.

Aber im Gegensatz zu vielen Dons, die auf ihn folgten und schlichtweg Terror verbreiteten, galt er als relativ sanfter Mafioso. Denn es war weniger Brutalität, sondern vielmehr seine guten Verbindungen, die ihn weiterbrachten. Auch deshalb wurde der Mann, den viele Fotos mit einer aus Persien bekannten Karakulmütze zeigen, bald als Stilikone verehrt. Mastans Lebensstil wurde immer extravaganter, immer öfter setzte er sich mit makellosen weißen Kleidern und fein polierten Schuhen in Szene. Ließ sich in dicken Mercedes vorfahren, teure goldene Uhren am Handgelenk. Kaufte Immobilien im Süden der Stadt. Auf dem Dach eines Bungalows mit Meerblick in der feinen Peddar Road ließ er sich ein Zimmer bauen, um dort zu wohnen. Mastan, dem Aufsteiger und Zuwanderer, war es wichtig zu zeigen, wie wohlhabend und einflussreich er war.

Deshalb war er schon zu Lebzeiten beides zugleich: Krimineller und Star. Auch in Bollywood wurde er schnell zu einer Berühmtheit. Er finanzierte zahlreiche Filmproduktionen. Mehrere Filme basieren auf seinem Leben. Später wagte er selbst den Schritt in die Produktion und wurde politisch für den Dalit-Muslim Suraksha Maha Sangh aktiv. 1994 starb er in Mumbai.

Aber ein Popstar ist er bis in die Gegenwart geblieben. Einmal stand ich in einem Telekom-Laden in Hyderabad. Ein dünner Alter betrat das Geschäft. Er wollte sein Prepaid-Handy auffüllen. Er sagte, er habe lange als Leibwächter gearbeitet. Zum Beweis holte er ein paar Bilder hervor. Seine Stimme war rau: »Hier bin ich mit dem Sai Baba, hier mit dem Innenminister von Andhra Pradesh.« Ein Bild zeigte ihn in stolzer Pose in einer Reihe mit anderen Sicherheitsmännern, das Gewehr an einem Gurt über der Schulter. Im Zentrum des Fotos lächelte ein kerniger südindischer Sonnyboy. »Mein zuverlässigster Arbeitgeber«, sagte der Alte. »Das ist Haji Mastan.«

II Internationale Beziehungen

> Indien und die USA sind nicht nur natürliche Partner. Ich glaube, dass Amerika Indiens bester Partner sein kann.
>
> *Barack Obama, Neu-Delhi, 27.1.2015*

Westliche Verklärung

Die Lehrerin wischt sich die Nase mit einem dunkelblauen Frottee-Tuch. »Der Geist ist ein Affe«, sagt sie. Sie trägt einen hautengen, schwarzen Trainingsanzug und erinnert mich an Jane Fonda in ihrem Siebziger-Aerobic-Outfit. »Er springt den bunten Früchten des Lebens hinterher, bis er sich in den Dornen des Baumes verfängt. Bei unseren Übungen schulen wir Geist und Körper, um die Ewigkeit zu sehen, unser wahres Selbst.«

Ein Dutzend Menschen aus Malaysia, die Frauen mit kurzen Zöpfen in hennagefärbten Haaren, die jungen Männer mit Gel-Frisuren, dazwischen vier mittelalte Inderinnen, hocken in dem turnhallenartigen Raum auf zerschlissenen, bunten Matten. Die Flügeltür steht offen, die Morgensonne wirft sanftes Streiflicht auf den grünen Berghang dahinter. Aus den Mattenreihen dringt vereinzeltes nasales Röcheln, es schwillt an zu einem pneumatischen Quietschen und kulminiert in einem lautstarken kollektiven Hyperventilieren.

Wir lernen Pranayam: reguliertes, bewusstes Atmen. »Jetzt pustet ihr dreimal schnell durch den rechten Nasenflügel aus«, sagt die Lehrerin. Sie hat einen fast militärischen Gesichtsausdruck und einen ebenso durchdringenden wie undurchdringlichen Blick. Sie erklärt mir, welche Finger ich benutzen muss, um die Nasenlöcher zu schließen. Waren am Vorabend Ringfinger und Daumen im Einsatz, so sind es nun Daumen und kleiner Finger. Alles ist Ritual. Man könnte sich ja im Leben verheddern, wenn man keine festen Regeln hat, wie der Affe im dornigen Baum.

Wenn die Lehrerin ausatmet, zieht sich ihre untere Gesichtshälfte zusammen, als wäre sie ein einziges Atemorgan. Dabei pfeift sie lautstark, aber so gleichmäßig, dass es kultiviert wirkt. Dann putzt sie sich wieder die Nase mit dem Frotteetuch

Ich bin erkältet und bringe ein paar Servietten zum Einsatz, während wir zum Ausatmen mit dem linken Nasenloch und mit beiden Nasenlöchern übergehen, dann zum wechselseitigen ruckartigen Einatmen. Mein rechtes Nasenloch ist komplett verschleimt. Ob die Übungen dagegen helfen?

Es folgt eine Art Gymnastik: das rechte Bein nach vorn, den Oberkörper hinterher, die Füße zurückgeworfen, dann eine Art Liegestütz mit Hohlkreuz. Ich orientiere mich an meinen Mitschülern. Sie sind mir immer einen Schritt voraus. Während ich noch den Hintern hebe, um mich aufzurichten, strecken sie bereits kerzengerade die Arme Richtung Sperrholzdach und drehen sich nach Osten, um die Sonne zu begrüßen.

Ein »Om« schallt durch die Halle, glasklar intoniert von der Lehrerin. »Haltet euch Augen und Ohren zu«, sagt sie, bevor alle einstimmen. Die alte vedische Zauberformel vibriert in meiner Hirnrinde. Das Gefühl zum Abschluss der Sitzung ist jenseitig, ich spüre, wie ich falle. Und bekomme Panik. Habe ich Angst, mich ganz zu verlieren?

Vielleicht. Zumal dies das Experiment eines Mannes ist, der sich immer gegen die Esoterik gestemmt hat, mit der Indien von vielen im Westen assoziiert wird. Ich wollte einfach einmal sehen, was die alle meinen. So schlecht finde ich es dann aber auch nicht ...

Besser jedenfalls als die Realität, der ich nach dieser Übung gewahr werde. Ich sitze am Lakshman Jhula, der Hängebrücke über den Ganges im oberen Teil von Rishikesh, blicke über den heiligen Fluss Indiens und schlage die Zeitung auf. Nach einer Massenvergewaltigung nördlich von Delhi stehen drei Angehörige höherer Kasten im Verdacht. Ein Mann sagt in Uttar Pradesh zum zweiten Mal wegen Mitgiftmord vor Gericht aus. Nach einem Bahnunglück in Westbengalen ist die Zahl der Toten und Verletzten noch unklar. Wo bin ich hier? Was ist das für ein Land? Wieso liegen Spiritualität und Rückständigkeit, die sich in Armut und traditionell begründeter Gewaltbereitschaft äußert, so eng beieinander? Oder sind diese Gegensätze vor allem in meinem Kopf?

Das ist nicht unwahrscheinlich. Denn Indien und den Westen verbindet eine Hassliebe. An diesem Land scheiden sich die Geister. Für die einen ist es die heile Welt, für die anderen eine sozial und wirtschaftlich unterentwickelte Region. Und das verhält sich nicht erst so, seit Pluderhosen tragende Traveller in den Siebzigern den Hippie Trail nach Indien ebneten und die einen voller Begeisterung aus dem rätselhaften Land im Osten zurückkehren – die anderen einfach nur angewidert. Sondern seit der Zeit der Romantik.

Aber die frühesten Bilder, die sich der Westen von Indien macht, sind noch viel älter. Der allererste europäische Blick auf den Subkontinent war weder positiv noch negativ – sondern der auf eine Region der Rätsel, der Wunder und Absonderlichkeiten. Der griechische Autor Ktesias beschrieb Schattenfüßler und Mundlose. Seine Kollegen berichteten von Fabelvölkern, von Hundsköpfigen und Menschen mit einem Auge oder mit Spinnenbeinen, von Leuten, die ihre Ohren benutzen, um sich darin zum Schlafen einzurollen.

Zu einer Legende wurden die Gold grabenden Ameisen, von denen Herodot erzählte. Der Geograf und Völkerkundler schrieb, dass am Oberlauf des Indus ein höchst kriegerisches Volk lebe. In der Nähe ihrer Siedlungen befinde sich eine Wüste, aus der Indiens gewaltiger Goldschatz stamme. Expeditionen von Goldsuchern zögen von Zeit zu Zeit in diese Einöde, aber das seien äußerst gewagte Unternehmungen, da der Schatz von blutrünstigen Ameisen gehütet werde. Diese Wesen seien kleiner als Hunde, doch größer als Füchse und überträfen in ihrer Schnelligkeit sämtliche andere Tiere. Um in den Besitz des Goldes zu gelangen, müssten die Schatzjäger deshalb regelrechte Kriegspläne ausarbeiten. Auch sie beschreibt Herodot detailliert.

Doch nicht nur wegen der vermeintlichen goldgrabenden Ameisen galt Indien als unermesslich reich. Tatsächlich wurden in der Antike wichtige Luxuswaren vom Subkontinent importiert. Seide, Perlen und Duftstoffe kamen aus der Region. Im Land selbst sollte es Gold, Silber, Edelsteine und Gewürze in Hülle und Fülle geben.

Zudem ist Indien, seit im Heer von Alexander dem Großen ein »Nackter Weiser« mitzog, als Land der Weisheit, der Asketen und der Todesverachtung bekannt. Kalanos hieß dieser Yogi den Berichten zufolge. Er war 73 Jahre alt und von den Unbilden der langen Reise geschwächt, als er Alexander mitteilte, dass er lieber sterben, denn als Invalide sein Leben fristen wolle. Kurzerhand verbrannte er sich selbst. Auch in zahlreichen der im Mittelalter populären Alexanderromane waren die der Welt entsagenden indischen Weisen ein Thema – als Gegenpol zu dem nach weltlicher Macht strebenden Alexander.

Viele folgende Indien-Bilder waren wiederum eher fantastisch. So wurde im Mittelalter der Subkontinent zu dem Land erklärt, wo Milch und Honig fließen, das irdische Paradies wurde dort verortet. Vor allem aber vermutete man hier den Zufluchtsort von Priesterkönig Johannes. Mit einer Schar von Gläubigen soll sich der legendäre Regent einst nach Asien geflüchtet haben. So notierte der mittelalterliche Geschichtsschreiber Otto von Freising in seiner Weltenchronik *Historia de duabus civitatibus* kurz vor dem Zweiten Kreuzzug, dass Johannes dem Geschlecht der Magier aus dem Morgenlande entstamme, von denen das Matthäus-Evangelium berichtet. In einem angeblich von ihm selbst verfassten Brief an Kaiser Manuel von Byzanz schilderte der Priesterkönig die Macht und den Reichtum seines Landes, dass er »Die drei Indien« nennt: Dort fänden sich »Elephanten, Dromedare, Kamele, Panter, Waldesel, weiße und rote Löwen und alle Arten von Tieren, die es auf der Welt gibt«.[1]

Die diffusen bis fantastischen Vorstellungen, die das europäische Indienbild lange prägten, wurden erst abgelöst, als die Briten die Region für sich entdeckten. Mitte des 18. Jahrhunderts begann die Ostindien-Kompanie von Bengalen aus auf dem Subkontinent Fuß zu fassen. Sie entwickelte sich rasch zur dominierenden Kolonialmacht. Doch es war alles andere als Absicht, dass sie dabei dem Westen die Tür zur alten indischen Kultur aufstieß. Auch wenn Generalgouverneur Warren Hasting, um die Gesetzesbücher der Inder zu übersetzen, höchstselbst dafür sorgte, dass einer der angesehensten Gelehrten des damaligen Englands als Richter an den neu gegründeten High Court in Kolkata berufen wurde: Sir William Jones. Er war es, der 1784 die erste indologische Gesellschaft der Welt gründete, die Asiatic Society of Bengal. Unter ihm entwickelte sich die Forschung: In den folgenden Jahren verfassten wissenschaftlich interessierte Angestellte der Ostindien-Kompanie für deren Journal zahlreiche Forschungsergebnisse. Doch bald richtete sich ihre Aufmerksamkeit nicht mehr nur auf das gegenwärtige Indien – vielmehr wurden sie sich nun der Bedeutung der literarischen und philosophischen Tradition des Landes bewusst. So veröffentlichten sie etwa 1784 die *Bhagavad Gita* und 1798 *Shakuntala* vom Dichter Kalidasa.

Diese Literatur fiel vor allem in Deutschland auf fruchtbaren Boden. Als Georg Forster *Shakuntala* dort mit seiner Übersetzung aus dem Englischen 1791 schlagartig bekannt machte, war die Begeisterung gewaltig. Noch 40 Jahre später sprach Goethe von »Enthusiasmus« und einem »überschwenglichen Eindruck«, wenn er sich an seine erste Lektüre dieses Dramas erinnerte.[2]

Schon in den 1780er-Jahren hatte Johann Gottfried Herder in seinen *Ideen zur Philosophie der Geschichte der Menschheit* ein äußerst positives Bild von Indien gezeichnet. Vor allem von seinen Einwohnern. Als schön, sanftmütig, unschuldig, duldsam, tolerant, leidenschaftslos und gebildet beschrieb er sie. Zwar wiesen Forscher Herders Behauptung, Indien sei die Wiege der Menschheit, als frei erfunden zurück. Doch sein Indienbild prägte vor allem die Romantiker tief.

Man müsse die Quellen und den Kontext kennen, um Herders Porträt der Inder und ihres Landes zu verstehen, schreibt Jürgen Lütt in *Deutschland, Indien und das deutsche Indienbild.* Die Harmonie mit der Natur sei für ihn ein zentrales Element gewesen. »Er hatte für die Abfassung seines Werkes noch nicht die neuen Kenntnisse der englischen Beamten aus Indien benutzt, sondern einerseits die alten Topoi über Indien, die seit der Antike und dem Mittelalter tradiert worden waren, darunter auch den Topos des Paradieses, und zusätzlich dazu einige neuere Berichte von europäischen Reisenden. Andererseits ist es wichtig zu wissen, dass Herder in seiner Weltanschauung von Rousseau geprägt war. Herder war sozusagen der deutsche Rousseau und formulierte das neue Lebensgefühl, das damals offenbar eine ganze Generation von Mitteleuropäern erfasst hatte. Es bestand in einer erneuerten religiösen und philosophischen Auffassung der Natur, einer Auffassung, die die Entgötterung der Welt beklagte und sie durch eine neue Religiosität wieder beseelen wollte.«[3]

Das spiegelte sich, so Lütt, in den Beschreibungen der Einheimischen und ihrer Kultur wider. »Herder zeichnet das Porträt eines edlen Volkes mit einer hohen Kultur, das in einem idyllischen Lande lebt. Das Herdersche Bild von Indien muss man im Kopf behalten, wenn man die Reaktion der literarischen Öffentlichkeit Deutschlands auf das Erscheinen des Dramas Shakuntala [...] verstehen will. Wie das Mädchen Shakuntala und die altindische Welt da geschildert werden, machte nämlich deshalb einen so ungeheuren Eindruck im deutschen Kulturbereich, weil es genau dem Bild zu entsprechen schien, das Herder vorher von Indien entworfen hatte: ein Bild der Harmonie des Menschen mit der Natur.« Was die Deutschen an Indien liebten, war demnach – verkürzt gesagt – Rousseaus von Herder auf den Subkontinent projizierte Vorstellung vom Naturzustand des Menschen.

Vollständig, so Lütt, werde das deutsche Indienbild aber erst mit den Brüdern Schlegel und anderen Frühromantikern. Denn bei ihnen komme eine weitere Komponente hinzu: die Europafeindlichkeit. Einerseits lehnten die Romantiker die Ideale der Aufklärung ab. So polemisierte August Wilhelm Schlegel 1803 in seiner Zeitschrift *Europa* etwa gegen die »ausschließliche Richtung auf das Nützliche«, gegen das absolute Vorherrschen des »ökonomischen Prinzips«. Schlegel führt aus: »Unser Zeitalter verkennt die Ideen; ... man hat Kunst und Poesie zur bloßen Verstandesprosa gemacht, indem man Nachahmung der Natur, richtiger der äußeren Welt, zu ihrem letzten Ziele setzte: So hat man die Philosophie auf Erfahrung zurückführen wollen, da doch echte Spekulation es mit einem absoluten Wissen zu tun hat, gegen welches sich alle Erfahrung bloß beschränkend negativ verhält; so hat man die Sittlichkeit aus dem Hange zum Vergnügen, dem Eigennutz erklärt und sie damit gänzlich vernichtet; die Moral hat man in eine bloße Klugheitslehre verwandelt. Der Religion ist es noch am allerschlimmsten ergangen; man hat sie, weil ihre Anschauungen ihrer Natur nach keine wissenschaftlichen Demonstrationen zulassen, weil sie auch nicht irdisch nutzbar sein will, als leeres, abgeschmacktes Phantom verworfen ...«[4]

Andererseits kritisierte etwa August Wilhelms Bruder Friedrich Schlegel in seinen Briefen aus Frankreich die Kultur Europas. Er geißelte »die gänzliche Unfähigkeit zur Religion, ... die absolute Erstorbenheit der höheren Organe. Tiefer kann der Mensch nun nicht sinken; das ist nicht möglich«. Deshalb möchte er »demjenigen, der Religion sehen will, raten, er solle, wie man nach Italien geht, um die Kunst zu lernen, ebenso zu seinem Zwecke nach Indien reisen, wo er gewiß sein darf, wenigstens noch Bruchstücke von dem zu finden, wonach er sich in Europa zuverlässig vergeblich umsehen würde.«[5]

In gleichem Maße, wie sie das moderne, aufgeklärte Europa verachteten, wurde Indien für die Romantiker zum Gelobten Land. Das Morgenland sei das eigentliche Vaterland der Menschheit, schrieb der Dichter Novalis. Diese Betrachtungen waren die Keimzelle der europäischen Indien-Begeisterung.

Und die war besonders eine deutsche. Deutschland entwickelte sich in den folgenden Jahrzehnten rasch zu einem internationalen Zentrum der Indologie. Erster Professor auf einem indologischen Lehrstuhl in Europa wurde bereits 1818 kein anderer als August Wilhelm Schlegel in Bonn. Bis in die jüngste Vergangenheit hat sich an Deutschlands wissenschaftlicher Begeisterung für Indien wenig geändert: Lange blieb die Bundesrepublik außerhalb Indiens das Land mit den weitaus meisten Sanskrit-Lehrstühlen weltweit.

Doch das ist nur die eine Seite. Die andere ist die Entwicklung jenseits des Ärmelkanals. Denn zur selben Zeit, in der die deutschen Romantiker ihr Loblied auf Indien anstimmten, kippte dort das Indienbild ins Negative. 1817 erschien das Werk *The History of British India* von James Mill. Es schlug ein wie eine Bombe. Mill beschrieb darin die indische Geschichte, eingeteilt anhand der herrschenden politischen Mächte und ihrer religiösen Zugehörigkeit in die hinduistische, muslimische und britische Periode.

Der britische Theologe, Historiker und Philosoph war nie in Indien gewesen, aber genau das mache ihn umso objektiver, schrieb Mill. Denn: »Ein entsprechend qualifizierter Mann kann in einem Jahr in seiner Kammer in England mehr Wissen über Indien erlangen, als er im Laufe seines längsten Lebens durch den Gebrauch seiner Augen und Ohren in Indien erlangen könnte.«[6]

Mill war geprägt von den Ideen Jeremy Benthams, des Begründers des Utilitarismus. Ihm zufolge musste das wichtigste Ziel jeder Regierung sein, das größte Wohl für die größte Zahl von Bürgern zu erreichen (the greatest good for the greatest number). Und um dieses Ziel zu erreichen, bedürfe es »vernünftiger Gesetze«, »vernünftiger Besteuerung«, kurzum: einer vernünftigen Regierung.

Deshalb rechtfertigte der Historiker den Imperialismus mit utilitaristischen Gründen. Indien die britische Kolonialherrschaft aufzuzwingen, war für ihn Teil einer zivilisierenden Mission, seine Arbeit für die East India Company ein Beitrag zur Entwicklung der indischen Gesellschaft. Mill meinte ganz im Ernst, dass er den Menschen auf dem Subkontinent einen Dienst erweise. Er schrieb: »Schließlich ist selbst der äußerste Missbrauch europäischer Macht besser, davon sind wir überzeugt, als die gemäßigste Ausübung orientalischer Despotie ... Je größer der Umfang der britischen Herrschaft, desto umfassender die Friedensherrschaft.«[7]

Denn er betrachtete die indische Gesellschaft als moralisch rückständig. Vor allem die Hindus. Mill notierte: »Unter dem glänzenden Äußeren des Hindus liegt eine allgemeine Neigung zu Täuschung und Perfidie.« Er differenzierte, dass zwar »die gleiche Unaufrichtigkeit, Verlogenheit und Perfidie, die gleiche Gleichgültigkeit gegenüber den Gefühlen anderer, die gleiche Prostitution und Käuflichkeit« die auffälligen Merkmale sowohl der Hindus als auch der Muslime seien. Die Muslime seien aber, wenn sie reich sind, dem Vergnügen hingegeben. Die Hindus stellte er dagegen fast immer als geizig und asketisch dar, denn »in Wahrheit zeichnet sich der Hindu wie der Eunuch durch die Qualitäten eines Sklaven aus«. Darüber hinaus seien die Hindus, ähnlich wie die Chinesen, »verstellt, verräterisch, verlogen, bis zu einem Maß, das sogar das übliche Maß der unkultivierten Gesellschaft übersteigt«. Sowohl die Chinesen als auch die Hindus seien »in allem, was sie betrifft, zu übermäßiger Übertreibung geneigt«. Beide seien »feige und gefühllos«. Beide seien auch »in höchstem Maße von sich selbst eingebildet und voll gekünstelter Verachtung für andere«. Und vor allem seien beide »in körperlicher Hinsicht ekelhaft unrein, persönlich wie auch in ihren Häusern«.[8]

Um die Entwicklung der Gesellschaft – der indischen wie der britischen – durch Reformen voranzutreiben, definierte der Historiker klare Kriterien dafür, an welchem Punkt sie auf der Skala der Zivilisation stünden. Was Indien betraf, kam er zu der niederschmetternden Einschätzung, es sei als wenig entfernt vom Status halb zivilisierter Nationen anzusehen. Indien war für ihn nicht viel mehr als ein Land des Aberglaubens und der sozialen Unterdrückung.

Das war es auch für viele Marxisten. Doch auch wenn sich diese Einschätzung in gewisser Hinsicht bei ihnen fortsetzte, war Marx natürlich, ganz anders als Mill, ein scharfer Kritiker der britischen Kolonialherrschaft. 1853 befand er in seinem Artikel *Die britische Herrschaft in Indien* für die *New York Herald Tribune*, dass »das Elend, das die Briten Hindustan zufügen, von wesentlich anderer und unendlich intensiverer Art ist, als ganz Hindustan vorher leiden musste«. Gleichzeitig waren die indischen Dorfgemeinschaften für ihn aber alles andere als beschauliche Inseln des Friedens und des Wohlstands, wie es sich viele Romantiker vorstellten, sondern »entscheidende Hindernisse für indischen Fortschritt und indische Macht«. Man dürfe nicht vergessen, schrieb Marx,

> »[...] dass diese idyllischen Dorfgemeinschaften, so harmlos sie auch erscheinen mögen, immer die solide Grundlage des orientalischen Despotismus waren, dass sie den menschlichen Geist auf den kleinstmöglichen Umfang beschränkten und ihn zum widerstandslosen Werkzeug des Aberglaubens machten, ihn unter traditionellen Regeln versklavten, ihn all seiner Großartigkeit und vorhandener Energie beraubten. [...] Wir dürfen nicht vergessen, dass diese kleinen Gemeinschaften durch Kastenunterschiede und Sklaverei verseucht waren, dass sie den Menschen äußeren Umständen unterwarfen, anstatt ihn zum Souverän der Umstände zu erheben, dass sie einen sich selbst entwickelnden sozialen Zustand in ein sich nie änderndes natürliches Schicksal verwandelten und so zu einer brutalen Anbetung der Natur führten, die ihre Degradierung darin zeigte, dass der Mensch, der Herrscher der Natur, in Anbetung von Hanuman, dem Affen, und Sabbala, der Kuh, auf die Knie fiel«.[9]

Jürgen Lütt fasst die konträren Haltungen gegenüber Indien so zusammen:

> »In den beiden Indienbildern, dem romantischen und dem utilitaristischen, spiegeln sich zwei antagonistische Grundpositionen des europäischen Selbstverständnisses wider. Wir finden beide in allen europäischen Ländern nebenein-

> ander, aber in zwei Ländern dominierte jeweils das eine: in Deutschland das romantische, in England das utilitaristische. Im romantischen Indienbild verkörpert die indische Kultur das, was das moderne Europa verloren zu haben glaubt: die ursprüngliche Vollkommenheit und Ganzheitlichkeit der menschlichen Existenz, die Harmonie von Mensch, Natur und Gott, die religiöse Geborgenheit, die poetische, göttlich beseelte Welt. Das utilitaristische Indienbild, das in der Tradition der Aufklärung steht, weist Indien auf der Stufenleiter der Weltgeschichte einen Platz ganz unten zu, während Europa ganz oben steht.«[10]

Aber auch in England, dem Land der Kolonialherren, gab es bisweilen eine erhebliche Indienbegeisterung: vor allem durch die Theosophie. 1875 gründeten Helena Petrovna Blavatski und Colonel Henry Steele Olcott die Theosophische Gesellschaft in New York. Auf dem Boden von Spiritualismus und Okkultismus entwickelten sie eine Geheimlehre. Ihr Ziel war die Bildung einer universellen Bruderschaft, unabhängig von Rasse, Glaube, Geschlecht, Kaste oder Hautfarbe. Das war zwar durchaus eine Reaktion auf den verbreiteten Rationalismus jener Zeit, gleichwohl aber auch keine komplette Flucht aus dieser Geistesströmung: Die Theosophie war auch der Versuch, eine wissenschaftliche Religion zu begründen.

Sie verstand sich zwar als Essenz aller Weltreligionen, doch die Hinwendung zum Osten war einer ihrer zentralen Bausteine. So berief sich die Theosophie besonders auf die indischen Glaubensformen. Mit gewaltigem Erfolg. Ende des 19. Jahrhunderts waren die Theosophen eine weltweit operierende Organisation mit 500 Zweiggruppen in mehr als 50 Ländern, die maßgeblich den europäischen Zugang zu Indien prägten. In Deutschland kam es kurz vor dem Ersten Weltkrieg unter Rudolf Steiner zur Abspaltung der Anthroposophischen Gesellschaft. Sie hat bis in die Gegenwart gesellschaftlichen Einfluss, etwa durch die Waldorfschulen.

Aber das positive, von der Romantik geprägte Indienbild hat in Deutschland noch viel weitere Kreise gezogen. Sie reichen von Hermann Hesses Indienbegeisterung bis zu Bhagwan, später Osho genannt, der vor allem in Deutschland viele orange gewandete Anhänger fand. Zugang zu allen gesellschaftlichen Schichten fand das positive Indienbild in Deutschland wie auf der ganzen Welt spätestens mit dem Hype um die alte indische Heilkunst Ayurveda. Und noch viel mehr mit dem Siegeszug des Yoga als Entspannungsübung für zivilisationsgeplagte Westler.

Dabei ist Yoga ja gar nicht so indisch. Verbreitet hat die Praktik Ende des 19. Jahrhunderts der Hindumönch Vivekananda, der auf Reisen durch die USA und Europa sein Heimatland als Quelle der Spiritualität, des Mystizismus und der Wiege uralter philosophischer Weisheit pries. Daran, wie viel Vivekanandas Yoga-Kanon tatsächlich mit altindischer Tradition zu tun hatte, gab es schon bald Zweifel. Denn tatsächlich dürften die Inder selbst erst zu ihnen gefunden haben, nachdem körperbegeisterte Westler ihnen etwas vorturnten. Jedenfalls wurde Yoga in der indischen Gesellschaft erst im 20. Jahrhundert populär. Und zwar als Reimport aus dem Westen.

Der Architekt der Nation

Der Premier war sich in dieser Sache sicher: »Was bedeutet es, einem Block beizutreten?«, fragte Jawarhalal Nehru die verfassungsgebende Versammlung in Neu-Delhi. Er beantwortete die Frage gleich selbst: »Es kann schließlich nur eines bedeuten: seine Meinung zu einer bestimmten Frage aufzugeben, die Ansicht des anderen zu dieser Frage zu übernehmen, um ihm zu gefallen [...] Unsere Anweisungen an unsere Delegierten waren immer, jede Frage zuerst im Hinblick auf Indiens Interesse zu prüfen [...] und nicht nur, etwas zu tun oder eine Stimme abzugeben, um dieser oder jener Macht zu gefallen.«[11]

In seiner Ansprache mit dem Titel *We Lead Ourselves* definierte der erste indische Premierminister 1948 den außenpolitischen Weg der Republik in die Zukunft. Die Blöcke, die sich international gegenüberstanden, hätten zu zwei Weltkriegen geführt, argumentierte er. Es sei zu befürchten, dass es zu noch schlimmeren Katastrophen komme.

Nehru gilt als der Architekt des modernen indischen Nationalstaates, insbesondere der indischen Außenpolitik. Und deren Kern war die Blockfreiheit. Dass er eine Organisation jenseits der politischen Blöcke formen wollte, hatte er bereits zwei Jahre zuvor auf der Asian Relations Conference in Neu-Delhi 1947 angedeutet: »Zu lange sind wir asiatischen Länder Bittsteller bei westlichen Höfen und Ämtern gewesen«, erklärte er nur wenige Monate vor der indischen Abhängigkeit den Vertretern von 28 Ländern, einiger Sowjetrepubliken, Beobachtern der UNO und der Arabischen Liga. »Dieses Kapitel muss nun der Geschichte angehören. Wir wollen auf unseren eigenen Füßen stehen und mit allen zusammenarbeiten, die bereit sind, mit uns zusammenzuarbeiten. Wir beabsichtigen nicht, die Interessen anderer zu vertreten.«[12]

Nehrus ursprüngliche außenpolitische Konzepte waren noch geprägt von der eher vagen Vorstellung einer internationalen Koalition nicht-kolonialer und ehemals kolonialisierter Mächte. Erst durch den Kalten Krieg wurde er zu anderen Denkweisen gezwungen. Dabei stand er zwischen den beiden Großmächten. Einerseits war seine Kongress-Partei durchaus misstrauisch gegenüber den Russen. Andererseits kritisierten Nehru und die

Kongress-Partei auch das Vorgehen der USA in der Welt. »Es ist erstaunlich, wie naiv die Amerikaner in ihrer Außenpolitik sind«, sagte er etwa seiner Schwester Vijaya Lakshmi Pandit 1948 laut dem Nehru-Biografen Sarvepalli Gopal. »Es ist nur ihr Geld und ihre Macht, die sie durchbringen, nicht ihre Intelligenz oder irgendeine andere Eigenschaft.« Er warf den USA vor, Länder durch wirtschaftliche Kontrolle verdeckt zu kontrollieren.[13]

Sein Konzept der Blockfreiheit kombinierte schließlich die kolonialen und spezifisch indischen Erfahrungen des gewaltlosen Unabhängigkeitskampfes mit einem Gegenentwurf zu einer bipolaren Welt. Die Machtpolitik des Westens empfand Nehru als zynisch. Frieden, Antirassismus, Zusammenarbeit und Abrüstung sollten nach seiner Vorstellung in der internationalen Politik zukünftig im Mittelpunkt stehen. Ein friedlicher Ausgleich und Dialog unterschiedlicher Interessen sollte die Nationen miteinander vereinen.

Jawaharlal Nehru, geboren 1889, stammte aus einer reichen, fortschrittlichen und wenig religiösen Brahmanen-Familie. Der Indische Aufstand von 1857 war für den Heranwachsenden nur noch eine alte Erzählung. Es waren westliche Einflüsse, die ihn zum Nationalisten machten. Seine Jugendidole waren Italiens Befreier Garibaldi und die Buren. Aber Religion war nie seine Sache. Sogar in seinen eigenen Glauben, den Hinduismus, wurde er von einem Westler eingeweiht: Sein irischer Hauslehrer war Theosoph. An der Cambridge-Universität der Jahrhundertwende lernte der junge Nehru Rationalismus, Fortschrittsglauben und Liberalismus kennen. Und den Sozialismus. Aber seine Sympathie galt weniger der revolutionären Version von Marx und Engels als dem gemäßigten und versöhnlicheren Fabianismus, wie ihn etwa das britische Paar Sidney und Beatrice Webb vertraten.

Nayantara Sahgal, eine Nichte Nehrus, hat mir einmal erzählt, wie es war, in der Tradition eines Freiheitskämpfers aufzuwachsen. »Unsere ganze Familie war damals involviert«, sagte sie. »Wir Kinder waren davon nicht ausgeschlossen. Der Freiheitskampf war eine emotionale Sache, eine Sache, die von Herzen kam. Leute wurden inhaftiert, sie kamen wieder frei wie mein Onkel. Das war Thema beim Mittagessen, beim Teetrinken. Es war ein Kampf, an dem alle teilnahmen. Aber eben kein gewalttätiger Kampf. Es gab keinen Hass.«

Zumal das Verhältnis zu den Kolonialherren ambivalent war. »Natürlich, der Lebensstil meiner Familie war eine Mischung aus Ost und West. Wie viele Familien dieser Klasse sprachen wir in der Schule Englisch. Das tägliche Leben war britisch beeinflusst. Die europäische Kultur hat uns sehr bereichert. Es war ein Paradox: Wir hassten die britische Herrschaft, aber wir liebten die britische Kultur. So sind wir eine Mischung geworden, das Beste aus beiden Kulturen.«

Aber auch den radikaleren Führern auf der ganzen Welt war die Familie dabei zumindest nicht fern. Auf dem Kaminsims ihres Hauses in Dehradun, in dem ich sie interviewte, stand eine Reihe von Fotos: ein Bild von Jawaharlal Nehru mit Mütze, schwarzer Brille und weißer Kappe, liebevoll hält er seine Frau im Arm. Ein Foto von Frida Kahlo mit melancholischem Gesichtsausdruck. Sahgal griff ein Foto von Ho Chi Minh. »Kennen Sie diesen Mann?«, fragte sie. Sie drehte das Bild um. Handschriftlich hatte der vietnamesische Revolutionär darauf geschrieben: »Meiner geliebten Nichte.«

Doch sosehr Jawaharlal Nehru für einen – wie auch immer ausgeprägten – Sozialismus stand: Seine politische Karriere begann er als selbst ernannter Anhänger Gandhis. Seine Grundhaltung gegenüber der Religion änderte sich dadurch allerdings kaum, sehr zum Leidwesen des Mahatma. 1916 lernte er Gandhi kennen, bald geriet er in seinen Bann. Vor allem das Konzept der Nichtkooperation mit den Briten sprach Nehru an. Vielleicht hat er sich mit Gandhi zusammengetan, ohne an die Konsequenzen zu denken.

Denn ideologisch lagen Welten zwischen den beiden. Nehru stand nicht nur für Sozialismus und Universalismus, er setzte auch auf moderne Wissenschaft und Technologie, um Indien Wohlstand zu bringen. Gandhi dagegen sprach von Dorfgemeinschaften und Selbstproduziertem, drehte beständig an seinem Spinnrad, zelebrierte seine Abendgebete und hörte auf die innere Stimme.

Vor allem zwei Bilder über das Verhältnis zwischen den beiden sind in Indien verbreitet. Im Zuge des Freiheitskampfes entstand die Vorstellung eines jungen und radikalen Nehru, der sich gegen Gandhi auflehnte und sich zu seinem Rivalen entwickelte. Dieses Bild wurde allerdings schon von Gandhi selbst zerstreut, als er 1936 schrieb: »Sind wir Rivalen? Ich kann mich nicht als Rivale von Jawaharlal oder ihn als meinen betrachten. Oder wenn wir es sind, sind wir Rivalen in unserer Liebe zueinander bei der Verfolgung des gemeinsamen Ziels.«

Ein späteres, noch gängigeres Bild von ihrer Beziehung ist, dass Nehru von Gandhi bevormundet und verwöhnt wurde. Dass er Gandhi brauchte, um sich in der indischen Politik zu etablieren, und er ihn schließlich auch an der Spitze der indischen Politik im unabhängigen Indien stützte. Tatsächlich erklärte Gandhi 1942, dass Nehru sein politischer Erbe sei.

Als solcher ersann Nehru zwar das Konzept der Blockfreiheit. Doch obgleich er es erfunden haben soll: Den Begriff geprägt hat ein anderer. Er wurde erstmals 1953 von Nehrus Mitstreiter Krishna Menon in einer Rede vor den Vereinten Nationen benutzt. Der Diplomat und Politiker gestaltete gemeinsam mit dem Premier die indische Außenpolitik. Nehru selbst verwendete den Begriff erst bei einer Ansprache in Colombo 1954 öffentlich. Darin erläuterte er das im selben Jahr unterzeichnete Panchsheel-

Abkommen, auch bekannt als »Abkommen über Handel und Verkehr zwischen der tibetischen Region Chinas und Indien«.

Panchsheel ist ein Konzept aus dem Buddhismus. Das umstrittene Vertragswerk regelte dagegen die Tibet-Frage zwischen Indien und China. Die Präambel dieses Abkommens enthält fünf Maximen, die später zur Grundlage der Bewegung der Blockfreien wurden: gegenseitige Achtung der territorialen Integrität und Souveränität des anderen, gegenseitige Nichtaggression, gegenseitige Nichteinmischung in innere Angelegenheiten, Gleichheit und gegenseitiger Nutzen sowie friedliche Koexistenz.

Der erste Schritt zu einer Organisation der blockfreien Länder war die Konferenz von Bandung. Im April 1955 loteten 29 blockfreie und blockgebundene Staaten Asiens und Afrikas in dem kleinen Ort auf Java in Indonesien ihre Gemeinsamkeiten aus. Sie diskutierten über Kolonialismus, Rassendiskriminierung, Abrüstung und ein Verbot von Nuklearwaffen. Sie forderten Gleichberechtigung für die Länder der sogenannten Dritten Welt. Doch obwohl am Ende feierlich die »Zehn Prinzipien von Bandung« verkündet wurden, schieden sich jetzt bereits die Geister: Der Kern der Blockfreien schälte sich heraus. Neben Nehru waren das Gamal Abdel Nasser aus Ägypten, Francis Nwia Kofi Kwame Nkrumah aus Ghana und Sukarno aus Indonesien. Marschall Josip Broz Tito aus Jugoslawien, der zwar einem kommunistischen System vorsaß, sich aber mit Stalin überworfen hatte, schloss sich erst nach der Konferenz der Bewegung an. Dann wurde er allerdings einer ihrer stärksten Vertreter. So wurde die Bewegung der blockfreien Staaten 1961 im jugoslawischen Belgrad aus der Taufe gehoben.

Für Indien waren die in den folgenden Jahrzehnten alle drei Jahre stattfindenden Gipfelkonferenzen der blockfreien Staaten ein wichtiges Forum der Außenpolitik. Nehrus Konzept der Blockfreiheit brachte Neu-Delhi ein beträchtliches Ansehen in der Weltpolitik, vor allem aber unter den neuen unabhängigen Staaten. Viele teilten die Besorgnis über eine weitere militärische Konfrontation zwischen den Supermächten und den anhaltenden Einfluss der ehemaligen Kolonialmächte. Indien erarbeitete sich damit auch eine bedeutende Rolle als Anführer in multilateralen Organisationen wie der UNO.

Zwar wuchs die Organisation im Laufe der folgenden Jahre. 1983 hatte sie 101 Mitglieder, repräsentierte 40 Prozent der Weltbevölkerung und sogar 69 Prozent der UN-Sitze. Doch politisch verlor sie schnell an Gewicht. Dafür war nicht zuletzt Nehru selbst verantwortlich: Bereits kurz nach der Konferenz von Belgrad ließ er die kleine portugiesische Kolonie Goa im Westen Indiens mit Waffengewalt besetzen – ein klarer Widerspruch zur Abkehr vom Interventionismus, der in den Prinzipien von Bandung vereinbart worden war. Auch der Krieg zwischen Indien und China Ende 1962 wurde allgemein als Scheitern der Blockfreiheit angesehen.

Ohnehin war die gesamte indische Außenpolitik schon in dieser Epoche widersprüchlich. Nehru fuhr einen Schlingerkurs gegenüber dem Westen. Nach der Unabhängigkeit hatte Neu-Delhi zwar immer wieder versichert, dass es keineswegs an der Seite der Sowjets stehe, im Frieden oder im Krieg. Und tatsächlich war Indien Großbritannien wie auch den Vereinigten Staaten deutlich näher als der Sowjetunion. Auch hatte Nehru, trotz des verbreiteten Misstrauens gegenüber Großbritannien in seiner Kongress-Partei, Indiens Mitgliedschaft im britischen Commonwealth beibehalten. Die wichtigsten politischen Verbindungen wie die Handelsverbindungen liefen weiter in Richtung Westen. Zudem war dem Premier klar, dass Stalin jede Nation als eine Gefahr betrachtete, die sich nicht vollständig an die sowjetische Seite stellte. Er musste beobachten, wie Moskau immer deutlicher seinen Einfluss auf die Kommunistische Partei Indiens ausspielte, Angriffe und Kampagnen im indischen Parlament und in den Medien inszenierte. Außerdem unterstützten die Sowjets bei den Vereinten Nationen Indiens Erzfeind Pakistan.

Dennoch ließ sich Nehru nur zögerlich auf den Westen ein. Auch weil die Briten und Amerikaner zum Ärger der Inder ebenfalls eine Volksabstimmung im umstrittenen Kaschmir forderten. Nehru, selbst aus einer Familie kaschmirischer Pandits stammend, bestand dagegen darauf, dass indische Truppen nicht aus der Region abgezogen würden. Erst Ende der Vierzigerjahre ließ er die Möglichkeit prüfen, direkte Beziehungen zu den Vereinigten Staaten aufzubauen. »Warum«, fragte Nehru Menon, »sollten wir uns nicht enger mit den Vereinigten Staaten verbünden und unsere wirtschaftliche und militärische Stärke ausbauen?«[14] Neu-Delhi war auf die Unterstützung Washingtons angewiesen, vor allem auf Nahrungsmittel, Maschinen und Investitionsgüter. Präsident Truman hatte ihn seit Jahren wiederholt eingeladen.

1949 trat der Premier endlich eine längere Reise durch die USA und Kanada an. Doch obwohl die Truman-Regierung signalisierte, ihm alles zu gewähren, worum er bitten könnte, war Nehru zu stolz, um zu betteln. Er machte es sich nicht leicht. Und den Indern noch weniger. So soll er die Chance auf ein Geschenk von einer Million Tonnen Weizen verspielt haben. Der amerikanische Außenminister Dean Acheson erkannte in seinem Buch *Present at the Creation* rückblickend die bedeutende Rolle Nehrus an. »Er war so wichtig für Indien und Indiens Überleben, so wichtig für uns alle, dass, wenn er nicht existiert hätte – wie Voltaire von Gott sagte –, er hätte erfunden werden müssen«, schrieb Acheson. Aber er fügte auch hinzu: »Trotzdem war er einer der schwierigsten Männer, mit denen ich je zu tun hatte.«[15]

So war die Amerika-Reise nicht mehr als ein Teilerfolg. Grundsätzlich war Indien breite Unterstützung zugesagt worden. Zudem hatte sich Nehrus Verständnis für die amerikanische Weltsicht vertieft. Im Dezember 1949 sagte er dem amerikanischen

Wissenschaftler Harlow Shapley: »Ich fand meinen Besuch in Amerika nicht nur interessant, sondern auch aufregend. Amerika ist natürlich eine seltsame Mischung. Wir alle wissen, wie dort der Erfolg und der Dollar angebetet werden. Aber ich fand dort auch viel Anziehenderes und Dauerhafteres. Dadurch fühlte ich mich fast wie zu Hause. In gewisser Weise spiegelt Amerika den wesentlichen Konflikt wider, der überall auf der Welt zu finden ist, einen Konflikt des menschlichen Geistes. Ich bin daher mit einem größeren Maß an Selbstvertrauen zurückgekommen, als ich zuvor hatte.«[16]

Die Reise verstärkte auch seine Ablehnung gegenüber der Sowjetunion und dem kommunistischen China. Besonders ärgerte sich Nehru jetzt über Moskaus Engagement in Südostasien: Offensichtlich versuche der Kreml, die Region zu destabilisieren. Informell machte er klar, dass Indien helfen würde, Nepal und Südostasien gegen jede kommunistische Aggression zu verteidigen.

Gleichwohl trübten sich die Beziehungen zur Truman-Regierung nach seiner Rückkehr aus den Vereinigten Staaten schlagartig ein. Acheson hatte ihm eine Nachricht geschrieben, die das geforderte Plebiszit in Kaschmir betraf. Nehru empfand sie als ein Ultimatum. Er war empört. »Ich habe die Haltung, die die britische und die amerikanische Regierung in dieser Angelegenheit einnehmen, einfach nur noch satt«, ließ er den Diplomaten B. N. Rau im Januar 1950 wissen.[17]

Kurz darauf kippte das Verhältnis zu Amerika ganz. Hatte Indien in den Vereinten Nationen zunächst noch gegen die nordkoreanische Invasion in Südkorea votiert, so machte es nun eine Kehrtwende: Die einzige Lösung für das Problem sei, China in die Vereinten Nationen aufzunehmen, erklärte Neu-Delhi. Moskau und Peking jubilierten. Washington war alarmiert.

Zwar blieb Nehrus Misstrauen gegenüber der Sowjetunion trotz dieser Kehrtwende bestehen. Aber nun wuchs auch seine Sorge über das amerikanische Vorgehen in der Region. 1950 sagte er den Chief-Ministern Indiens: »Wir stehen heute einer riesigen und mächtigen sowjetischen Gruppe von Nationen gegenüber, die dazu neigt, ein monolithischer Block zu werden, der nicht nur eine ähnliche interne Wirtschaftspolitik, sondern auch eine gemeinsame Außenpolitik verfolgt. Diese Politik ist expansionistisch und neigt daher dazu, mit anderen in Konflikt zu geraten. Sie ist nicht nur im normalen politischen Sinne expansionistisch, sondern auch, indem sie interne Unruhen in anderen Ländern fördert ... Andererseits tendiert die Herangehensweise der rivalisierenden Gruppe, obwohl sie theoretisch demokratisch ist, immer mehr dazu, reaktionäre und militärische Elemente in verschiedenen Ländern zu ermutigen, insbesondere in Asien. Durch die Logik der Ereignisse unterstützt es die Relikte der Kolonialherrschaft.«[18]

Nehru ging immer mehr auf Distanz zum Westen. 1951 weigerte er sich, den japanischen Friedensvertrag zu unterschreiben. Er betrachtete ihn als imperialistischen Versuch der Amerikaner, die Kontrolle über die Politik des Landes zu übernehmen. In der sogenannten Dritten Welt gewann er mit dieser Haltung weiter an Ansehen, sie bereitete auch den Boden für eine bessere Beziehung zur Sowjetunion. Doch sie förderte gleichermaßen ein immer engeres Aneinanderrücken Pakistans an die USA. So erwog Pakistan sogar, Truppen zu entsenden, um an der Seite der US-Truppen in Korea zu kämpfen. Die Beziehungen zwischen Washington und Indiens verfeindetem Nachbarland wurden immer besser.

Mit dieser Konstellation waren die Grundzüge der indischen Außenpolitik gesetzt. Sie verfestigte sich in den kommenden Jahrzehnten, auch nach dem Tod Nehrus 1964. Vor allem im Bangladesch-Krieg. 1971 erklärte Ostpakistan seine Unabhängigkeit als neuer Staat Bangladesch. Zehn Millionen Flüchtlinge überquerten die Grenze nach Indien. Neu-Delhi unterstützte den östlichen

Nachbarn. Die Beziehungen zu den USA brachen weiter ein, als Indien einen Vertrag mit der Sowjetunion zur gegenseitigen militärischen Hilfe im Kriegsfall unterzeichnete.

Wie tief der indisch-amerikanische Hass auf politischer Ebene zu dieser Zeit war, belegt ein erst Jahrzehnte später veröffentlichtes Protokoll eines Gesprächs zwischen US-Präsident Richard Nixon und seinem damaligen Sicherheitsberater Henry Kissinger im Weißen Haus am 5. November 1971, kurz nach einem Treffen mit der damaligen Premierministerin Indira Gandhi in Washington. »Wir haben wirklich geschäumt über die alte Hexe«, sagte Präsident Nixon. »Die Inder sind sowieso Bastarde«, erwiderte Kissinger. »Sie beginnen dort einen Krieg.« Er fügte hinzu: »Obwohl sie eine Schlampe ist, haben wir auch bekommen, was wir wollten. Sie wird nicht in der Lage sein, nach Hause zu gehen und zu sagen, dass die Vereinigten Staaten sie nicht herzlich empfangen haben und sie deshalb verzweifelt in den Krieg ziehen muss.«[19]

Als Indira Gandhi einen Monat später in Ostpakistan eingriff, schickte Nixon den Flugzeugträger USS Enterprise in den Golf von Bengalen. Es war eine Drohgebärde. Doch die indischen Truppen schlugen die pakistanische Armee. Indien ging als dominierende Macht Südasiens aus dem Konflikt hervor. Und nach dem Krieg intensivierte Indira Gandhi die Beziehungen zu Moskau noch einmal. Die Sowjetunion wurde zum größten Handelspartner und zum größten Waffenlieferanten. Die Distanz zu den USA wuchs weiter.

Aber Jawaharlal Nehru, der Architekt dieser zuletzt besonders den USA gegenüber feindlichen Ausrichtung, oszillierte nicht nur außenpolitisch zwischen dem Westen und dem Osten. Auch innenpolitisch fuhr der erste Premierminister Indiens einen alles andere als eindeutigen Kurs. So glaubte er zwar, dass der Sozialismus unvermeidlich für die Lösung von Indiens Hauptproblemen sei: Armut und Unterentwicklung. Aber er war eben auch nicht radikal genug, um ihn erzwingen zu wollen.

In einer Resolution, die er im Dezember 1946 in der verfassungsgebenden Versammlung einbrachte, sagte er: »Ich hoffe, dass Indien für den Sozialismus einsteht und dass Indien auf die Verfassung eines sozialistischen Staates hinarbeitet, und ich glaube, dass die ganze Welt diesen Weg gehen muss. Aber welche Form des Sozialismus, das ist wieder eine andere Frage.«

Seine Hoffnung, dass der Sozialismus mit der Unterstützung der großen Mehrheit im Land – einschließlich der Industriellen – herbeigeführt werden müsse, war schon früh auf Widerspruch gestoßen. Von beiden Seiten. So hatten ihm bereits 1936 21 Unternehmer vorgeworfen, seine Ideen seien staatszersetzend. In einer Replik in der *Tribune* hatte er erwidert: »Ich habe kaum je über Sozialismus gesprochen, außer jüngst, aber ich habe die erstaunliche Armut unseres Volkes, die enorme Arbeitslosigkeit unserer Bauern und Arbeiter und Mittelklasse, die fortschreitende Verschlechterung aller Klassen mit Ausnahme der Handvoll an der Spitze betont. Das war in den Augen dieser Handvoll [Kritiker] meine Sünde. Doch das ist die einzige Zukunft, die mir vor Augen kommt, wenn ich an Indien denke. Ich kann es nicht loswerden, sosehr ich es versuche, es ist kein angenehmes Bild. Ich mag es nicht, und wenn ich es sehe, gefriert mir manchmal das Blut in mir und manchmal kocht es vor Empörung, dass es so etwas überhaupt gibt.« Aus dem anderen politischen Lager kritisierte ihn etwa der radikale Freiheitskämpfer Jayaprakash Narayan 1948 für seine ideologische Inkonsistenz mit den Worten: »Du willst Sozialismus erreichen, aber du willst, dass die Kapitalisten dabei helfen. Du willst den Sozialismus mithilfe des Kapitalismus aufbauen. Daran wirst du scheitern.«

Doch trotz seiner widersprüchlichen Haltung oder gerade deswegen: Nehru hatte weite Teile des Volkes hinter sich. Seine

Kongress-Partei war nach der Unabhängigkeit die staatstragende Macht. Allerdings musste er viele radikale Forderungen, die er noch im Freiheitskampf erhoben hatte, nun zurückstellen.

In die Diskussionen über die indische Verfassung wurde Nehru nur selten einbezogen. Die drehten sich etwa darum, ob der Föderalismus im Notfall außer Kraft gesetzt werden sollte, wie es schließlich die sogenannte President's Rule ermöglichte. Denn ein zu starkes föderalistisches Element, so wurde vor allem wegen des Konfliktes mit Pakistan befürchtet, hätte separatistischen Bestrebungen und somit einer weiteren Aufsplitterung des Landes in unabhängige Einzelstaaten Vorschub leisten können. Allerdings engagierte er sich in der Debatte um die Reform des Hindurechts, das bis dahin unter anderem ermöglichte, dass ein Mann mehrere Frauen hatte, die sich auch nicht von ihm scheiden lassen durften. Gemeinsam mit Dr. Ambedkar kämpfte er um die Rechte der Frauen.

Vor allem aber nahm sich Nehru der Wirtschaft an. Bereits 1938 hatte die Kongress-Partei einen Planungsausschuss unter seinem Vorsitz gebildet. 1944 hatten acht einflussreiche Industrielle, darunter Tata Birla, den sogenannten Bombay Plan vorgelegt. Das höchst ambitionierte Ziel war es, das Nationaleinkommen innerhalb der ersten Dekade zu verfünffachen, ein Wachstum von 16 Prozent pro Jahr. Das Konzept war prinzipiell privatwirtschaftlich, ging aber auch davon aus, dass die Wirtschaft ohne staatliche Eingriffe und Regulierung nicht wachsen würde. Die Industriellen hatten einen triftigen Grund, sich so zu entscheiden: Es gab zahlreiche Bereiche im Land, in die sich der Privatsektor schlicht nicht hineintraute.

Nehru dagegen hatte, noch als er 1950 die nationale Planungskommission ins Leben rief, durchaus radikalere Ambitionen. So waren die Fünfjahrespläne, die er ab dem Folgejahr vorlegen sollte, eng an sowjetische Modelle angelehnt. Sie umfassten auch etwa Steuerfreiheit für die Bauern sowie Mindestlöhne und Sozialleistungen für die Arbeiter. Doch sie blieben eine Mischung zwischen Plan- und Privatwirtschaft. Die Vorschläge der Industriellen von 1944 flossen mit ein.

Nehru inspirierte die Großunternehmer dazu, der Wirtschaft einen Schub zu geben. Sie sollten in die Maschinenindustrie und die Konsumgüterproduktion investieren und so hohe Profite erwirtschaften. Allerdings war es der Staat, der die meisten Schlüsselbereiche wie Schwerindustrien, Stahl, Luftfahrt, Schifffahrt, Elektrizität und Bergbau kontrollieren sollte. Bewässerungskanäle, Straßen, Wärme- und Wasserkraftwerk, teure Stahlwerke und Talsperren wurden geplant. Drei große Wasserkraftwerke sollten gebaut werden, es waren Megaprojekte. Allein der Bhakra-Nangal-Staudamm war auf fast 1500 Megawatt ausgelegt. Nicht einmal in der Sowjetunion gab es damals ähnliche Vorhaben.

Auch bei den Auslandsinvestitionen verfolgte Nehru einen ambivalenten Kurs. Einerseits meinte er, dass sein Heimatland, das jahrhundertelang von den Briten ausgebeutet worden war, autark sein Wachstum stärken müsse. Die Sektoren, in denen ausländische Investitionen möglich waren, wurden deshalb eingeschränkt, die Bedingungen für Investitionen staatlichen Vorschriften und Kontrollen unterworfen. Andererseits verurteilte er ausländische Investitionen nicht komplett. So zeigten sich 1947 ausländische Unternehmen besorgt über das Schicksal ihrer Investitionen im unabhängigen Indien, sie fürchteten die Verstaatlichung. Doch Nehru teilte noch am 15. Dezember desselben Jahres einer Handelskammer in Kalkutta mit, dass seine Regierung ausländisches Kapital und technische Hilfe begrüße. Im April 1949 formulierte er dann eine Erklärung zur Auslandsinvestitionspolitik, in der er festhielt, dass seine Regierung neues ausländisches Kapital fördern würde – allerdings müsse dies zu für beide Seiten vorteilhaften Bedingungen sein.

Von der schließlich beschlossenen Bodenreform war der sozialistisch inspirierte Nehru dagegen schlicht enttäuscht. 1946 wurden die großen Landbesitzer enteignet und entschädigt. Doch das Programm ging nicht über die koloniale Gesetzgebung hinaus, die bereits die Briten definiert hatten. Diese Regelung hatte jenen Bauern Privilegien zugesprochen, die ihr Land unmittelbar von einem Grundherrn gepachtet hatten, nicht aber den Unterpächtern und Teilpächtern dieser Bauern.

Aber eines der größten Probleme für Nehru und seine Regierung in den folgenden Jahren war, dass die Wirtschaft nicht in Schwung kam. Der Durchbruch zum allgemeinen Wirtschaftswachstum, den er sich von den Großprojekten der Schwerindustrie versprochen hatte, blieb aus. Viele staatliche Projekte entwickelten sich nur schleppend, sie wurden durch Ineffizienz und Fehlplanung aufgehalten. Die Bürokratie war dem hohen Maß an zentraler Überwachung, das sie ausüben sollten, nicht gewachsen. Geschäftsleute litten unter strenger staatlicher Kontrolle und hoher Besteuerung, unter rigiden Landesgesetzen und Lizenzbestimmungen. Immer deutlicher wurde, wie unvereinbar Nehrus Forderung nach einer ausgeprägten Industriepolitik mit seiner staatslastigen Wirtschaftsphilosophie war.

So wurde Indiens Devisenguthaben bei der Bank of England, der zwangsersparte Kriegsgewinn aus dem Zweiten Weltkrieg, vor allem durch die Importe der privaten Wirtschaft rasch erschöpft. Bereits 1956 musste Indien den Westen um Finanzhilfe bitten. Nicht zuletzt, um weitere staatliche Großprojekte überhaupt auf den Weg zu bringen. Armut und Arbeitslosigkeit griffen um sich. Nach Krieg, Teilung und der Weltwirtschaftskrise war Indien nun pro Kopf gemessen deutlich ärmer als noch 30 Jahre zuvor.

Doch trotz dieser frühen Rückschläge hat das Land lange an Nehrus wirtschaftspolitischem Erbe festgehalten. Die Regierungen der Kongress-Partei unter seinen Nachfolgern verordneten der indischen Ökonomie weiter einen strengen Protektionismus. Sie trieben die Verstaatlichung voran, besonders desaströs war die der Geschäftsbanken. Importe wurden durch heimische Produktion ersetzt. Kommissionen entwarfen weiter Fünfjahrespläne. Staatlicher Interventionismus wuchs auf allen Ebenen. Ein überdimensionierter öffentlicher Sektor florierte. Allenthalben mussten aufwendige Genehmigungen eingeholt und komplizierte Vorschriften eingehalten werden, es war ein riesiger bürokratischer Aufwand erforderlich, um in Indien ein Geschäft aufzubauen. Licence Raj wurde dieses System bald genannt: die Herrschaft der Lizenzen. Vergleichsweise liberal blieben unterdessen die Bestimmungen in den Bereichen Handel und Auslandsinvestitionen.

So wurde Indien bald abgehängt. »In den Siebzigern, als der Ölpreis stieg, wandten sich viele westliche Unternehmen auf der Suche nach billigen Arbeitskräften nach Asien«, erklärte mir der Ökonom Meghnad Desai. »Aber Indien war weder bereit noch willens dazu.« Ganz im Gegenteil: Ausgerechnet zu jener Zeit hatte das sozialistisch tickende Neu-Delhi die Löhne für Industriearbeitskräfte im organisierten Sektor angehoben. »In der ersten Welle verwandelte das asiatische Wirtschaftswunder Südkorea, Singapur, Taiwan und in der zweiten Welle dann China«, sagt Desai. »Doch Indien hatte eine Wachstumsrate von einem Prozent pro Jahr und Kopf. Während asiatische Wirtschaftstiger die großen Nachrichten der Siebziger- und Achtzigerjahren waren, ging Indien bankrott.«

Erst mit den Reformen seit 1991 brach das Erbe von Nehrus Wirtschaftspolitik. Ob wirtschaftlich oder politisch, Indien habe immer eine besondere Rolle in der Welt spielen wollen, so Meghnad Desai: »Aber erst, nachdem Rajiv Gandhi [Premierminister von 1984 bis 1989] Indien 1991 in den Bankrott getrieben hatte, lernte Indien, seine Wirtschaft so zu führen, wie es der Rest der Welt tat. Es gab seinen Traum der Selbstversorgung auf und schloss sich der Weltwirtschaft an. Die folgenden Premierminister Atal Bihari Vajpayee und dann Manmohan Singh etablierten eine offene Wirtschaft, erreichten hohes Wachstum und entwickelten auch eine lang erwartete Freundschaft mit den USA.«

Zwei Dinge hätten Indien gerettet, meint Desai: »Die Kongress-Partei wurde nicht länger von der Gandhi-Nehru-Dynastie geführt. Und die wirtschaftliche Führung ging zufällig an Manmohan Singh. Der war ein hervorragender Student in Cambridge, er hatte in Oxford promoviert. Während die linke Haltung nach sowjetischem Vorbild gegen den Außenhandel war, hatte er in seiner Doktorarbeit das Exportwachstum untersucht. Er war nie als Spitzenwissenschaftler eingestuft worden, hatte aber in vielen Funktionen in der Regierung gedient. Aber seine Chance kam zur rechten Zeit. Zusammen mit Premierminister Narasimha Rao veränderte er die indische Wirtschaft.«

Desai vergleicht Indiens ökonomischen Irrweg mit dem Chinas: »China hatte seine ersten 30 Jahre nach der Revolution von 1949 damit verschwendet, Maos hirnrissige Pläne zu verfolgen. Deng Xiao Ping warf den maoistischen sozialistischen Weg über Bord (während er ihn lobte) und veränderte das Schicksal Chinas.« Rao und Singh haben, so Desai, dasselbe für Indien getan: »Sie verwarfen den Nehru-Gandhi-Unsinn (während sie ihn lobten) und steuerten Indien nach 40 Jahren der Torheit zurück auf einen vernünftigen Weg. Manmohan Singh war wohl der beste Ökonom, den Indien je hatte, derjenige, der begann, die Armut von Millionen zu heilen.«

Ab 1991 profitierte Indien von der global verflochtenen Weltwirtschaft. »Die Sowjetunion brach zusammen. China wurde kapitalistisch. Asien florierte. Indien ging es immer besser«, resümmiert Desai. »In den nächsten 25 Jahren bis 2016 verzeichnete das Land ein beispielhaftes Wachstum. Es hat immer noch nicht seine Position in der Weltwirtschaft wiedererlangt, die es 1947 hatte, und ist weder die beste noch auch nur eine der fünf am schnellsten wachsenden Volkswirtschaften in Asien, aber es hat die schreckliche Wirtschaftsleistung seiner ersten 40 Jahre überwunden. Das Gesamt-Bruttoinlandsprodukt liegt immer noch an 150. Stelle im weltweiten Vergleich des Pro-Kopf-Einkommens. In den nächsten 25 Jahren könnte es die oberen 50 erreichen!«

So wurde Indiens Wirtschaft für ausländische Investoren attraktiver. Jedenfalls teilweise. Ähnliches gilt für die Außenpolitik. Seit dem Zusammenbruch der Sowjetunion entfernte sich Indien zusehends vom politischen Osten und näherte sich dem Westen an. Aber Indiens Weg in die Mitte der wirtschaftlichen und politischen Welt ging stets nur in Trippelschritten vonstatten. Immerhin erklärte Indiens Außenminister Subrahmanyam Jaishankar 2020 in einem CNBC-Interview: »Blockfreiheit war ein Begriff einer bestimmten Ära und einer bestimmten – ich würde sagen – geopolitischen Landschaft.«

Erzfeind Pakistan

Kargil war einmal ein friedlicher Ort. Als ich ihn in den frühen Neunzigern besuchte, war das Städtchen am Fluss Suru eine Idylle. Eine Woche lang lebte ich unten am Strom bei einer Familie von Baltis. Sie waren Muslime, aber sie sprachen eine tibetische Sprache und wohnten in ähnlichen Häusern wie die Tibeter. Sie sahen auch so aus wie sie. Der Weizen spross und die Aprikosen reiften und ich verbrachte lange Tage mit Wanderungen am Ufer des eisigen Flusses, mit Ausflügen in die umliegenden Dörfer und mit Plaudereien in den beiden Teehäusern.

Die Militärpräsenz war schon damals massiv, zumal das Gros der Fahrzeuge, die an die höher gelegenen Abschnitte der pakistanisch-indische Grenze fuhren, hier hindurchrollte. Eine zweite

Straße, viel länger und viel weiter östlich gelegen, war zu diesem Zeitpunkt kaum ausgebaut. Jeeps, Versorgungsfahrzeuge und Truppentransporter schoben sich deshalb über den National Highway 1. Und der führte mitten durch den engen Basar Kargils.

Nirgendwo im Hochland ist man Pakistan so nah wie in dem Ort Kargil und dem gleichnamigen Distrikt. Der Großvater meines Gastgebers erinnerte sich noch an den Krieg 1947, als die Pakistanis das Gebiet besetzt hatten. Doch nach einem Winter war der Spuk vorbei. »Zum Glück haben unsere Helden sie zurückgeschlagen.«

Ob Schiit oder Sunnit, alle Menschen, mit denen ich in dem Ort sprach, versicherten mir damals, dass die indische Armee der Region nur Vorteile bringe, alle gaben sich als Patrioten. »Früher war die Straße aus Srinagar meist erst ab Juli geöffnet, heute manchmal schon im Mai«, sagte mir mein Gastgeber selbst. »Und bei medizinischen Notfällen fliegt uns die Armee im Winter mit dem Helikopter aus.«

Doch schon als ich zehn Jahre später, kurz nach dem Ende des Kargil-Krieges, in die Region kam, war die Idylle lange vorbei. Der Konflikt hatte deutliche Wunden hinterlassen. In der Landschaft und noch mehr bei den Menschen.

Besonders angespannt war die Stimmung in dem kleinen Ort Dras. Die Gegend schien durchwühlt vom Militär. Etwa 30 000 indische Soldaten, einschließlich paramilitärischer Einheiten, waren allein in Kargil im Einsatz gewesen, Tonnen von Material waren herangeschafft worden, um Stellungen zu errichten. Schutzwälle waren am Rand des National Highway errichtet worden, die feindlichen Soldaten den Blick auf den Verkehr versperren sollten. Häuser waren zerschossen worden, die Einheimischen geflohen.

Ich blickte die Berggrate hinauf, die die Inder zurückerobert hatte. Tololing und Tiger Hill. Mit Haubitzen hatten sie sich die steilen Hänge, die das breite, weitgehend baumlose Tal im Norden dominierten, hinaufgekämpft. Ich sprach mit dem Besitzer eines kleinen Kiosks. »Alle sind damals aus Dras geflohen«, sagte er mir und ordnete pedantisch die Füllfederhalter in der Auslage. »Nur ich bin geblieben, um die Armee zu versorgen.« Mehrmals zuckte er grundlos nervös zusammen, während er mir zwei Notizblöcke und einen Kuli aus der Auslage suchte und in eine Plastiktüte verpackte. Als würden die Geschosse immer noch fliegen.

Der Kargil-Krieg war der letzte von vier bewaffneten Konflikten, die Indien und Pakistan geführt haben. Meist ging es dabei um Kaschmir. Wie 1947, kurz nach der Unabhängigkeit, als islamische Stammeskräfte und die pakistanische Armee durch ihre Kämpfe mit indischen Truppen die sogenannten Line of Control definierten und schließlich ein formeller Waffenstillstand erklärt wurde.

Und wie im zweiten indisch-pakistanischen Krieg 1965. Auslöser war die Operation Gibraltar, eine Infiltration, die einen Aufstand gegen die indische Herrschaft im Tal auslösen sollte: Verkleidet als Kaschmiris, überquerten am 5. August 1965 etwa 30000 pakistanische Soldaten die Line of Control, um in verschiedene Gebiete in der Region vorzudringen. Doch die indischen Streitkräfte waren von den Einheimischen gewarnt worden. Ihrerseits drangen sie am 15. August über die Waffenstillstandslinie vor. Es folgte ein massiver Angriff auf den Feind im Westen. Der siebzehntägige Krieg war weltweit die größte Panzerschlacht seit dem Zweiten Weltkrieg. Er forderte Tausende von Opfern. Zunächst verzeichnete die indische Armee beachtlichen Erfolg, doch bald schlugen die Pakistanis zurück. Erst nach diplomatischer Intervention der Sowjetunion und der USA wurde in der Erklärung von Taschkent ein Waffenstillstand erklärt. Sowohl Indien als auch Pakistan behaupteten den Sieg.

Der einzige pakistanisch-indische Krieg, der nicht Kaschmir betraf, war der von 1971 unter Indira Gandhi. In dreizehn Tagen führte er zu der global gesehen größten Zahl von Kriegsgefangenen seit dem Zweiten Weltkrieg und zur Gründung der Volksrepublik Bangladesch.

Der Kargil-Krieg war der letzte offizielle bewaffnete Konflikt zwischen beiden Seiten. Anfang 1999 drangen Einheiten aus Pakistan über die Line of Control vor. Auf einem 160 Kilometer langen Grenzstreifen entlang des Distrikts Kargil besetzten sie Stellungen, die die Inder im eisigen Himalaja-Winter verlassen hatten. 800 bis 900 Kämpfer entdeckten die indischen Truppen dort Anfang Mai. Islamabad bestritt, Einfluss auf diese Einheiten zu haben, geschweige denn reguläre Streitkräfte einzusetzen. Bei den Angreifern handele es sich um »Freiheitskämpfer.«

Die Inder bereiteten einen Gegenschlag vor. Bis Ende des Monats zogen sie Truppen und Kriegsmaterial zusammen. Dann begann Operation Vijay, eine Bodenoffensive, die aus der Luft unterstützt wurde. Das Vorgehen erwies sich allerdings als bedingt effektiv: Ein MiG-Flugzeug und ein Hubschrauber wurden dabei abgeschossen. Auf dem Boden kam die indische Armee nur langsam voran, das Terrain war schwierig. Oberste Priorität war, jene Positionen zurückzuerobern, die sich in unmittelbarer Nähe von National Highway 1 befanden. Von dort war die indische Nachschub- und Aufmarschroute ständigem Artilleriefeuer ausgesetzt. Tiger Hill und Tololing, beide oberhalb von Dras gelegen, wurden erst am 12. und 20. Juni eingenommen. Auch in den anderen Frontabschnitten konnten indische Truppen ab Ende Juni endlich Erfolge verzeichnen. Zwei Monate nach Beginn des Konflikts hatten indische Truppen die meisten Stellungen zurückerobert.

Doch der internationalen Gemeinschaft begann nur langsam zu dämmern, wie brisant die Entwicklung in Südasien war. Obwohl beide Länder zu diesem Zeitpunkt Atommächte waren, kurz zuvor hatten beide Atombomben getestet. Und obwohl beide nie einen Zweifel daran gelassen hatten, auf wen ihr nukleares Potenzial gerichtet war: auf die Abschreckung des jeweils anderen. In indischen Arsenalen sollen bereits seit 1974 Atomraketen gelagert sein. Pakistan war erst 1998 gefolgt. Die schwedische Stiftung SIPRI schätzt die Zahl an Atomsprengköpfen in Indien heute auf 150, die in Pakistan auf 160. Das ist im Vergleich zu den USA und Russland mit jeweils um die 6 000 Sprengköpfen zwar wenig, allerdings machen beide Länder keine Anstalten, ihre Anzahl zu verringern. Im Gegenteil: Sie erhöhen weiter ihre Bestände.

Gleichwohl wuchs nach dem Abschuss indischer Kampfflugzeuge über pakistanischem Hoheitsgebiet die Sorge internationaler Beobachter. Sie fürchteten, dass Delhi in einer Gegenoffensive die Line of Control überschreiten könnte. Der amerikanische Geheimdienst steckte US-Präsident Clinton, dass Pakistan mit dem Atomkrieg flirte. Plötzlich blickte die ganze Welt auf Südasien. Rasch unterzeichneten die Regierungschefs der G-8-Staaten eine Resolution. Sie forderten beide Staaten auf, »den Frieden nicht zu gefährden« und »zum Dialog zurückzukehren«. Doch sie richteten sich besonders gegen Pakistan: Sie verlangten von Islamabad den Rückzug der »Rebellen« und die Anerkennung des politischen Status quo. Auch Clinton, der mit den Premierministern beider verfeindeter Länder telefonierte, stellte sich eindeutig auf die indische Seite. Er bestand darauf, dass sich die pakistanischen Truppen hinter die Kontrolllinie zurückziehen. Wenn nicht, würde Washington Islamabad für den Krieg verantwortlich machen. Und er warnte den pakistanischen Premierminister Nawaz Sharif, dass er die Gastfreundschaft seines Landes gegenüber al-Qaida und Osama bin Laden zum Thema machen werde.

Es war ein diplomatisches Desaster für Pakistan. Am 4. Juli 1999 erklärte sich Sharif zum Abzug der lange hartnäckig als »Freiheitskämpfer« bezeichneten Einheiten bereit. Die Kampfhandlungen wurden am 14. Juli eingestellt.

Für Indien war der Krieg vor allem verlustreich: Bis zu 600 Soldaten kamen ums Leben. Aber noch mehr war er für die pakistanische Armee eine große Niederlage. Auch wenn Islamabad zunächst viele Opfer nicht anerkannte und Sharif erst später erklärte, dass über 4000 Soldaten getötet wurden. Und dass sein Land den Konflikt verloren habe. Zudem war der Kargil-Krieg für Pakistan ökonomisch ein Rückschlag: Dem Land drohte die internationale Isolation, die ohnehin fragile Wirtschaft wurde weiter geschwächt.

Für die USA und Indien dagegen bedeutete der Krieg auch einen Neuanfang: Clintons Intervention bereitete die Voraussetzung für seinen Besuch in Indien ein Jahr später, den ersten eines amerikanischen Präsidenten seit über 20 Jahren. Und damit für eine Zusammenarbeit zwischen Washington und Neu-Delhi, die bis heute andauert.

Ein weiterer, besonders verlustreicher Konflikt zwischen Indien und Pakistan im Himalaja hält dagegen bis heute an: der Kampf um den Siachen-Gletscher. Die Eiskappe im Norden Kaschmirs gilt als das höchste Schlachtfeld der Welt. Sowohl Indien als auch Pakistan beanspruchen das Gebiet und haben Tausende von Soldaten dort stationiert. Seit 1984 hat der Konflikt Hunderte von Toten gefordert.

Allerdings nicht durch Kugelhagel oder Mörserfeuer. Sondern vor allem durch die menschenfeindliche Umgebung. Meist ereilt der Tod die Männer, die in Höhen zwischen 4000 und 6700 Metern operieren, durch die eisigen Temperaturen, Stürze in Gletscherspalten oder weil sie durch Lawinen mitgerissen werden. Nach offiziellen Angaben haben Pakistan und Indien am Siachen bisher fast 2500 Soldaten verloren. Tatsächlich könnte die Zahl bei 3000 bis 5000 liegen. 70 Prozent aller Todesfälle sollen auf das raue Wetter und Gelände zurückzuführen sein. Bis heute stehen sich die beiden Erzfeinde dort schwer bewaffnet gegenüber. Ein Ende ist nicht abzusehen.

Noch einmal mehr gilt das für die generelle Feindschaft zwischen den beiden Ländern. Keine Nation wird in Indien mehr gehasst als Pakistan, keine in Pakistan mehr als Indien. Die Verwicklung Pakistans in die Anschläge auf das Parlament in Neu-Delhi 2001 und die Täterschaft pakistanischer Terroristen bei den Attacken in Mumbai haben die Spannung weiter verschärft. Dasselbe lässt sich über die Aberkennung des Sonderstatus von Kaschmir durch Neu-Delhi 2019 sagen.

Aber wie explosiv ist das Verhältnis zwischen beiden Atommächten wirklich? Bleibt es, solange sie im Besitz von Nuklearsprengköpfen sind, bei Säbelrasseln und einzelnen Scharmützeln?

Der Weltöffentlichkeit sei nicht bewusst, dass Indien und Pakistan im Februar 2019 einem »nuklearen Inferno nah« gewesen seien, schreibt der frühere US-Außenminister Mike Pompeo in seinen 2023 veröffentlichen Memoiren *Never Give An Inch: Fighting for the America I Love*. Vorausgegangen war ein islamistischer Terroranschlag, bei dem mehr als 40 indische Soldaten getötet wurden. Indien hatte mit Luftangriffen innerhalb Pakistans reagiert.[20]

Eine besonders große Gefahr liegt im ökonomischen und militärischen Ungleichgewicht zwischen beiden Ländern. Pakistans Wirtschaft wie auch die Streitkräfte entwickeln sich deutlich langsamer als die Indiens. Um den Konflikt auch vor diesem Hintergrund in den Griff zu bekommen, würde es einer sehr beherzten Regierung in Neu-Delhi wie auch in Islamabad bedürfen, die komplett neue Wege der Kooperation einschlagen. Doch die Chancen dafür standen zuletzt denkbar schlecht.

Konkurrent China

So sieht Niemandsland aus. Wenn man am Pangong-See, ganz im Osten des indischen Unionsterritoriums Ladakh steht, kann man über das Wasser bis tief nach China hineingucken. Nach Tibet.

Man kann sich vorstellen, wie es hier war, im Jahr 1962. Im chinesisch-indischen Krieg. Oder im Konflikt 2020, als die Inder am Südufer Berge und Passhöhen zurückeroberten, um die chinesischen Stellungen besser einsehen zu können.

Nur die Spitzen der Sechstausender rund um den See sind verschneit. Kein Baum und kaum ein Strauch wächst auf der 4000 Meter hoch gelegenen Ebene. Es ist eine karge Gegend. Changthang, »Nördliches Hochland«, heißt sie auf Tibetisch. Niemand kämpft um solches Terrain, in dem fast ausschließlich tibetische Nomaden leben. Hier ging es schon immer um die strategische Bedeutung.

Dabei waren die Beziehungen zum kommunistischen China in den Gründungsjahren der indischen Republik aussichtsreich. Der Slogan der indischen Diplomatie mit China in den Fünfzigern war »Hindi-Chini bhai-bhai«, »Inder und Chinesen sind Brüder«. Nicht wenige Inder fanden die Idee einer internationalen Außenpolitik auf der Basis der »Fünf Prinzipien der friedlichen Koexistenz« (Panchsheel), für die Nehru und der chinesische Ministerpräsident Zhou Enlai sich aussprachen, geradezu visionär.

Viele aber gar nicht. Das galt auch für Nehrus Weggefährten. So warnte etwa der sich dem Buddhismus immer mehr annähernde Bhimrao Ambedkar 1954 vor dem Repräsentantenhaus: »Ich bin in der Tat überrascht, dass unser ehrenwerter Premierminister das Panchsheel ernst nimmt. Ehrenwerte Mitglieder des Repräsentantenhauses, Sie müssen sich dessen bewusst sein, dass Panchsheel [in seiner ursprünglichen Bedeutung] einer der wichtigsten Teile der buddhistischen Lehre ist. Wenn der verehrte Mao auch nur ein Jota Vertrauen in Panchsheel hätte, er hätte die Buddhisten in seinem Land anders behandelt.«[21]

Doch auch Nehru war klar, dass es einen massiven Interessenkonflikt in Tibet gab, das zuvor als Pufferzone gedient hatte: Weil Neu-Delhi befürchtete, dass China Ansprüche auf indisches Territorium erheben könnte, ließ es neue Karten der dünn besiedelten Region anfertigen, die die Grenzen aus Indiens Sicht definierten.

Besonders groß waren die Streitigkeiten um ein riesiges Gebiet im östlichen Himalaja, das heute von Indien als Teil seines Bundesstaates Arunachal Pradesh betrachtet wird. Die sogenannte McMahon-Linie markierte in der zwischen Großbritannien, China und Tibet ausgehandelten Shimla-Konvention von 1914 den östlichen Abschnitt der Grenze zwischen Indien und Tibet. Doch während China die McMahon-Linie als provisorisch betrachtete, sah Indien sie als definitiv an.

Im westlichen Himalaja gab es vor allem Uneinigkeit um das Aksai-Chin-Plateau, das Indien vom britischen Raj geerbt hatte. Auf chinesischen Karten wurde es seit Jahrzehnten als chinesisches Territorium ausgewiesen. Zu zunehmenden Auseinandersetzungen kam es in der Region, als Indien feststellte, dass Beijing eine Straße durch das Aksai Chin gebaut hatte. Zudem gab es Gebietsstreitigkeiten im sogenannten »Mittleren Sektor«, an den Außengrenzen der heutigen indischen Bundesstaaten Uttarkhand und Himachal Pradesh, doch das dort umstrittene Territorium ist vergleichsweise klein.

Die Beziehungen verschärften sich noch mehr, als der Dalai Lama 1959 nach Nordindien flüchtete und in Dharamsala die tibetische Exilregierung einrichtete. Tausende tibetische Flüchtlinge ließen sich in der Region nieder. Die Volksrepublik bezichtigte Indien nun des Imperialismus in der gesamten Himalaja-Region.

Aber das größte Problem war die Grenzfrage. Bereits Anfang 1959 hatte Zhou Enlai gegenüber Nehru noch einmal betont, dass keine chinesische Regierung die McMahon-Linie je als legal akzeptiert habe. China forderte nun eine »Korrektur« des gesamten Grenzverlaufs. Mehrfach machte Beijing zwischen 1960 und 1962 Angebote für eine diplomatische Lösung. Doch Neu-Delhi lehnte ab. Umso aggressiver wurden bald die chinesischen Militäraktionen im Himalaja. So informierte Beijing Neu-Delhi im April 1962, dass es die eingestellten Grenzpatrouillen in Ladakh wieder aufgenommen habe.

Im Oktober 1962 begann China schließlich eine Offensive: An der rund 3000 Kilometer langen Grenzlinie in Ladakh wie auch an der McMahon-Linie drangen Truppen vor. Der Widerstand war schwach, die indischen Truppen unvorbereitet und schlecht geführt. Schnell eroberten die Angreifer im Westen das gesamte von Beijing beanspruchte Territorium. Sie besetzten strategische Punkte nicht nur im Aksai Chin, sondern auch am Pangong-See. Im Osten brachten sie die Region um die Handelsstadt Tawang unter ihre Kontrolle. Neu-Delhi erlitt eine Niederlage auf voller Breite.

Bereits nach wenigen Wochen erklärte Zhou Enlai einen einseitigen Waffenstillstand: »Ab dem 21. November 1962 stellen die chinesischen Grenzwachen das Feuer entlang der gesamten chinesisch-indischen Grenze ein. Ab dem 1. Dezember 1962 werden sich die chinesischen Grenzwächter auf Positionen 20 Kilometer hinter der Kontrolllinie zwischen China und Indien vom 7. November 1959 zurückziehen. Obwohl die chinesischen Grenzwächter im östlichen Sektor bisher auf chinesischem Territorium nördlich der traditionellen Gewohnheitslinie gekämpft haben, sind sie bereit, sich von ihren derzeitigen Positionen nördlich der illegalen McMahon-Linie 20 Kilometer zurückzuziehen. In den mittleren und westlichen Sektoren werden sich die chinesischen Grenzwächter ebenfalls 20 Kilometer von der eigentlichen Kontrolllinie zurückziehen.«

So schnell der chinesische Überfall vonstattenging, so schnell verschlechterten sich danach die indischen Beziehungen zu China. Ende 1967 gab es zwei weitere Konflikte zwischen den Streitkräften an der umkämpften Grenze im Osten. Beide Seiten erlitten schwere Verluste. Aber auch durch ihre jeweilige internationale Orientierung drifteten die beiden Nachbarländer immer weiter auseinander. 1971 unterzeichnete Indien einen Vertrag über Frieden, Freundschaft und Zusammenarbeit mit der Sowjetunion. China stellte sich 1971 im Krieg zwischen Indien und Pakistan auf die Seite Pakistans. Seine angedeutete Drohung, zugunsten Pakistans einzugreifen, machte es allerdings nicht wahr.

Besser wurde das Verhältnis erst wieder seit den Neunzigern. 1993 folgte auf eine Reihe von Staatsbesuchen ein Grenzabkommen, das einen Waffenstillstand zwischen den beiden Nationen besiegeln sollte. Die Beziehungen vertieften sich vor allem wirtschaftlich. 2004 beschlossen beide Länder, die Pässe Nathu La und Jelep La in Sikkim zu öffnen. Im selben Jahre überschritt der chinesisch-indische bilaterale Handel zum ersten Mal die Zehn-Milliarden-Dollar-Marke. 2005 unterzeichneten China und Indien die »Strategische und kooperative Partnerschaft für Frieden und Wohlstand«.

Die Zeichen standen weiter auf friedliche Kooperation. 2010 stattete der chinesische Ministerpräsident Wen Jiabao Indien auf Einladung von Premierminister Manmohan Singh einen Besuch ab. Begleitet wurde er von 400 chinesischen Wirtschaftsführern. Wen sagte: »Indien und China sind zwei sehr bevölkerungsreiche Länder mit alten Zivilisationen, die Freundschaft zwischen den beiden Ländern hat eine altehrwürdige Geschichte, die 2 000 Jahre zurückdatiert werden kann.« Doch trotz zunehmender wirtschaftlicher Verflechtung: Es gab kaum strategische Konvergenz zwischen den beiden Ländern.

So begann ein Vierteljahrhundert später der Grenzstreit erneut. Schon in den Jahren zuvor war es in den umstrittenen Gebieten im Osten wie auch im Westen zu einer wachsenden Anzahl von kleineren Vorfällen gekommen. Etwa 2017, als chinesische Baufahrzeuge in Doklam, einem Gebiet, das sowohl von China als auch von Indiens Verbündetem Bhutan beansprucht wurde, vordrangen. Neu-Delhi schickte Soldaten in die Region, bevor beide Parteien sich zurückzogen.

Aber am 15. Juni 2020 eskalierte die Lage ernsthafter. Die Inder hatten eine asphaltierte Straße zum nördlichsten Punkt ihres De-facto-Territoriums in Ladakh gebaut, wo sie eine militärische Landebahn unterhalten. An ihrer östlichen Flanke brach an diesem Tag eine tödliche Schlägerei aus: Chinesische Soldaten töteten 20 Inder – offenbar mit nagelbesetzten Eisenstangen, denn das Tragen von Schusswaffen war laut beidseitiger Vereinbarung verboten. Indien machte China verantwortlich, Peking wies die Anschuldigungen zurück. Premierminister Modi dröhnte martialisch, dass »das Opfer unserer Soldaten nicht umsonst sein wird«. Der indische Außenminister Jaishankar geißelte die chinesischen Aktionen als »vorsätzlich«. Diese »beispiellose Entwicklung wird schwerwiegende Auswirkungen auf die bilateralen Beziehungen haben«.[22]

In der indischen Öffentlichkeit folgten Aufrufe, chinesische Waren zu boykottieren. Auf den Straßen wurden chinesische Flaggen verbrannt. Im Juni 2020 verbot die Zentralregierung 59 im Land verbreitete chinesische Handy- und Desktop-Apps. Im August berichtete die *Times of India*, dass das indische Außenministerium Visa für chinesische Geschäftsleute, Akademiker, Branchenexperten und Interessengruppen nur noch nach vorheriger Sicherheitsüberprüfung ausstelle – Maßnahmen, wie sie für Erzfeind Pakistan schon lange gelten.

Die Lage an der Grenze blieb angespannt. Erst im September desselben Jahres zogen Indien und China Soldaten von der sogenannten Line of Actual Control zurück. Die Situation sei jedoch immer noch nicht normal, sagte ein Sprecher des Außenministeriums. Seither haben Indien und China bei ihrem Grenzstreit keine großen Fortschritte gemacht. Vielmehr kam es im Dezember 2022 erneut zu einem Zwischenfall an der Grenze im östlichen Himalaja. Mehrere indische Soldaten wurden im Sektor Tamang verletzt. Immer noch stehen sich mehr als 60 000 Soldaten dort gegenüber, das Potenzial für ein versehentliches Wiederaufflammen des Konflikts ist erheblich.

Zwar wären die Inder heute deutlich besser auf einen chinesischen Angriff im Himalaja vorbereitet als 1962. Gleichwohl ist China Indien militärisch bei Weitem überlegen. Die Militärausgaben betragen ein Vielfaches, die Luftwaffe ist weitaus stärker, allein bei der Anzahl der Soldaten kann Indien, je nach Quellen, mithalten oder ist gegenüber China sogar im Vorteil. Allein deshalb hat Indien kein echtes Interesse an einer Verschärfung der Lage.

Doch Ähnliches gilt auch für die Gegenseite. So sagte mir Tom Grunfeld, Professor für Geschichte an der State University of New York: »Zwar hat die militärische Aufrüstung Indiens an der Grenze China zuletzt nervös gemacht, aber Beijings Interesse in der Region ist, den Status quo dort beizubehalten. Ich halte es aber für sehr unwahrscheinlich, dass es zu einem offenen Krieg kommt. Keine Seite hätte etwas zu gewinnen.« Die Kontrahenten ließen nur gelegentlich ihre Muskeln spielen. Wenn nichts Unvorhergesehenes passiere, werde es deshalb an der Grenze auch in der Zukunft Stabilität geben. »Abgesehen eben von diesen kleineren Zusammenstößen, bei denen sie keine Messer oder Gewehre verwenden, sondern nur Knüppel und Fäuste. Aber das ist auch ein klares Indiz dafür, dass sie von beiden Seiten in Wahrheit nicht ernst genommen werden.« Er sehe allerdings auch keine Lösung für das Grenzproblem, sagt Grunfeld. »Dafür würde es außergewöhnliche Führer mit viel politischem Einfluss brauchen. Denn beide Seiten müssten etwas aufgeben, von dem sie behaupteten, dass es ihnen gehört.«

Doch auch Hunderte Kilometer entfernt vom Himalaja, im Indischen Ozean, brodelt es zwischen den beiden Staaten. Denn Indien betrachtet das riesige Gebiet als seinen Hinterhof. Aber auch einige der wichtigsten Handelsrouten der Welt verlaufen durch dieses Seegebiet – und auf ihnen fahren Chinas Containerschiffe in Richtung Europa, befördern Öltanker ihre Ladung von den Golfstaaten in Richtung Osten. In Myanmar, Pakistan und Sri Lanka ist China zudem zum Betreiber von Häfen geworden, eine Entwicklung, die man in Indien als Bedrohung sieht. Zuletzt ist es Neu-Delhi nach dem Zusammenbruch der dortigen Wirtschaft immerhin gelungen, die Beziehungen zu Sri Lanka gegenüber China zu stärken.

Zwar wächst auch in dieser Region das Potenzial für militärische Konflikte: Seit Jahren patrouillieren im Indischen Ozean chinesische Kriegsschiffe, wenn auch vornehmlich, um die Seewege zu sichern. Neu-Delhi wiederum unterhält auf den Agalega-Inseln nördlich von Madagaskar einen Militärstützpunkt. Allerdings ist auch die indische Marine der chinesischen bei Weitem unterlegen. Vor allem aber gilt auch hier, ähnlich wie für den Himalaja, dass die Wahrscheinlichkeit einer echten militärischen Auseinandersetzung nicht hoch ist. Extreme Forderungen von Hardlinern sind das eine. Aber echte Kampfhandlungen sind etwas anderes. Zumal das Verhältnis der beiden bevölkerungsreichsten Länder der Welt bei aller Konkurrenz auch von einer gegenseitigen Abhängigkeit geprägt ist.

Denn wirtschaftlich sind die beiden Länder allen Scharmützeln und Anfeindungen zum Trotz immer enger zusammengewachsen: Wurden 2020 noch Waren im Wert von rund 88 Milliarden US-Dollar gehandelt, so wuchs die Zahl 2021 um mehr als 43 Prozent auf knapp 126 Milliarden Dollar. Allerdings ist auch hier das Verhältnis unausgeglichen, Indien führt mehr aus China ein, als es nach dort exportiert: Der bilaterale Handel zwischen

Indien und China belief sich von Januar bis November 2021 auf 114 Milliarden US-Dollar. Indiens Exporte nach China erreichten 26,4 Milliarden Dollar, die Importe aus China beliefen sich auf 87,9 Milliarden Dollar.

So waren die Beziehungen zwischen den regionalen Konkurrenten China und Indien zuletzt in einer von gelegentlichem grellem Kriegsgeschrei untermalten Schwebe. Tatsächlich gab es zwar keinen Fortschritt, aber auch wenig faktische Verschlechterung. »China und Indien profitieren beide von ihren wirtschaftlichen Verbindungen«, sagt Historiker Tom Grunfeld. »Das will keine Seite einfach über den Haufen werfen.«

Strategische Neuausrichtung

Es klang wie eine Ermahnung. »Dies ist nicht die Zeit für Krieg, und ich habe schon viele Male mit Ihnen darüber am Telefon gesprochen«, sagte der indische Premier dem russischen Präsident Wladimir Putin in Samarkand auf dem Gipfel der Shanghaier Organisation für Zusammenarbeit im September 2022. Demokratie, Diplomatie und Dialog seien entscheidend, um den Konflikt in der Ukraine zu beenden, betonte er vor laufender Kamera. Putin erwiderte ausweichend, dass er Modis Ansichten kenne. Und dass man – natürlich – alles tue, um den Frieden in der Ukraine wiederherzustellen.

Sicher deutet dieser Dialog keinen Kurswechsel in den indisch-russischen Beziehungen an. Und freilich kann man den Ukraine-Krieg auch weitaus schärfer verurteilen, als der indische Premier es getan hat. Dennoch spiegelt das Gespräch zwischen Putin und Modi im Herbst 2022 den Wandel wider, der sich in der Partnerschaft zwischen Russland und Indien vollzieht: Indien ist zwar seit Langem von Russland abhängig und betrachtet es immer noch als wichtigen Partner. Doch Neu-Delhi versucht mit wachsendem Selbstbewusstsein, die Bedingungen dieses Verhältnisses zu definieren.

Denn die Zeiten haben sich geändert. Der Kalte Krieg ist lange vorbei. Schon seit den Neunzigern verbindet Russland und Indien keine staatlich verordnete Wirtschaftsphilosophie mehr. Auch die Achse Sowjetunion–Indien auf der einen und USA–Pakistan–China auf der anderen Seite ist spätestens seit dem Ende des US-amerikanischen Afghanistan-Einsatzes Geschichte.

»Russland beziehungsweise die UdSSR und Indien haben seit den 1950er-Jahren eine langfristige Beziehung, und das wird sich nicht ändern«, sagte mir der Historiker Tom Grunfeld. »Aber heute bemüht sich Modi um gute Beziehungen zu allen Seiten: zu Russland, den USA und China. Und Indien ist groß genug, dass das langfristig gelingen könnte.«

Was von der Partnerschaft zwischen Neu-Delhi und Moskau vor allem geblieben ist, ist die Bedeutung Russlands als wichtigster Waffenlieferant Indiens. Seit Jahrzehnten ist Moskau Neu-Delhis größter Lieferant von militärischer Ausrüstung, eine Rolle, die es von der Russischen Föderation geerbt hat. Das ist bis heute so. Nur, dass die Zusammenarbeit schon lange mehr als eine reine Käufer-Verkäufer-Beziehung ist: Sie umfasst heute auch gemeinsame Forschung und Entwicklung, Schulungen und Manöver.

Die Reihe der Abkommen im militärischen Bereich ist lang. Allein zwischen 2011 und 2021 importierte Indien russische Rüstungsgüter im Wert von mehr als 20 Milliarden US-Dollar aus Russland. Bereits 1988 schlossen beide Länder ein Kooperationsabkommen über den Verkauf einer Reihe von Verteidigungsgütern an Indien, 1997 folgte ein Zehnjahresabkommen über weitere militärisch-technische Zusammenarbeit. 2012 unterzeichneten sie Abkommen mit einem Umfang von 2,9 Milliarden US-Dollar über 42 neue Kampfflugzeuge, die in Lizenz von der indischen Hindustan Aeronautics hergestellt werden sollen. Zuvor war bereits die Lieferung von 230 Kampfflugzeugen aus Russland beschlossen worden. 2018 unterschrieb Indien mit Russland ein Abkommen über 5,43 Milliarden US-Dollar zur Beschaffung von fünf S-400 Triumf, einem Boden-Luft-Raketenabwehrsystem, das als eines der besten Raketenabwehrsysteme der Welt gilt. Das war ein Verstoß gegen den US-amerikanischen Countering America's Adversaries Through Sanctions Act. Washington drohte Neu-Delhi mit Sanktionen. Doch Neu-Delhi unterzeichnete 2021 das nächste Abkommen mit Moskau: einen Vertrag über 677 Millionen US-Dollar zur Herstellung von AK-203-Sturmgewehren in Indien.

Auch der Krieg in der Ukraine hat die Kooperation keineswegs aufgehalten: Moskau betonte noch Ende 2022, dass es trotz der deshalb verhängten Sanktionen seine vertraglichen Verpflichtungen erfülle und alle Waffensysteme, einschließlich der S-400, planmäßig liefere. Der Leiter des russischen Föderalen Dienstes für militärische technische Zusammenarbeit (FSMTC), Dmitry Shugaev, sagte am Rande der Army 2022, einer internationalen Verteidigungsmesse in Moskau: »Es wird daran gearbeitet, die Produktion der AK-203-Sturmgewehre in Indien zu organisieren, deren Serienproduktion voraussichtlich Ende 2022, Anfang 2023 beginnen wird. Auch die Umsetzung der Verträge für den Bau der Fregatten des Projekts 11356 in Russland und Indien verläuft planmäßig. Die aktuelle geopolitische Situation hat die Erfüllung unserer Verpflichtungen nicht wesentlich beeinträchtigt.«[23] Mit russischer Unterstützung würden mittlerweile Dutzende von Hightech-Militärprodukten in Indien hergestellt, so Shugaev: »Die gegenwärtige Phase unserer Beziehungen in diesem Bereich der Zusammenarbeit ist durch den Wunsch Indiens gekennzeichnet, die Entwicklung seines nationalen militärisch-industriellen Komplexes zu beschleunigen, die Abhängigkeit von der Einfuhr von Militärprodukten zu verringern und in die Reihen der weltweit führenden Waffenexporteure aufzusteigen. Wir unterstützen diesen Wunsch, sind bereit für eine industrielle Zusammenarbeit und suchen nach gemeinsamen Projekten, die einerseits für russische und indische Unternehmen von Vorteil sind und andererseits sicherstellen, dass unsere Beziehungen ein neues Niveau der technologischen Partnerschaft erreichen.« Mit einem Seitenhieb auf westliche Länder unterstrich er: »Ich möchte noch einmal betonen, dass Russland für die breiteste technologische Zusammenarbeit bereit ist, im Gegensatz zu den westlichen sogenannten ›Partnern‹, die viel versprechen, aber in Wirklichkeit nicht sehr darauf erpicht sind, teilen wir unsere fortschrittlichen Technologien mit Indien.« Die militärisch-technische Zusammenarbeit zwischen Russland und Indien sei weltweit beispiellos.[24]

Ähnlich ordnet das auch Neu-Delhi ein. Ganz offiziell. Die Regierung bezeichnet die Verteidigungszusammenarbeit auf ihrer Website als »eine wichtige Säule der strategischen Partnerschaft zwischen Indien und Russland«. Auch sie verweist darauf, dass Indien schon lange nicht mehr allein Käufer von Waffen sei, und betont die »militärische und militärisch-technische Zusammenarbeit im Bereich der Forschung und Entwicklung, der Produktion und der After-Sales-Unterstützung von Rüstungssystemen und verschiedener militärischer Ausrüstung«. Zudem gäbe es auch »einen regelmäßigen Austausch von Streitkräften und Militärübungen«.[25]

Obwohl dieser Teil der Zusammenarbeit hinlänglich bekannt ist, sorgt er im Westen immer mal wieder für eine gewisse mediale Aufregung. Etwa als sich Indien Ende 2022 an dem Manöver »Wostok« beteiligte, an dem nach russischen Angaben mehr als 50 000 Soldaten, 5 000 Militärfahrzeuge sowie 140 Flugzeuge und 60 Kriegsschiffe und andere Boote im Osten des Landes teilnahmen. Auch China, die Mongolei und mehrere Ex-Sowjetrepubliken wie etwa Belarus waren dabei. Doch das indische Kontingent war relativ klein, verglichen etwa mit dem Manöver »Pitch Black« in Australien, an dem Indien Mitte 2022 zusammen mit westlichen Staaten teilnahm.

Der Waffenhandel aber dürfte auch in der Zukunft die wichtigste Verbindung zwischen Russland und Indien bleiben. Obwohl Indien seit einigen Jahren auch aus Europa und den USA verstärkt militärische Ausrüstung bezieht. Für Neu-Delhi gibt es keinen Grund, die langjährigen Beziehungen einzustellen. Und obwohl Indiens Wunsch, eine eigene Verteidigungsindustrie aufzubauen, bereits in den letzten Jahren zu einem Rückgang der Lieferungen geführt hat, gilt dasselbe für Russland.

Neu ist allerdings das internationale Umfeld: Russlands Bruch mit dem Westen wegen seines Krieges gegen die Ukraine hat Moskau zum Juniorpartner Beijings gemacht. Gleichzeitig sind Chinas Spannungen mit den USA gewachsen. Und dasselbe gilt für die Spannungen zwischen der Volksrepublik und Indien. Das könnte es für Moskau zumindest schwerer machen, die militärisch-technische Zusammenarbeit mit Indien in gewohnter Intensität aufrechtzuerhalten. Zumal nicht auszuschließen ist, dass Beijing Moskau angesichts seiner Konkurrenz mit Indien drängt, diese einzuschränken.

Eine weitere neue Entwicklung sind die russischen Ölimporte nach Indien, in dem Umfang, wie sie sich nach dem Ausbruch des Ukraine-Krieges entwickelt haben. Indien hat sich nicht den Sanktionen gegen Russland angeschlossen, sondern die Lage ausgenutzt: Angesichts erheblicher Preisnachlässe hat es seine Einkäufe in Russland seit dem 24. Februar 2022 dramatisch erhöht.

Der Kreml hat das, wenig überraschend, mit deutlichen Worten begrüßt. »Wir sind alte Freunde und gute Partner«, sagte der russische Außenminister Lawrow bereits kurz nach dem Ausbruch des Krieges bei einem Besuch in Neu-Delhi. »Was auch immer

Indien von uns kaufen will, wir stehen bereit. Sie kennen unsere Haltung, wir verstecken nichts und wir begrüßen es sehr, dass Indien sich der Fakten bewusst ist und sich nicht auf eine Seite schlägt.« Die Gegenseite gab sich von Anfang an diplomatischer. Der indische Außenminister Jaishankar bemerkte nur: »Unser Treffen findet in einem schwierigen internationalen Umfeld statt.«[26]

Dass der Westen entsetzt auf die indischen Ölkäufe reagierte, hat Neu-Delhi nicht aus der Ruhe gebracht. Vielleicht genoss man die Aufmerksamkeit sogar insgeheim. Jedenfalls erklärte Jaishankar erst Ende 2022 bei einem weiteren Treffen mit Lawrow in Moskau die indische Position. Der günstige Einkauf sei eine Frage des nationalen Interesses. »Als drittgrößter Öl- und Gasverbraucher der Welt, ein Verbraucher mit einem nicht sehr hohen Einkommensniveau, ist es unsere grundlegende Verpflichtung sicherzustellen, dass der indische Verbraucher den bestmöglichen Zugang zu den günstigsten Bedingungen zu den internationalen Märkten hat«, sagte er.[27] Begleitet wurde der Minister bei seinem Besuch von hochrangigen Staatsbeamten aus den Bereichen Landwirtschaft, Erdöl und Erdgas, Häfen und Schifffahrt, Finanzen, Chemikalien und Düngemittel: Es war ein Signal an die Wirtschaft für weitere bilaterale Kooperationen. »Russland ist ein stabiler und bewährter Partner«, betonte Jaishankar. »Jede objektive Bewertung unserer Beziehung über viele Jahrzehnte hinweg würde bestätigen, dass sie unseren beiden Ländern tatsächlich sehr, sehr gut gedient hat. Wenn es zu unserem Vorteil funktioniert, würde ich das gerne weiterführen.«

In Bezug auf das Ölgeschäft wurde das bereits umgesetzt: Indiens Importe aus Russland sind nach Ausbruch des Krieges in der Ukraine rasant in die Höhe geschossen, von weniger als 50 000 Barrel Öl pro Tag 2021 auf fast eine Million Barrel Mitte 2022. Bereits im Herbst 2022 wurde Russland Indiens wichtigster Öllieferant und hatte die traditionellen Lieferanten Saudi-Arabien und Irak überholt. Die Drohungen, Indien dürfe die Sanktionen gegen Russland nicht unterwandern, sind unterdessen lange verhallt. Die Vereinigten Staaten hätten kein Problem damit, dass Indien weiterhin so viel russisches Öl kauft, wie es will, sagte US-Finanzministerin Janet Yellen im Herbst 2022. Und zwar grundsätzlich auch zu Preisen über dem von den G7 auferlegten Deckel.

Gegenüber dem Westen hat sich Neu-Delhi damit durchgesetzt. Gegenüber Moskau zeigt das Ölgeschäft dagegen, ähnlich wie der Waffenhandel, wie sich das Verhältnis geändert hat: Russland hat in den bilateralen Beziehungen nicht mehr die Oberhand – es ist zu einem Rohstofflieferanten für ein Land geworden, das es einst als seinen Kunden betrachtete.

Dass sich Indiens Bevölkerung allerdings von Russlands Narrativ über den Ukraine-Krieg nicht so leicht überzeugen lässt, bewies eine Szene im März 2023: Bei der Raisina-Konferenz in Neu-Delhi, einem multilateralen Treffen zu Geopolitik und Geoökonomie, befragte ein Moderator den russischen Außenminister Sergej Lawrow, der die bekannten Positionen des Kreml verkündete: Die Nato sei der wahre Aggressor, Russland habe jahrhundertealte Ansprüche auf die Ukraine. Bei den folgenden Publikumsfragen wollte eine Zuschauerin wissen, wie der Krieg die russische Energiestrategie gegenüber asiatischen Ländern und besonders Indien beeinflusse. Lawrow erwiderte: »Wissen Sie, der Krieg, den wir zu stoppen versuchen und der gegen uns angezettelt wurde, indem man die Ukraine benutzt …«[28] Dann stockte er – denn das Publikum lachte ihn lautstark aus. In den sozialen Netzwerken ging die Szene viral.

Zu einem anderen Land ist die Nähe Indiens mittlerweile dagegen enorm gewachsen: zu den USA. So hielt der damalige US-Präsident Donald Trump am 24. Februar 2020 in Ahmedabad, im Bundesstaat Gujarat, vor Tausenden eine Jubelrede für Indiens

Premier Modi. Darin zollte er einem »außergewöhnlichen Führer ... und einem Mann, den ich stolz meinen wahren Freund nenne«, Tribut. Modi saß mit zufriedenem Gesichtsausdruck hinter ihm. »Jeder liebt ihn, aber ich sage Ihnen, er ist sehr hart«, so Trump. Der indische Premier revanchierte sich mit ähnlich überschwänglichen Komplimenten für den US-Präsidenten. »Die Beziehungen zwischen Indien und den USA sind nicht mehr nur eine weitere Partnerschaft, sie sind eine viel größere und engere Beziehung«, sagte Modi.[29]

Die neue Nähe zwischen Neu-Delhi und Washington beruht wesentlich auf veränderten internationalen Konstellationen. Hatte sich die indische Außenpolitik bereits in den Neunzigern an die unipolare Welt angepasst und Neu-Delhi engere Beziehungen zu den Vereinigten Staaten entwickelt, so nahm das Vertrauen in die USA mit der schwindenden Unterstützung Washingtons für Islamabad noch einmal zu. Die USA ihrerseits brachten vor allem unter den Regierungen von Bush und Obama den nationalen Interessen Indiens zunehmend Verständnis entgegen. Sie stärkten bilateralen Handel und Investitionen, aber auch die Zusammenarbeit in Sicherheitsfragen. Die engeren US-Beziehungen zu Indien spiegeln sich auch in der Unterstützung für Indiens Forderungen nach einem permanenten Sitz im Sicherheitsrat der Vereinten Nationen wider. Heute gilt Indien als wichtiger Verteidigungspartner der Vereinigten Staaten. Und als strategischer Partner gegen den großen Konkurrenten China.

Obwohl es zunächst viel Ärger um den Mann gab, der mittlerweile eine Männerfreundschaft zu Ex-Präsident Trump pflegt: 2005 hatte das US-Außenministerium Narendra Modi, damals Chief Minister von Gujarat, nach den antiislamischen Unruhen in dem Bundesstaat verboten, ins Land zu reisen. Grundlage war der International Religious Freedom Act (IRFA) von 1998, der »jeden ausländischen Regierungsbeamten, der zu irgendeinem

Zeitpunkt für besonders schwerwiegende Verletzungen der Religionsfreiheit verantwortlich war oder diese direkt verübt hat, von der Berechtigung für ein Visum für die Vereinigten Staaten ausschließt«. Die Obama-Regierung hielt an der Entscheidung fest. Der Visabann wurde erst 2014 aufgehoben, als Modi indischer Premier wurde.

Doch die indisch-amerikanischen Beziehungen begannen schon zuvor zu florieren, vor allem wegen der gemeinsamen Sorge über den wachsenden islamischen Extremismus. So gewährte Bush Indien 2005 ein beispielloses Nuklearabkommen und bot an, sein ziviles Nuklearprogramm unter Verstoß gegen den Atomwaffensperrvertrag zu unterstützen. Das überzeugte viele Inder davon, dass die USA ein tragfähiger langfristiger Partner sein könnten. Bushs unnachgiebiger Widerstand unter anderem gegen chinesischen Druck zementierte seinen Status in Indien ebenso wie seine Zurückweisung pakistanischer Forderungen nach einer ähnlichen Behandlung. 2006 betonte der US-Präsident bei einem Besuch in der IT-Metropole Hyderabad die Gemeinsamkeiten zwischen beiden Ländern: »Indien ist ein großartiges Beispiel für Demokratie. Es ist sehr fromm, hat verschiedene religiöse Köpfe, aber jeder fühlt sich in seiner Religion wohl. Die Welt braucht Indien.«[30]

Die Obama-Regierung stieg drei Jahre später massiv ins Waffengeschäft mit Neu-Delhi ein: Sie genehmigte den Verkauf von acht Aufklärungsflugzeugen des Typs P-8 Poseidon im Wert von 2,1 Milliarden US-Dollar. Mit diesem Geschäft und einem Fünf-Milliarden-Dollar-Deal zur Lieferung von Boeing-C-17-Militärtransportflugzeugen und General-Electric-F414-Triebwerken wurden die USA zum drittwichtigsten Militärlieferanten Indiens nach Russland und Israel. »Niemals gab es einen Moment, in dem Indien und Amerika einander wichtiger waren«, sagte US-Unterstaatssekretär William Burns 2010 vor einem Treffen mit dem damaligen indischen Außenminister Nirupama Rao. »Nie hat es einen Moment gegeben, in dem die Partnerschaft zwischen Indien und Amerika für den Rest der Welt von größerer Bedeutung war.«[31]

Und das, obwohl unterschiedliche Auffassungen in vielen Fragen blieben. So verstörte Neu-Delhi Washington immer wieder mit seinen guten Beziehungen zum Iran und Russland. Auch in Bezug auf Sri Lanka, die Malediven, Myanmar und Bangladesch gingen die Meinungen der beiden neuen Partner weit auseinander.

Gleichwohl nahmen die Vereinigten Staaten und Indien 2010 auch den bereits unter Präsident Bush initiierten US-India Strategic Dialogue formell wieder auf. Außenministerin Clinton lobte Indien als »unentbehrlichen Partner und vertrauenswürdigen Freund«. Präsident Obama bekundete seine feste Überzeugung, dass Amerikas Beziehung zu Indien »eine der entscheidenden Partnerschaften des 21. Jahrhunderts sein wird«. Die Länder verpflichteten sich, »die Beziehungen zwischen Menschen, Unternehmen und Regierungen zu vertiefen ... zum gegenseitigen Nutzen beider Länder und zur Förderung von Frieden, Stabilität, Wirtschaftswachstum und Wohlstand auf der Welt«.[32] Bereiche der Kooperation sollten der Erklärung zufolge unter anderem die Förderung der globalen Sicherheit und Bekämpfung des Terrorismus, Handels- und Wirtschaftsbeziehungen, Hochtechnologie, Energiesicherheit, Landwirtschaft, Bildung, Gesundheit, Wissenschaft und Technologie sein.

In Modis Amtszeit haben sich die Beziehungen weiter verbessert. Neben militärischen, strategischen und kulturellen Verbindungen sind auch die wirtschaftlichen Verflechtungen enger geworden. Das betrifft besonders Informations- und Kommunikationstechnologie, Ingenieurwesen und die Medizin. Doch die militärische Kooperation ist weiter der wichtigste Bereich. So unterzeichneten Neu-Delhi und Washington 2016 das Logistics Exchange Memorandum of Agreement, ein Abkommen, das besonders bürokratische Hindernisse in der Verteidigungszusammenarbeit beheben soll. Ebenfalls 2016 wurde Indien zu einem Major Defense Partner der Vereinigten Staaten erklärt. Das Land erlangte damit so etwas wie den einzigartigen Status eines großen Nicht-NATO-Verbündeten, ohne so bezeichnet zu werden. Das Abkommen solle »den Verteidigungshandel und den Technologieaustausch mit Indien auf einem Niveau erleichtern, das dem der engsten Verbündeten und Partner der USA entspricht, und eine dauerhafte Zusammenarbeit in der Zukunft gewährleisten«, hieß es in einer gemeinsamen Erklärung des indischen Verteidigungsministers Manohar Parrikar und seines US-Amtskollegen, Ashton Carter.[33]

Immer klarer zielte die Kooperation zuletzt auf Indiens großen Nachbarn im Norden. So unterzeichneten die Vereinigten Staaten und Indien 2020 das Basic Exchange and Cooperation Agreement (BECA). Es soll Indien und den USA ermöglichen, militärische Informationen auszutauschen, darunter See- und Luftfahrtkarten. Mit drei weiteren seit 2002 unterzeichneten Abkommen wird BECA es den US-Streitkräften ermöglichen, Informationen bereitzustellen, die die Genauigkeit bei automatisierten Hardwaresystemen und Waffen wie Marschflugkörpern, ballistischen Flugkörpern und Drohnen verbessern werden.

BECA dürfte Indien und den USA auch dabei helfen, dem wachsenden chinesischen Einfluss in der indopazifischen Region entgegenzuwirken. So sagte US-Verteidigungsminister Mark Esper nach der Unterzeichnung auf einer Pressekonferenz: »Die Verteidigungsbeziehungen zwischen unseren beiden Nationen bleiben eine Schlüsselsäule unserer gesamten bilateralen Beziehung. Auf der Grundlage unserer gemeinsamen Werte und gemeinsamen Interessen stehen wir Schulter an Schulter für einen freien und offenen Indopazifik für alle, insbesondere angesichts der zunehmenden Aggression und der destabilisierenden Aktivitäten Chinas.«[34] Dass das Abkommen in der Pattsituation mit der chinesischen Armee im Himalaja helfen könne, deutete dagegen sein indischer Amtskollege Rajnath Singh an: Es fördere das anhaltende Engagement beider Seiten für das »Recht und die Freiheit der Schifffahrt in den internationalen Meeren«, während »die territoriale Integrität und Souveränität aller Staaten gewahrt werde«.[35] Pompeo betonte gegenüber der Presse auch, die Kommunistische Partei Chinas sei weder »ein Freund der Demokratie, der Rechtsstaatlichkeit, der Transparenz noch der Schifffahrtsfreiheit – der Grundlage eines freien, offenen und prosperierenden Indopazifiks.«[36]

Die Biden-Administration hat die gemeinsame, vor allem antichinesische Linie mit Neu-Delhi fortgeführt. Mitte 2022 erklärte der US-Luftwaffensekretär Frank Kendall: »Seit heute hat das indische (Verteidigungs-)Attaché-Team unbegleiteten Zugang zum Pentagon, was der Beginn unserer engen Beziehung zu Indiens Status als wichtiger Verteidigungspartner ist.«[37]

Tatsächlich sind die Chancen für eine weitere, tiefere Beziehung zu Indien für die Vereinigten Staaten heute historisch einzigartig. Handel und Investitionen lassen sich ausbauen, die Sicherheitsbeziehungen dürften sich ohnehin weiter intensivieren. Zudem ist eine junge Generation von Indern durch Bildungsinstitutionen und Familienbeziehungen mit den Vereinigten Staaten verbunden. Und die indische Diaspora nutzt ihren Wohlstand in den USA, um politischen Einfluss zu erlangen.

Allerdings: Indien wird in diesem Verhältnis auch in der Zukunft klar auf seiner Autonomie bestehen. Mit der Weigerung, sich den Russland-Sanktionen anzuschließen, hat Neu-Delhi gezeigt, dass es eine unabhängige, von nationalen Interessen geleitete Außenpolitik verfolgt. Und während die indisch-amerikanischen Sicherheitsbeziehungen relativ neu sind und sich noch nicht in Krisen bewährt haben, haben Indien und Russland, obwohl diese Beziehung an Tiefe verlieren dürfte, ein seit Generationen stabiles Verhältnis. Ob Washingtons Beziehung zu Neu-Delhi eine Erfolgsgeschichte wird, wird auch deshalb wesentlich davon abhängen, inwieweit beide Seiten davon profitieren.

Das betrifft auch den Indopazifik. Schon länger versuchen sich die USA und Indien, gemeinsam mit Japan und Australien, dort in gemeinsamer Sicherheitspolitik. Bereits Anfang 2007 schlug der Premierminister von Japan den Quadrilateralen Sicherheitsdialog oder die Quadrilaterale Initiative vor. Shinzo Abe sagte 2007 im indischen Parlament:

> »Heute habe ich die große Ehre, vor dem höchsten Organ der Staatsmacht in dieser größten Demokratie der Welt zu sprechen. Ich komme im Namen der Bürger einer anderen Demokratie, die Asien gleichermaßen repräsentiert, zu Ihnen, um mit Ihnen über meine Ansichten zur Zukunft Japans und Indiens zu sprechen. [...] Wenn Japan und Indien [...] zusammenkommen, wird sich dieses ›größere Asien‹ zu einem immensen Netzwerk entwickeln, das den gesamten Pazifischen Ozean umspannt und die Vereinigten Staaten von Amerika und Australien umfasst. Dieses offene und transparente Netzwerk ermöglicht den freien Fluss von Menschen, Gütern, Kapital und Wissen. [...] Darüber hinaus haben sowohl Indien als auch Japan als Seestaaten ein vitales Interesse an der Sicherheit von Seewegen. Es versteht sich von selbst, dass die Seewege, auf die ich mich beziehe, die Schifffahrtsrouten sind, die für die Weltwirtschaft am kritischsten sind. Lassen Sie uns ab jetzt gemeinsam diese schwere Verantwortung tragen, indem wir uns mit gleichgesinnten Ländern zusammenschließen, nicht wahr, meine Damen und Herren?«

China erwähnt Abe in seiner Ansprache mit keinem Wort, und es wurde auch später in dem Kontext lange nicht erwähnt. Dabei war von Anfang an klar, dass eine gemeinsame amerikanische, japanische, australische und indische Verteidigungsvereinbarung China einkreiste. Das Quadrilateral wurde bald von vielen Beobachtern als »asiatische NATO« betrachtet. Daniel Twining vom German Marshall Fund der Vereinigten Staaten schrieb über das Arrangement, dass es entweder »zu einem militärischen Konflikt führen könnte« oder »eine dauerhafte Grundlage für Frieden legen« könnte, wenn China eine demokratische Führungsrolle in Asien übernehmen würde.[38]

Vielfach sorgte die Idee auch im Westen zunächst für Widerspruch. Morton Abramowitz, Mitarbeiter im US-Außenministerium, bezeichnete das Projekt als »einen antichinesischen Schritt«. China selbst sandte, noch bevor es zu einer formellen Versammlung seiner Mitglieder kam, diplomatische Proteste an alle vier Mitglieder des Quads. Auch die Russen mischten sich ein: Außenminister Sergej Lawrow meinte, der Westen »versuche, Indien in Anti-China-Spiele zu verwickeln, indem er indopazifische Strategien fördert«.[39]

Doch zunächst entwickelte sich das Quad weiter. Wenige Monate nach Abes Rede folgten gemeinsame Marineübungen von Indien, Japan und den Vereinigten Staaten in der Nähe von Tokio und die Eröffnungssitzung in Manila. Auch ein weiteres Sicherheitsabkommen zwischen Japan und Indien, ebenfalls 2007 geschlossen, sollte die Sicherheit der Seewege und die Verteidigungszusammenarbeit in der Region fördern. Taro Aso, der Abe als japanischer Premierminister folgte, spielte die Bedeutung Chinas im Japan-Indien-Pakt herunter: »Wir gehen nicht von einem Drittland als Ziel aus, etwa China«, sagt er. Auch der indische Premierminister Manmohan Singh beschwichtigte Anfang 2008: »Ich habe der chinesischen Führung klargemacht, dass Indien nicht Teil sogenannter Eindämmungsbemühungen gegen China ist«, sagte er. Es gebe »keine Missverständnisse« zwischen Indien und China über den vorgeschlagenen Dialog zwischen den vier Nationen, so Singh. Überdies sei der Quad-Prozess »nie in Gang gekommen«.[40]

Sicher jedenfalls brach er schnell wieder zusammen. Die Sorge, China durch das Quad zu sehr einzuengen, wie auch wirtschaftliche Überlegungen trieben vor allem Australien bald um. Schließlich kündigte Canberra unter Premier Kevin Rudd an, nicht an weiteren Dialogen teilzunehmen. So lag der Quad 2008 schon wieder auf Eis.

Zwar arbeiteten seine Mitglieder weiterhin auf bilateraler oder trilateraler Ebene zusammen. Japan und Indien beteiligten sich etwa 2012 zum ersten Mal an einer gemeinsamen Marineübung, Australien und Indien folgten 2015. Und im selben Jahr nahm auch Japan erstmals an der indischen Malabar-Übung teil. Doch auch Indien war nach der Auflösung des Quad zunächst nicht besonders an einer Neuauflage interessiert. Noch sorgte sich auch Neu-Delhi, damit die Beziehungen zu Beijing zu gefährden.

Doch dann sah sich Indien durch die Road-and-Belt-Initiative Beijings, auch bekannt als Neue Seidenstraße, immer mehr eingeengt. Und 2017, als die Spannungen zwischen den beiden Regionalmächten im Grenzkonflikt im Himalaja kumulierten, wurde der Quad wieder aktiviert.

Seither hat sich die wiederbelebte Gruppe fünfmal getroffen. Zunächst weiterhin, ohne China offen als das primäre Ziel zu identifizieren, das es zu zügeln versucht. Kein einziges Mal erschien weiterhin in den Pressemitteilungen der einzelnen Länder zu Quad-Gesprächen das Wort »China«. Nie wurden sie direkt mit dem Umgang mit der Volksrepublik verknüpft.

Bis 2020. Nun wetterte US-Außenminister Mike Pompeo bei einem Quad-Treffen in Tokio offen gegen die »Vertuschung der Kommunistischen Partei Chinas« in der Anfangsphase der Coronavirus-Pandemie und folgerte: »Es ist jetzt wichtiger denn je, dass wir zusammenarbeiten, um unsere Mitarbeiter und Partner vor Ausbeutung, Korruption und Nötigung durch die KP zu schützen.« Er betonte, dass »man die Tatsache nicht übersehen kann, dass es China und seine Aktionen in der Region sind, die den Quad dieses Mal tatsächlich wichtig und funktionsfähig machen«. Eine »plötzliche Wende hin zu grober Aggression durch die chinesische Regierung in ihrer gesamten Peripherie« habe Pekings regionale Nachbarn alarmiert, so Pompeo. Er wies auch auf die anhaltenden Spannungen zwischen Indien und China an der gemeinsamen Grenze im Himalaja hin.[41]

Hardliner in Chinas staatlichen Medien und auf Kanälen wie Twitter warnten Indien daraufhin vor einem Spiel mit dem Feuer. Sollte sich Neu-Delhi, auch aufgrund der Grenzscharmützel mit China, Washington blind anvertrauen, nähere es sich einem direkten Konflikt mit dem Nachbarland.

Rückblickend war die Sache auch für das chinesische Außenministerium klar: »Der sogenannte Quad-Mechanismus ist von Natur aus ein Werkzeug, um China einzudämmen und zu umkreisen und Amerikas Hegemonie zu bewahren«, sagte der Sprecher des chinesischen Außenministeriums Zhao Lijian 2022. »Es ist eine von Menschen verursachte Provokation der Konfrontation, die die internationale Einheit und Zusammenarbeit untergräbt. Ich möchte betonen, dass der Kalte Krieg längst vorbei ist und jeder Versuch, ein Bündnis zu gründen, das darauf abzielt, China einzudämmen, nicht populär sein wird und solche Schritte zum Scheitern verurteilt sind«, so Zhao. »Relevante Länder sollten die veraltete Mentalität des Kalten Krieges aufgeben, um ihre falschen Praktiken zur Förderung von Blockkonfrontation und geopolitischer Rivalität zu korrigieren. Stattdessen sollten sie eine konstruktive Rolle bei der Förderung von Frieden und Stabilität im asiatisch-pazifischen Raum spielen.«[42]

Genau dieses Ziel ist es allerdings, das Indien verfolgt. Nur eben: aus einer anderen Perspektive. Und aller Rhetorik aus Beijing und aus dem eigenen Land zum Trotz.

Globale Wirtschaftsmacht

Es war ein stilles Überholmanöver. Den wenigsten internationalen Medien war es auch nur eine Meldung wert: Ende 2022 zog Indien gemessen an der Wirtschaftskraft an seiner ehemaligen Kolonialmacht Großbritannien vorbei. Und wurde damit zur fünftgrößten Volkswirtschaft der Welt. Der Internationale Wirtschaftsfonds sagte ein Bruttoinlandsprodukt von umgerechnet 3,53 Billionen US-Dollar für das Jahr voraus. Die indische Finanzministerin Nirmala Sitharaman ließ sich vor dem amerikanisch-indischen Firmenrat USIBC zu der gewagten Prognose hinreißen: »Heute der Fünfte, bald schon die Nummer drei.«[43]

Auch der IWF traut dem bevölkerungsreichen Land immerhin ein weiterhin erhebliches Wachstum zu. Laut seinen Prognosen könnte Indien bereits im Jahr 2027 auf Rang vier aufrücken – und Deutschland überholen. Manche Ökonomen schätzen gar, dass die Nation mit 1,4 Milliarden Einwohnern auf dem besten Weg ist, bis 2030 den dritten Platz hinter den USA und China zu erobern.

Dass Indien immer mehr auf die internationale Wirtschaftsbühne drängt, zeigt auch diese Nachricht: Ende 2022 wurde der indische Multi-Unternehmer Gautam Adani der drittreichste Mann der Welt, als einziger Asiat, der es je in die Top drei geschafft hat.

Natürlich ist es nicht so einfach. Ein ganz anderes Bild ergibt sich etwa, wenn man die Wirtschaftsleistung pro Kopf betrachtet – und damit auch den Wohlstand. So betrachtet, ist Indien mit seiner Milliardenbevölkerung noch lange nicht auf dem Niveau der wohlhabenden Industriestaaten. Dasselbe gilt allerdings auch für China. Doch während Indiens rasante Wirtschaftsentwicklung meist nur eine Randnotiz ist, wurde der chinesische Wirtschaftsboom als größter Event der Weltwirtschaft in den letzten Jahrzehnten geradezu zelebriert.

Dabei steht fest: Nicht nur politisch baut Indien seine Rolle in der Welt aus – vom einstigen Anführer der Blockfreien und strategischen Partner der Sowjetunion hin zu einer neuen Souveränität. Auch die wirtschaftlichen Fortschritte sind unübersehbar. Indien, das einst arme Kolonialland, das fast schon sprichwörtliche Dritte-Welt-Land, dessen Image auch Gandhi mit seinem Spinnrad und der selbst gesponnenen Kleidung geprägt hat, hat sich in den letzten 75 Jahren in Bereichen wie IT und Biotechnologie, aber auch Weltraumtechnologie, Pharmaindustrie und Energiewirtschaft einen Namen gemacht. Besonders im digitalen Bereich ist das Land weit vorangeschritten, heute schon gibt es dort mehr als 750 Millionen Internetnutzer.

Ein Faktor, der die Wirtschaft antreibt, ist, dass viele Inder Englisch sprechen. Indien hat die weltweit größte englischsprachige Bevölkerung, ungefähr 250 Millionen Inder sprechen die Sprache fließend. Und mindestens genauso wichtig: 2023 hat Indien China als bevölkerungsreichste Nation der Erde überholt. Besonders interessant ist dabei der Anteil verschiedener Altersgruppen an der Bevölkerung. So sind etwa 50 Prozent der indischen Bevölkerung jünger als 24 Jahre. Gleichzeitig ist das Bevölkerungswachstum doppelt so hoch wie in China – es liegt bei ungefähr 15 Millionen im Jahr, gut 40 000 Menschen werden am Tag in Indien geboren. China weist dagegen eine rasch alternde Bevölkerung auf, vor allem als Ergebnis seiner Ein-Kind-Politik. Während deshalb Arbeitskräftemangel für Beijing ein Riesenproblem darstellt, ist die Lage in Indien konträr: Dort fließt heute schon besonders viel Arbeitskraft in Zukunftsbranchen.

Denn das Land, in dem unter anderem unser Zahlensystem erfunden wurde, setzt besonders auf den Wissenschafts- und Technologiesektor. Seit Jahrzehnten sind dort Forschungs- und Entwicklungszentren aus dem Boden geschossen. Heute ist Indien weltweit bei Software und produktionsnahen Dienstleistungen einer der wichtigsten Standorte. Millionen indische IT-Experten sind im Land tätig, viele für internationale Konzerne. Sie arbeiten vor allem in den südindischen Hightech-Zentren Bangalore und Hyderabad. Hunderttausende sind bei den Giganten der Branche angestellt. Allein Tata Consultancy Services (TCS) hat mehr als 600 000 Mitarbeiter, Infosys mehr als 300 000, Wipro mehr als 200 000. Apple plante zuletzt einen weiteren Teil seiner iPhone-Produktion nach Indien zu verlegen. Viele Inder sind aber auch international in dem Wirtschaftszweig tätig, etwa im kalifornischen Silicon Valley. Schon einmal machten die »Computer-Inder« um die Jahrtausendwende in Deutschland von sich reden. Angesichts des deutschen Fachkräftemangels entdecken deutsche Politiker sie gerade neu. Und so groß die indische Bevölkerung, so groß ist auch die Diaspora. Mehr als 32 Millionen Inder leben jenseits ihrer Heimat auf der ganzen Welt. Die Weltbank prognostizierte Ende 2022, dass die Summe der Überweisungen von Indern aus dem Ausland in ihr Heimatland erstmals 100 Milliarden US-Dollar erreichen werde.

Im Westen weniger registriert wird dagegen, wie sich Indien auch in anderen Branchen etabliert. Etwa in der Raumfahrt. So war Indien das dritte Land nach der Sowjetunion und den USA, das eine nationale Weltraumbehörde gründete. Bereits 1979 brachte es als dritte asiatische Nation nach China und Japan einen Satelliten von einer selbst entwickelten Rakete in die Umlaufbahn. 2008 startete Indien seine erste unbemannte Mondsonde. Und 2014 war es die vierte Nation weltweit, die einen Satelliten in eine Umlaufbahn um den Mars beförderte.

Auch als Apotheke der Welt macht Indien sich schon lange einen Namen. Es ist der international größte Anbieter von Generika. So entfallen etwa eine Milliarde der in einem Jahr in den USA ausgestellten Rezepte mittlerweile auf Medikamente aus indischer Produktion. Doch vor allem versorgen die Pharmagiganten vom Subkontinent viele Schwellen- und Entwicklungsländer. Zuletzt expandierten indische Gesundheitsunternehmen besonders in Afrika. Zu den Bereichen, in denen die indische Branche in der Zukunft die größten Chancen sieht, gehört unter anderem die Entwicklung von Biologika, Medikamenten, die aus biologischen Substanzen hergestellt werden, wie sie etwa in der Krebstherapie und zur Behandlung von Autoimmunerkrankungen eingesetzt werden. »Die Herstellungskosten in Indien sind aufgrund der geringeren Infrastruktur- und Personalkosten viel niedriger als in den westlichen Märkten«, sagt G. V. Prasad, Geschäftsführer von Dr. Reddy's, in einem Interview.[44] Zudem hat Indien einen großen Wettbewerbsvorteil in der klinischen Entwicklung.

Und ob in der Pharmaindustrie oder in anderen Branchen: Bereits 2022 gab es in Indien fast 70 sogenannte Einhörner, Startups mit einer Unternehmensbewertung von mehr als einer Milliarde US-Dollar. Das Land lag damit auf Rang drei hinter China und den USA. Indien zählt auch mehr börsennotierte Unternehmen als jede andere Nation. Rund 5 000 Aktiengesellschaften waren 2022 an der Bombay Stock Exchange notiert.

Seit der Jahrtausendwende machen Indiens Unternehmen weltweit verstärkt von sich reden. In Deutschland wurde etwa die Tata-Gruppe bekannt, als deren Stahltochter Tata Steel ein deutsch-indisches Joint Venture mit Thyssenkrupp plante, das allerdings wegen kartellrechtlicher Bedenken platzte. Bereits zuvor hatte der Konzern mit Übernahmen britischer Unternehmen wie Jaguar Land Rover für Aufmerksamkeit gesorgt. Heute ist Tata das größte Industrieunternehmen in Großbritannien.

Ähnlich mächtig ist der Konzern Reliance Industries (RIL), ebenfalls aus Mumbai. Ursprünglich ein Öl- und Chemiegigant, hat RIL seit 2016 mit der neu gegründeten Tochter Jio den indischen Telekommunikationsmarkt umgekrempelt und sich zum Marktführer mit Hunderten Millionen Smartphone- und Handy-Kunden gemacht. Mit ihrem Chef und Großaktionär Mukesh Ambani ist RIL auch der größte Einzelhändler des Landes. Zuletzt hat vor allem Jio Platforms internationale Aufmerksamkeit auf sich gezogen. Die Holdinggesellschaft, 2019 gegründet, war 2022 Berichten zufolge das viertgrößte indische Unternehmen nach Marktkapitalisierung. Facebook sicherte sich bei Jio Platforms mit 5,5 Milliarden US-Dollar einen zehnprozentigen Anteil, Google erwarb für 4,2 Milliarden Dollar knapp acht Prozent.

Ein weiteres bedeutendes indisches Konglomerat ist die Adani Group, die in zahlreichen Bereichen von Häfen und Flughäfen bis zu Solarenergie und Fernsehen aktiv ist. Der 61-jährige Milliardär Gautam Adani, den ein Vermögen von 143 Milliarden US-Dollar 2022 zum drittreichsten Mann der Welt machte und der trotz Verluste auch 2023 noch als reichster Mensch Asiens gilt, begann sein Geschäft nach Abbruch des Studiums mit dem Diamantenhandel, bevor er sich auf maritime Infrastruktur, den Bausektor und zuletzt auf erneuerbare Energien konzentrierte. Die Beteiligungen der Adani Group an der indischen Börse gingen durch die Decke. Der Wert seines wichtigsten börsennotierten Unternehmens, Adani Enterprises, ist innerhalb von fünf Jahren um das Fünfzigfache gewachsen, der seines Solarenergie-Unternehmens Adani Green Energy hat sich seit 2021 verdoppelt. Bis 2030 will die Gruppe 70 Milliarden US-Dollar in grüne Energieprojekte investieren. Ziel ist es, der weltweit größte Erzeuger erneuerbarer Energien zu werden. Noch bis Ende des Jahrzehntes will Adani den Hafen Mundra am Arabischen Meer zum größten der Welt machen. Zuletzt geriet Adani allerdings in Schwierigkeiten. US-Finanzanalysen warfen ihm Kursmanipulation und Bilanzfälschung mithilfe eines Geflechts aus Briefkastenfirmen vor. Der Wert seines Imperiums brach um zwei Drittel ein. Auch im Land ist der reiche Asiat, der alle Vorwürfe von sich wies und dahinter gleich mal eine »kalkulierte Attacke auf die Wachstumsgeschichte und die Ambitionen Indiens« witterte,[45] allerdings nicht unumstritten: Adani steht Indiens hindunationalistischem Premier Modi nahe. Der benutzt schon mal den Privatjet des Tycoons für Wahlkampfreisen.

Was man Adani indes nicht vorwerfen kann, ist, arbeitsscheu zu sein. Und damit steht er im Widerspruch zu einem gängigen Klischee über die Inder. Schon Mahatma Gandhi, der den Westen ähnlich gut kannte wie den Osten, schrieb vor rund 100 Jahren, den Indern werde vorgeworfen, sie seien ein faules Volk und die Europäer seien fleißig und unternehmungslustig. Doch wer sich umschaut in Indien, der sieht oft genau das Gegenteil. Ob in den Hightech-Städten in Indiens Süden oder bei den einfachen Händlern am Straßenrand: In Indien wird allenthalben hart geackert.

Als ich zu Hochzeiten des IT-Booms eine Forschungsabteilung von Siemens in Bangalore besuchte, sprach ich mit der Personalchefin. Im Stadtteil Electronics City waren die Straßen von den Firmenschildern der internationalen IT-Branche gesäumt: Hewlett Packard, Infosys und Motorola las ich – mehr als 100 internationale Konzerne haben dort ihre Niederlassungen. Siemens entwickelte in Bangalore Lösungen für Automobile und Sicherheitssysteme. Die Personalleiterin war Ende vierzig. Sie führte mich durch ein Großraumbüro und beschrieb mir ihren Alltag. Acht Stunden sei sie täglich im Büro, danach fahre sie nach Hause, esse etwas und führe Telefonkonferenzen. »Meine Töchter sehe ich beim Abendbrot und meistens beim Frühstück. Außerdem am Samstag und am Sonntagvormittag. Am Sonntagnachmittag arbeite ich wieder.«

Tatsächlich ist Indien führend, wenn es um Arbeitsstunden geht: 2018 rackerte ein durchschnittlicher Angestellter in Mumbai 3 315 Stunden im Jahr – die meisten auf der ganzen Welt. Das war das Ergebnis einer Studie der Schweizer Investmentbank UBS. Die in Mumbai tätigen Menschen nahmen demnach auch mit die wenigsten Urlaubstage, etwa zehn pro Jahr.

Doch so hektisch das Arbeitsleben vieler wohlhabender Inder, so rasant der wirtschaftliche Aufschwung: Die Hindernisse, mit denen er verbunden ist, sind weiterhin massiv. Zumal viele von ihnen struktureller Natur sind. Hinter der schillernden Welt von IT, Raumfahrt und Pharma liegt eine ganz andere.

So ist der Anteil der Menschen, die in der Landwirtschaft arbeiten, im internationalen Vergleich weiterhin erheblich. Noch 2020 waren laut Weltbank rund 40 Prozent der Menschen in dem Wirtschaftszweig tätig. Die meisten betrieben Selbstversorgung. Entsprechend klein ist der Landbesitz vieler Bauern, entsprechend primitiv die Anbautechniken.

Eine weitere Hürde für die wirtschaftliche Entwicklung ist die schwache Infrastruktur. Zwar investiert der Privatsektor gewaltige Summen. So hat Air India im größten Flugzeug-Deal der Geschichte Anfang 2023 250 Jets bei Airbus bestellt und knapp 300 weitere beim US-Rivalen Boeing. Damit will sich das Land mit seinen neu ausgebauten Großflughäfen zum internationalen Drehkreuz entwickeln, als Konkurrenz vor allem für Dubai und Doha. Die Reederei Hapag-Lloyd stieg unterdessen mit 40 Prozent bei einem indischen Terminal- und Transportdienstleister ein.

Vor allem hat die Regierung in den letzten Jahrzehnten viel in die Verbesserung von Straßen, Schienen und Häfen investiert. Immer wieder wurden milliardenschwere Autobahnentwicklungsprojekte wie das Goldene Viereck zwischen Neu-Delhi, Kolkata, Chennai und Mumbai aufgelegt. Die staatliche Eisenbahngesellschaft Indian Railways bestellte zuletzt für drei Milliarden Euro

1200 Lokomotiven bei Siemens Mobility. Auch im letzten Haushalt vor den Parlamentswahlen 2024 wurde der Fokus erneut auf Infrastruktur gelegt. Eisenbahnprojekte im Rekordumfang von 24 Milliarden US-Dollar wurden geplant. Finanzminister Nirmala Sitharaman kündigte außerdem Investitionen in den Bau von 50 neuen Flughäfen, Flugplätzen und Hubschrauberlandeplätzen an, um die regionale Anbindung zu verbessern. Gleichwohl können auch Stromnetze, Wasserversorgung und Kommunikationsinfrastruktur bis heute in vielen Regionen nicht mit dem wirtschaftlichen Fortschritt Schritt halten.

Und es gibt noch grundlegendere Probleme. So hat der Anteil armer Menschen an der indischen Bevölkerung in den vergangenen Jahren zwar abgenommen, doch das Niveau ist immer noch hoch. Indien belegte im Welthunger-Index 2021 den 101. Platz von 116 Ländern. Etwa ein Viertel der Kinder im Land leiden demnach an Unterernährung, über 190 Millionen gehen jede Nacht ohne Mahlzeit zu Bett. Eine andere Statistik beschreibt die Lage zwar etwas weniger dramatisch: Laut dem Multidimensional Poverty Index (MPI) der Vereinten Nationen, der die Bereiche Gesundheit, Bildung und Lebensstandard untersucht, liegt das Land immerhin im Mittelfeld. Mit 16,4 Prozent Menschen, die 2022 in Armut lebten, hat er sich demnach stark verbessert. Doch auch nach diesem Index hatte Indien unter den BRICS-Staaten den höchsten Bevölkerungsanteil in Armut, gefolgt von Südafrika (6,3 Prozent), China (3,9 Prozent) und Brasilien (3,8 Prozent).

Umstritten ist unterdessen, welche Auswirkungen die Wirtschaftsreformen Anfang der Neunziger und das folgende Wirtschaftswachstum auf die Bekämpfung der Armut hatten. Das Thema ist ein Politikum. Offiziellen staatlichen Angaben zufolge sank die Armut von 36 Prozent zwischen 1993 und 1994 auf 26 Prozent zwischen 1999 und 2000 und weiter auf 22 Prozent zwischen 2004 und 2005. Besonders heftig diskutiert wird, ob es in der Zeit zwischen 2004 und 2013 oder in der Regierungszeit von Narendra Modi ab 2014 einen größeren Rückgang gab.

Und auch zuletzt hat die indische Regierung sich wenig um die Bekämpfung der Armut bemüht. Im Haushalt von 2023 wurden zwar Steuererleichterungen für die indische Mittelklasse angekündigt. Das Budget trägt aber nicht viel dazu bei, den Lebensstandard der Schwächsten zu verbessern. So wurden die Ausgaben für Indiens ländliches Beschäftigungsprogramm, ein entscheidender sozialer Puffer, in einer Zeit hoher Arbeitslosigkeit und Verzögerungen bei Lohnzahlungen an die Arbeiter um über 30 Prozent gekürzt. Die Regierung hat zudem ein Programm für kostenlose Lebensmittel aus der Covid-Zeit eingestellt und im Vergleich zu den revidierten Schätzungen des letzten Jahres fast 30 Prozent der gesamten Lebensmittelsubventionen eingespart. Ausgaben für Düngemittelsubventionen für Landwirte sind im Haushalt von 2023 ebenfalls um über 20 Prozent gesunken.

So hinkt Indien auch im Human-Development-Index der Vereinten Nationen weiter hinterher: Es belegte Platz 132 von 189 Ländern, hinter China, Indonesien und Vietnam. Andere Faktoren, die in den Index einfließen, sind Bildung und Lebenserwartung.

Und die ist in dem Land mit knapp 70 Jahren auch deshalb vergleichsweise gering, weil der Gesundheitssektor bis heute dramatisch unterentwickelt ist. Endlose Warteschlangen vor dem Einlass, übermüdetes Personal, bedenkliche Hygiene und schlechte Basis-Ausstattung, überfüllte Krankenzimmer und Angehörige, die auf Matratzen vor den Patienten lagern: Wer staatliche indische Krankenhäuser von innen gesehen hat, der weiß, dass der öffentliche Bereich chronisch überlastet und schlecht ausgestattet ist. Die Covid-Pandemie hat das noch einmal auf tragische Weise bewiesen.

Der private Bereich ist dagegen in den vergangenen Jahrzehnten ständig gewachsen, massiv finanziert auch vom internationalen Medizintourismus. Heute hat Indien das am stärksten privatisierte Gesundheitssystem auf der Welt. Doch das Ziel der Gesundheitsunternehmen, durch internationale Standards Profit zu erwirtschaften, kommt vielen Patienten nicht zugute: Besonders arme Haushalte kollabieren unter den Kosten, die sie für private Behandlungen ausgeben, zu denen sie sich aufgrund der schlechten öffentlichen Versorgung gezwungen sehen. Die Ausgaben sind so hoch, dass jährlich zwei bis drei Prozent der Inder ihretwegen unter die Armutsgrenze rutschen.

Vor diesem Hintergrund hat die Regierung 2018 das »größte Krankenversicherungssystem der Welt« initiiert, es heißt Ayushman Bharat. Für Diskussionen sorgte allerdings, dass es die Infrastruktur des Privatsektors für die Dienstleistungen nutzt, ohne dass es einen Regulierungsmechanismus gibt. So wurde das Programm von privaten Krankenhäusern missbraucht, um gefälschte Arztrechnungen einzureichen. Operationen an Personen wurden berechnet, die bereits vor langer Zeit entlassen worden waren, Operationen angeblich in Krankenhäusern durchgeführt, die gar keine Einrichtung für Nierentransplantation haben. Auch der Spielraum für Korruption sei in dem neuen System erheblich, bemängeln Kritiker. Generell werde es zu weiter steigenden Kosten für medizinische Behandlungen führen.

Aber nicht nur bei medizinischer Versorgung, auch im Bereich Bildung hinkt ausgerechnet das Land, das so auf seine historisch verankerte Wissenskultur setzt, im weltweiten Vergleich weit hinterher. Laut Daten des National Statistical Office lag Indiens durchschnittliche Alphabetisierungsrate im Jahr 2021 bei 77,7 Prozent. Im ganzen Land waren demnach 84,7 Prozent der Männer und 70,3 Prozent der Frauen des Lesens und Schreibens kundig.

So hat Indien zwar gute Chancen, seine Bedeutung als internationale Wirtschaftsmacht auszubauen, aber es gibt auch erhebliche Hindernisse. Die Strategie wird deshalb entscheidend sein. Kalkül der Regierung war es zuletzt, Produktionen mit hoher Wertschöpfung auszubauen, um das Wachstum anzutreiben und Beschäftigungsmöglichkeiten zu schaffen. Die Stufe der Fertigung mit geringer Wertschöpfung, die etwa den Boom in China und Vietnam angeschoben hat, will Indien einfach überspringen. Als Produktionsmacht will sich das Land so besonders gegenüber der Volksrepublik positionieren, deren alternde Arbeitskräfte und steigende Löhne den Wettbewerbsvorteil verringern. Dabei kann Neu-Delhi zwar auf sein starkes Bevölkerungswachstum setzen, doch es muss auch alles dafür tun, breite Schichten von jungen Menschen im Land zu mobilisieren und auszubilden. Und so die Qualifikationslücke in der nachrückenden Generation zu schließen.

Ähnlich wichtig bleibt der Ausbau der Infrastruktur. Große Hoffnung wird etwa in den neuen Güterverkehrskorridor von Delhi nach Mumbai gesetzt, der wichtige Wirtschaftszentren im Inland mit dem Jawaharlal-Nehru-Hafen in Mumbai verbindet. Neu-Delhi will damit auch den Handel mit Industriegütern erleichtern. Von Vorteil für das Land ist seine Nähe zu den europäischen Märkten. Braucht ein Containerschiff etwa für die Fahrt vom chinesischen Hafen Ningbo nach Hamburg knapp 40 Tage, so dauert die Reise von Mumbai nur 22 Tage. Zumal: Da sich zwischen China und dem Westen ein geopolitischer Keil öffnet, hat Indien auch die Möglichkeit, in neu gestaltete internationale Lieferketten hineinzuwachsen.

Wegen seines starken Technologiesektors ist Indien für internationale Investoren schon lange interessant. Doch durch die zunehmenden Verwerfungen mit China ist es noch einmal attraktiver geworden. In ähnlichem Maße, wie nach den USA Länder wie Kanada, Großbritannien und nicht zuletzt Deutschland Investitionen aus China in ihren Ländern einschränkten, könnte die Volksrepublik auch ihre langjährige Attraktivität für Investoren verlieren.

Das legen jedenfalls Daten nah. So war China 2019 laut Analyse der Beratungsfirma GlobalData noch das führende Ziel für ausländische Direktinvestitionen im asiatisch-pazifischen Raum. Mit 854 Projekten vereinte es fast ein Fünftel aller ausländischen Investitionen in der Region auf sich, gefolgt von Indien mit 834 Projekten und Australien mit 437 Projekten. Doch schon in der Pandemie 2020, als die Zahl der Projekte in der Region insgesamt um die Hälfte zurückging, war der Einbruch in China stärker, und Indien kämpfte sich auf den ersten Platz vor. Bis 2021 rutschte die Volksrepublik dann trotz einer generellen Zunahme der Investitionsprojekte im asiatisch-pazifischen Raum auf den dritten Platz hinter Indien und Australien ab. Zumindest in diesem Ranking stach Neu-Delhi den großen Konkurrenten Beijing erneut aus: Mit 713 Projekten ausländischer Direktinvestitionen stand Indien weiter auf Platz eins.

Partner für den Westen?

Ende 2022 reiste Annalena Baerbock nach Indien. Die deutsche Außenministerin fuhr mit der Autorikscha durch Delhi. Sie verteilte barfuß vor Gandhis Gedenkmal Rosenblätter und buk in einer Tempelküche mit den Frauen traditionelles Fladenbrot.

Bei einer Pressekonferenz unterzeichneten die Länder eine Vereinbarung über eine Migrations- und Mobilitätspartnerschaft. Damit sollen hochqualifizierte Fachkräfte leichter nach Deutschland kommen. Dann sprachen die beiden Minister. Baerbock titulierte ihren indischen Amtskollegen, wenn auch mit nicht unüblichen Ausspracheschwierigkeiten, als Jaishankar*ji*, als »verehrter Jaishankar«. Außerdem duzte sie ihn in ihrer auf Deutsch gehaltenen Rede vertraulich. Vor allem aber kam sie schnell auf den ihr offenbar wichtigsten Punkt. Es gebe ein enges Band zwischen den beiden

Demokratien, sagte sie: »Ein Band, das uns auf der Grundlage geteilter Werte verbindet.« Und sie zählte auf: »Menschenrechte, Freiheit, Demokratie. Das Vertrauen in eine Ordnung, basierend auf dem Recht.« Es sei ihr erster offizieller Besuch in Indien, aber es komme ihr eher vor, als würde man einen guten Freund besuchen.

Baerbock verwies auch auf konkrete Projekte, die vereinbart wurden, um Indien dabei zu unterstützen, seinen Energiebedarf auf sozial und ökonomisch nachhaltige Quellen umzustellen. Die beiden Länder wollten die Zusammenarbeit etwa bei der Energiewende ausbauen. Deutschland stehe dafür als Partner zur Seite. Auch gemeinsame Verteidigungspolitik war ein Thema. Kooperationen im indopazifischen Raum sollten verstärkt werden, im Bereich der Sicherheit wie auch der Klimapolitik. Insgesamt gebe es ein großes Potenzial für weitere Zusammenarbeit. Das beziehe sich auf die Wirtschaftsbeziehungen wie auf die Verteidigung. Und dann kam sie wieder auf das eine ihr wichtige Thema, die vermeintliche gemeinsame Ethik: Man habe in der Bundesrepublik erlebt, wie es sei, sich von einem Land abhängig zu machen, dessen Werte man nicht teile, sagte die Außenministerin mit Blick auf Russland. Deswegen wolle man in diesen Bereichen stärker mit Indien kooperieren.

Diese bereits mehrfach zitierten gemeinsamen Werte blieben auch ihr Schwerpunkt, als eine *Zeit*-Journalistin sie fragte, ob Indien jetzt ein Ersatzpartner für China werden solle. Baerbock antwortete mit einem klaren Nein. Indien sei schon immer Partner für Deutschland und Europa gewesen. Diese Partnerschaft solle jetzt erweitert werden. Denn, und da war es wieder: »Uns verbindet eine Wertepartnerschaft. Insbesondere die wollen wir weiter ausbauen.« Als größte Demokratie der Welt stehe Indien beispielhaft für viele Länder in der Welt.

Auch Bundeskanzler Scholz, der im Februar 2023 das Land besuchte, unterstrich die Bedeutung der bilateralen Beziehungen zwischen beiden Ländern. Und das, obwohl Indien sich kurz zuvor bei einer neuen Resolution zur Verurteilung des Einmarschs Russlands in die Ukraine in der UN-Generalversammlung erneut der Stimme enthalten hatte. Scholz' Lob für Indien war zwar weniger euphorisch, ging aber in dieselbe Richtung wie das der Außenministerin. Auch ihm ging es um Werte: »In der Tat bin ich fest davon überzeugt, dass unsere Länder eng verbunden sind, weil wir ähnliche Vorstellungen haben – ganz besonders, was die Demokratie betrifft und was die Bedeutung betrifft, die sie für unser Leben und für die Zukunft hat«, sagte er in Neu-Delhi gegenüber Premier Modi. »Insofern ist es wichtig, dass wir die Gelegenheiten nutzen, die jetzt vor uns liegen, um dafür zu sorgen, dass wir in verschiedenen Bereichen unsere ökonomischen, unsere politischen, unsere kulturellen Beziehungen verbessern, vertiefen und ausbauen. Das ist auch das Ziel des Besuches, den ich hier jetzt absolviere.«[46]

Hindunationalist Modi bezeichnete den Sozialdemokraten Scholz in seiner Rede als »meinen Freund«. Er sagte: »Wir sind Freunde, wir haben feste Beziehungen zwischen Indien und Deutschland, die auf den gemeinsamen Werten und auf einem tiefen Verständnis der Interessen der jeweils anderen Seite beruhen.« Im weiteren Verlauf seiner Ansprache hob er vor allem das wirtschaftliche Potenzial der gegenseitigen Beziehungen vor.

Olaf Scholz besuchte neben der Hauptstadt auch die IT-Metropole Bangalore. Handelsbeziehungen standen im Fokus seiner Reise, er wurde von einer Wirtschaftsdelegation begleitet. Er setze sich dafür ein, sagte der Kanzler, »dass es jetzt endlich klappt mit dem Freihandelsabkommen unserer Länder. Ich werde mich auch persönlich dafür engagieren, dass diese Sache nicht noch einmal so lange dauert.« Die Verhandlungen zwischen der EU und Asiens drittgrößter Volkswirtschaft sind bereits einmal gescheitert: 2013 brachen beide Seiten die Gespräche ab, nachdem zuvor in sechsjährigen Verhandlungen keine Fortschritte erreicht worden waren. 2022 startete ein neuer Anlauf, woraufhin beide Seiten das Ziel nannten, bis Ende 2023 eine Einigung zu erzielen.

Neben weiteren Themen wie etwa die Zusammenarbeit auf dem Energiesektor war eine leichtere Zuwanderung nach Deutschland für indische Fachkräfte insbesondere aus dem IT-Bereich ein Schwerpunkt seiner Reise. Auch damit setzte er die Mission von Annalena Baerbock fort: Seine Regierung wolle es ihnen erleichtern, Einreisevisa zu erhalten, um den Mangel an qualifizierten Arbeitskräften zu bekämpfen, sagte Scholz. Dafür solle der rechtliche Rahmen verbessert werden und der gesamte bürokratische Prozess um die Visavergabe modernisiert werden.

Mit Blick auf China wiederholte der Kanzler am Rande des Besuches noch einmal, dass Deutschland sein Engagement im indopazifischen Raum ausbauen wolle. Es sei kein Zufall, betonte Scholz, dass er als Kanzler im April 2022 als Erstes in die Region nach Japan gereist sei. Damit steuerte er auch der in Indien verbreiteten Ansicht entgegen, das europäische Engagement in dieser Hinsicht sei zu gering.

Mehrere Medien berichteten zudem, Scholz habe bei seinem Besuch auch ein milliardenschweres U-Boot-Geschäft voranbringen wolle. Indien wolle sechs konventionelle U-Boote im Wert von 4,9 Milliarden Euro kaufen, hieß es. Im Gespräch sei Thyssenkrupp Marine Systems. Auf die Frage, ob er mit Modi über das U-Boot-Projekt gesprochen habe, sagte Scholz deutschen Journalisten: »Selbstverständlich haben wir auch konkrete Vorhaben beredet. Das sind Dinge, die hier zunächst einmal zwischen den Unternehmen und den Bestellern ausgehandelt werden müssen, aber natürlich müssen sie begleitet werden.«

Mehr deutsche Annäherung an Indien fordert schon lange auch der Vorsitzende der deutsch-indischen Parlamentariergruppe im Bundestag Ralph Brinkhaus. »Gerade im Vergleich zu China wird

Indien zu wenig wahrgenommen«, bekundete der Unionspolitiker in einem Interview, das 2022 auf der Homepage des Bundestages veröffentlicht wurde. Es gebe gute Kontakte, auch regelmäßige Regierungskonsultationen. »Aber da geht mehr und da muss auch mehr passieren. [...] Wir waren in den vergangenen Jahrzehnten in unserer Asienpolitik aus sicherlich nachvollziehbaren Gründen stark auf China fixiert. Das sollten wir gerade vor dem Hintergrund der besorgniserregenden Entwicklungen in China auch aus eigenem Interesse schnell ändern.«

Wenigstens Brinkhaus sieht aber, dass es dabei durchaus auch Haken gibt. Gefragt nach Menschenrechten, gesteht er immerhin ein: »Unter Freunden muss man auch ehrlich sein. Und zur Ehrlichkeit gehört dazu, dass wir immer mehr Rückmeldungen bekommen, dass die Toleranz im Umgang mit den verschiedenen Religionen und Ethnien, die die DNA des modernen Indiens ist, abnimmt. Und auch darüber wollen wir sprechen.«[47]

Generell scheint es dagegen eher, dass die indische Haltung zu Menschenrechten von deutschen Politikern und Staatsbeamten gern übersehen wird. So sorgte vor einigen Jahren der damalige Botschafter in Indien, Walter Lindner, für Kritik. Öffentlich traf er sich in der Stadt Nagpur mit dem RSS-Führer Mohan Bhagwat. Fotos der beiden sind auf seinem Tweet zu sehen. Der RSS sei schließlich »ein Teil des Mosaiks, aus dem Indien besteht«, man könne seine Existenz nicht leugnen, erklärte er nach dem Treffen der Tageszeitung *The Hindu*.[48] Gleichwohl hatte er den Hindunationalisten damit mediale Aufmerksamkeit verschafft. In einer Onlinepetition wurde seine Abberufung als Botschafter gefordert. Doch erst 2022 wurde er abgelöst.

Annalena Baerbock, die bei ihrem Besuch in Neu-Delhi so sehr auf die gemeinsamen Werte abgehoben hatte, hat sich zum Thema Menschenrechte und Nationalismus in Indien auf meine mehrfache Anfrage nicht geäußert. »Eine Beantwortung der einzelnen

Fragen durch die Außenministerin ist aus terminlichen Gründen leider nicht möglich«, schreibt die Pressestelle des Auswärtigen Amtes schließlich. Weder dazu, ob die Nähe zu einer völkischen Partei wie der BJP, die sie auf dem Treffen mit Außenminister Jaishankar Ende 2022 demonstriert hatte, angemessen sei, hat sie Stellung bezogen. Noch zu meiner Frage, ob sie das Thema Menschenrechte und Politik gegenüber Minderheiten ihren indischen Gesprächspartnern gegenüber zukünftig ansprechen werde.

Dabei sind ihre bisherigen Äußerungen zum Thema eher rar. Und vor allem: diffus. Indien habe gezeigt, »dass gesellschaftliche Pluralität, Freiheit und Demokratie ein Motor für wirtschaftliche Entwicklung, Frieden und Stabilität sind. Daran gemeinsam mit der Stärkung der Menschenrechte weiterzuarbeiten, auch das ist unsere Aufgabe«, zitiert das Auswärtige Amt sie auf seiner Website.[49] Dezenter kann man das Thema an sich kaum in einer Aussage verstecken.

Auch auf die Frage, ob die Herausforderungen für die wirtschaftliche Zusammenarbeit zwischen Deutschland und Indien nicht in Wahrheit größer sind als von Politikern und Wirtschaftsvertretern oft dargestellt, hat die deutsche Außenministerin keine Antwort gegeben. Ebenso nicht darauf, ob die guten Beziehungen zwischen Neu-Delhi und Moskau ein Hindernis sind, wenn Indien als Partner des Westens für die Sicherheitspolitik im Indopazifik gegenüber China eine wichtigere Rolle bekommen soll. Auch der Kanzler hat auf eine entsprechende Anfrage nicht geantwortet, das Presse- und Informationsamt der Bundesregierung verwies auf seinen Terminkalender.

Klar ist jedenfalls, dass Indien, um ein zuverlässiger Partner für Deutschland und den Westen zu sein, seine Menschenrechtspolitik neu ausrichten muss. Auch wenn deutsche Politiker dies bisher – anders als etwa gegenüber China – nicht anmahnen. Zwar ist es mehr als fraglich, ob eine völkisch eingestellte Regierung in Neu-Delhi daran ein Interesse hat. Doch egal, ob es um die Dalits und Adivasis geht, um die Rechte von Angehörigen der LGBTQ-Gemeinschaft oder auch um Frauenrechte: Nur, wenn die indische Regierung einen anderen, komplett neuen Weg einschlägt, sind dauerhaft Konflikte in dem Land zu vermeiden. Nur dann ist der Frieden im Land sicher. Nimmt sie diesen Kurswechsel nicht vor, ist nur ein gewisser Teil der indischen Gesellschaft wirklich der Partner, von dem Annalena Baerbock und auch der deutsche Bundeskanzler sagen, man teile mit ihm die gleichen Werte. Insgesamt aber bleibt Indien dann: ein gesellschaftliches Pulverfass.

Ähnliches gilt in wirtschaftlicher Hinsicht: Zwar ist das ökonomische Potenzial des Landes gewaltig – aber bisher taugt Indien auch ökonomisch nur bedingt als neuer Partner für den Westen. Denn allem Wachstum zum Trotz: Der Wohlstand ist ungleich verteilt, die sozioökonomische Schere klafft weit auseinander. Die Regierung liefert, aber die Hürden bleiben hoch: Mehr als 75 Jahre nach der Unabhängigkeit muss sie endlich effizient die Armut bekämpfen. Sie muss den Bildungssektor neu aufstellen, um international konkurrenzfähig zu werden. Und die Standortqualität weiter erhöhen – auch, um sich gegen China zu behaupten.

Ein gewisser Wackelkandidat ist Indien ebenso weiterhin in der Außenpolitik. So bleibt Neu-Delhis angespanntes Verhältnis zu Islamabad eine schwelende Gefahr für die Region – und da beide Länder Atommächte sind, auch für die ganze Welt. Aber vor allem sind die guten Beziehungen zu Moskau ein Widerspruch zu der immer enger werdenden Verteidigungs-Partnerschaft mit dem Westen. Denn trotz aller Annäherung an Washington und Brüssel in den vergangenen Jahren: Es ist kaum zu erwarten, dass das Land in den kommenden Jahren seine Ambivalenz zwischen den USA und Russland komplett überwindet, die Staatsgründer Nehru ihm in die Gene diktiert hat. Geostrategisch ist Neu-Delhi auch heute nur insofern ein verlässlicher Verbündeter für den Westen, als es nichts tun wird, was die nationalen Interessen der EU-Länder oder der USA verletzt. Doch das gilt eben auch für die Interessen Russlands und sogar Chinas.

Genau auf diese Art und Weise aber muss der Westen Indien akzeptieren, wenn er das Land in der Sicherheits- und Wirtschaftspolitik stärker an sich binden will: als selbstbewusste Nation, die ihre eigenen Interessen verfolgt. Immer wieder hat Indien zuletzt seine Autonomie demonstriert. Ob in Politik, Wirtschaft oder Gesellschaft, es will sich in keinen Bereich hineinreden lassen. So wird es eines ganz sicher bleiben: ein besonders eigenwilliger Partner.

Anmerkungen

Interne Entwicklungen

1 Sarvakar, Vinayak Damodar. *Hindutva: Who is a Hindu.* Bombay 1928, S. 126 ff.

2 Ibid., S. 116.

3 Gandhi, M.K. *In search of the Supreme, Vol. III,* Ahmedabad 1962, S. 10.

4 Jagori.org. *What happened in Gujarat – The Facts.* www.jagori.org/wp-content/uploads/2006/03/what%20happened%20in%20gujarat.PDF. Aufgerufen am 16.5.2023.

5 Ibid.

6 Yousuf, Farhaad. *Partition Revisited.* Newsline Magazine. https://newslinemagazine.com/magazine/partition-revisited/. Aufgerufen am 16.5.2023

7 Bose, Raja. *Lord Ram has given me new lease of life.* Times of India. https://timesofindia.indiatimes.com/city/ahmedabad/lord-ram-has-given-me-new-lease-of-life/articleshow/2900672.cms. Aufgerufen am 16.5.2023.

8 Varadarajan, Siddharth *Gujarat, The Making of a Tragedy.* New Delhi 2002, S. 47 ff.

9 Ibid.

10 Ibid.

11 Ibid.

12 Bose, Raja. *Lord Ram has given me new lease of life.* Times of India. https://timesofindia.indiatimes.com/city/ahmedabad/lord-ram-has-given-me-new-lease-of-life/articleshow/2900672.cms. Aufgerufen am 16.5.2023.

13 Varadarajan, Siddharth. *Gujarat, The Making of a Tragedy.* New Delhi 2002, S. 48 ff.

14 Bose, Raja. *Lord Ram has given me new lease of life*. Times of India. https://timesofindia.indiatimes.com/city/ahmedabad/lord-ram-has-given-me-new-lease-of-life/articleshow/2900672.cms. Aufgerufen am 16.5.2023.

15 Ibid.

16 Godhra mob's psychology still unclear. Times of India. https://timesofindia.indiatimes.com/city/ahmedabad/godhra-mobs-psychology-still-unclear/articleshow/15197381.cms. 6.6.2002. Aufgerufen am 16.5.2023.

17 Varadarajan, Siddharth *Gujarat, The Making of a Tragedy*. New Delhi 2002, S. 75 f.

18 Bhatt, Sheila. Mob sets fire to Wakf board office in Gujarat secretariat. Rediff https://in.rediff.com/news/2002/feb/28sheela.htm. Aufgerufen am 15.5.2023.

19 Bilkis Bano. *Protests in India over release of gang rapists*. BBC, 27.8.2022. bbc.com/news/world-asia-india-62702822. Aufgerufen am 15.5.2013

20 Delhi religious riots: ›Mobs set fire to my house and shop‹ BBC, 26.02.2022. www.facebook.com/watch/?v=150035199396510. Aufgerufen am 15.5.2023.

21 Why India man was lynched over beef rumours. BBC, 1.10.2012. www.bbc.com/news/world-asia-india-34409354. Aufgerufen am 15.5.2023.

22 Ibid.

23 Ibid.

24 Schulz, Oliver. *Die Muslime leben wie in Gettos*. Die Welt, 23.12.2019. Und weitere Recherchen.

25 Rai, Sandeep. *Mass exodus leading to ghettoisation in UP's Shamli*. Times of India, 13.6.2016. https://timesofindia.indiatimes.com/city/lucknow/mass-exodus-leading-to-ghettoisation-in-ups-shamli/articleshow/52721022.cms. Aufgerufen am 15.5.2023.

26 Rai, Sandeep. Exodus of Hindu families from Kairana a reality, finds NHRC. Times of India, updated 22.9.2016. https://timesofindia.indiatimes.com/city/meerut/exodus-of-hindu-families-from-kairana-a-reality-finds-nhrc-probe-report/articleshow/54451892.cms. Aufgerufen 15.5.2023.

27 Schulz, Oliver. *Die Muslime leben wie in Gettos*. Die Welt, 23.12.2019. Und weitere Recherche.

28 Frowde, Henry. *Imperial Gazetteer of India, Volume 15*. Oxford 1908. *Kashmir: History*, S. 94 f.

29 Stein, Burton. *History of India*. Oxford University, 2010, S. 358.

30 Zitiert aus Guha, Ramachandra: *How did the azaadi movement actually originate in Kashmir?* Scroll.in. 21.8.2016. https://scroll.in/article/814526/how-did-the-azaadi-movement-actually-originate-in-kashmir. Aufgerufen am 15.5.2023.

31 Smucker, Philipp. Christian Science Monitor 07.2002. Al Qaeda thriving in Pakistani Kashmir. www.csmonitor.com/2002/0702/p01s02-wosc.html Aufgerufen am 15.5.2023.

32 Diamond, John. *Taliban, al-Qaeda linked to Kashmir*. USA Today, 29.5.2002.

33 Bashaarat, Mashood. *Guns 'n' poses: The new crop of militants in Kashmir.* 26.6.2015. Indian Express. https://indianexpress.com/article/india/india-others/big-picture-guns-n-poses/. Aufgerufen am 15.5.2023.

34 Schulz. Oliver. *Niemand spricht mehr frei*. Amnesty Journal. 1.6.2022. Und weitere Recherchen.

35 https://jkccs.info

36 Schulz. Oliver. *Niemand spricht mehr frei*. Amnesty Journal. 1.6.2022.

37 Schulz. Oliver. *Niemand spricht mehr frei*. Amnesty Journal. 1.6.2022. Und weitere Recherchen.

38 Ibid.

39 Ibid.

40 Schulz. Oliver. *Niemand spricht mehr frei*. Amnesty Journal. 1.6.2022. Und weitere Recherchen.

41 Ibid.

42 Schulz. Oliver. *Niemand spricht mehr frei*. Amnesty Journal. 1.6.2022. Und weitere Recherchen.

43 Bose, Sumantra *Kashmir at the Crossroads, Inside a 21st-Century Conflict,* Yale 2021, S. 119f.

44 Hussain, Shahla, *Kashmiri Visions of Freedom, Kashmir: History, Politics, Representation,* Cambridge 2018, S. 105.

45 Bose, Sumantra *Kashmir at the Crossroads, Inside a 21st-Century Conflict,* Yale 2021, S. 120.

46 Gill, KPS. *The Kashmiri Pandits: An Ethnic Cleansing the World Forgot.* www.satp.org/islamist-extremism/data/The-Kashmiri-Pandits-An-Ethnic-Cleansing-the-World-Forgot. Aufgerufen am 15.5.2023.

47 *Kashmir: Outrage over settlements for displaced Hindus*. BBC, 15.6.2016. BBC. www.bbc.com/news/world-asia-india-36525694. Aufgerufen am 15.5.2023.

48 Ibid.

49 Dales, George F. *The Mythical massacre at Mohnjo Daro*. Penn Museum. www.penn.museum/sites/expedition/the-mythical-massacre-at-mohenjo-daro/. Aufgerufen am 16.5.2023.

50 Witzel, Michael. In: *Indo-Aryan Controversy Evidence And Inference In Indian History*. Routledge, New York, 2005, S. 348.

51 Rohtermund, Dietmar. Kulke, Hermann. *Geschichte Indiens. Von der Induskultur bis heute*. Stuttgart 1982, S. 58.

52 Joshi, Deepa, Fawcett, Ben. *Water, Hindu Mythology and an Unequal Social Order in India*. Paper presented at the Second Conference of the International Water History Association, Bergen, August 2001.

53 Hiltebeitel, Alf. *Dharma: Its early history in law, religion, and narrative. Oxford 2011,* S. 529 ff.

54 Ibid., S. 594.

55 Eaton, Richard M. *The Rise of Islam and the Bengal Frontier, 1204–1760: Bengal under the Sultans*. Berkeley 1993.

56 Dirks, Nicholas B. *Castes of Mind: Colonialism and the Making of New India, Princeton 2001,* S. 5.

57 Zitiert aus: Rocher Rosanne, *British Orientalism in the Eighteenth Century: The Dialectics of Knowledge and Government,* Philadelphia 1993, S. 220.

58 Aloyosius, G. *Caste in and Above History*. In: Sociological Bulletin Vol. 48, Mumbai 03.1999, S. 151 ff.

59 Ghurye, G. S. *Caste and Race in India*, Mumbai 2008, S. 1 f.

60 *India: Caste Forced to Clean Human Waste*. Human Rights Watch. www.hrw.org/news/2014/08/25/india-caste-forced-clean-human-waste. Aufgerufen am 16.5.2023.

61 Jagadisan, T. N., Shaymlal (Hg.). *Thakkar Bapa Jayanti Commemoration. Madras 1949,* S. 287.

62 *Dr. Ambedkar BBC Interview 1955*. www.youtube.com/watch?v=Wf3VJCpNMqI. Aufgerufen am 17.5.2023.

63 *Revolution and Counter-Revolution in Ancient India*. Kapitel 7. https://ia801204.us.archive.org/8/items/Ambedkar_CompleteWorks/19A.Revolution%20and%20Counter%20Rev.in%20Ancient%20India%20PART%20I.pdf. Aufgerufen am 17.5.2023.

64 Ambedkar, B. R. *Who were the Shudras* Bombay 1947, S. 92.

65 Ibid., S. 162 ff.

66 *Percentage of households by availability of fuel used for Cooking*. Census of India. https://censusindia.gov.in/census.website/data/data-visualizations/availability_of_fuel_Spine-Chart. Aufgerufen am 17.5.2023.

67 Malik, Jibran. *The myth of Indian middle class.* Greater Kashmir. 13.10.2022. www.greaterkashmir.com/todays-paper/op-ed/the-myth-of-indian-middle-class. Aufgerufen am 17.5.2023.
68 Dash, Mike. Thug: *The True Story Of India's Murderous Cult.* London 2011, S. 111.
69 Ibid., S. 139f.

Internationale Beziehungen

1 Zitiert aus: Brewer, Keagan. *Prester John, The Legend and its Sources.* London 2015, S. 67f.
2 Hideshige, Omura und Chalupa, Marce Wenzel. *Zur »religiösen Vorstellung« von Goethes Faust: unter dem Berührungspunkt mit der indischen Philosophie und Religion.* 9.5.1997. https://core.ac.uk/download/pdf/59122163.pdf. Aufgerufen am 17.5.2023.
3 Lütt, Jürgen. *Deutschland, Indien und das deutsche Indienbild. Der Bürger im Staat/ Indien,* 01.1998. www.buergerundstaat.de/1_98/bis981k.htm. Aufgerufen am 17.5.2023.
4 Hegel, Friedrich. *Europa – eine Zeitschrift.* Frankfurt am Main. 1803, S. 40f.
5 Lütt, Jürgen. *Deutschland, Indien und das deutsche Indienbild. Der Bürger im Staat/ Indien,* 01.1998. www.buergerundstaat.de/1_98/bis981k.htm. Aufgerufen am 17.5.2023.
6 Marriott, John. *The Other Empire: Metropolis, India and Progress in the Colonial Imagination.* Manchester 2003, S. 133.
7 Zitiert aus: Pitts, Jennifer. *James and John Stuart Mill: The Development of Imperial Liberalism in Britain.* In: A Turn to Empire: The Rise of Imperial Liberalism in Britain and France. Princeton 2005, S. 125.
8 Mill, James. *The History of British India. Volume 2.* London 1858, S. 152.
9 Marx, Karl. *Die britische Herrschaft in Indien / Die künftigen Ergebnisse der britischen Herrschaft in Indien.* New-York Daily Tribune. 10.6.1853.
10 Lütt, Jürgen. *Deutschland, Indien und das deutsche Indienbild. Der Bürger im Staat/ Indien,* 01.1998. www.buergerundstaat.de/1_98/bis981k.htm. Aufgerufen am 17.5.2023.
11 Grover, Verinder. *Uno, Nam, Nieo, Saarc and India's Foreign Policy. Volume. 10, International relations and foreign policy of India.* New Delhi 1992.
12 *Pt. Jawaharlal Nehru's speech at Asian Relations Conference 1947.* www.tibetsun.com/news/1947/03/24/pt-jawaharlal-nehrus-speech-at-asian-relations-conference-1947. Aufgerufen am 27.5.2023.

13 Gopal, Sarvepalli, Jawaharlal Nehru: A Biography, Volume 3. 1956-1964. New Delhi 2014, S. 89.

14 Gopal, Sarvepalli. Jawarhalal Nehru A Biography. Kolkata 1979 Volume 2, S. 59.

15 Dean Acheson, *Present at the Creation: My Years in the State Department*, New York 1970. Zitiert aus Simha, Rakesh Krishnan. Howdy Modi: *Undoing the disasters of Rowdy Nehru*. IndiaFacts. www.indiafacts.org.in/howdy-modi-undoing-the-disasters-of-rowdy-nehru/. Aufgerufen am 17.5.2023.

16 Gopal, Sarvepalli. *Jawarhalal Nehru A Biography*. Kolkata 1979 Vol. 2, S. 62.

17 Gopal, Sarvepalli. *Jawarhalal Nehru A Biography*. Kolkata 1979 Vol. 2, S. 62.

18 Ibid., S. 102.

19 *Nixon's dislike of ›witch‹ Indira*. BBC 29.6.2005. http://news.bbc.co.uk/1/hi/world/south_asia/4633263.stm. Aufgerufen am 17.5.2023.

20 Biswas, Soutik. 25.1.2023. *India and Pakistan came close to nuclear war: Pompeo*. www.bbc.com/news/world-asia-india-64396138. Aufgerufen am 9.05.2013.

21 Mehrotra, L. L. *India's Tibet Policy. An Appraisal and Options*. New Delhi 1997, S. 25.

22 *Chinese soldiers' attack ›pre-meditated and planned‹: Foreign Minister S Jaishankar tells Chinese counterpart*. Business Today. Aktualisiert 6.2020. www.businesstoday.in/latest/economy-politics/story/india-china-border-issue-gwalan-valley-face-off-will-have-serious-impact-bilateral-relationship-jaishankar-261415-2020-06-17. Aufgerufen am 17.5.2023.

23 *Russia wants to be part of Make in India with tanks, and submarines*. Indian Military Review, 18. 8. 2022. https://imrmedia.in/russia-wants-to-be-part-of-make-in-india-with-tanks-and-submarines/. Aufgerufen 17.5.2023.

24 Ibid.

25 *India-Russia Relations*. Ministry of External Affairs. https://mea.gov.in/Portal/ForeignRelation/India_Russia_Jun_2020.pdf. Aufgerufen am 17.5.2023.

26 *No one will oppose if India backs such a process: Russian FM Lavrov on Ukraine mediation*. Indian Express 2.4.2022. https://indianexpress.com/article/india/russia-ready-to-dicuss-indias-crude-oil-requirement-lavrov-7848030/. Aufgerufen 17.5 2023.

27 Laskar, Rezaul H. *›If it works to my advantage ...‹: Jaishankar's blunt message on Russian oil.* Hindustan Times 8.11.2022. www.hindustantimes.com/india-news/eam-underscores-india-russia-ties-in-moscow-with-positive-talks-on-energy-trade-101667918133234.html. Aufgerufen 17.5.2023.

28 *Russian minister's claim Ukraine war ›launched against us‹ met with laughter.* The Guardian. www.theguardian.com/world/2023/mar/04/russia-sergei-lavrov-ukraine-war-india-conference. Aufgerufen am 17.5.2023.

29 *›Namaste Trump‹: India welcomes US president at Modi rally.* The Guardian 24.2.202. www.theguardian.com/world/2020/feb/24/namaste-donald-trump-india-welcomes-us-president-narendra-modi-rally. Aufgerufen 19.5.2023.

30 *The world needs India: George Bush* in Hyderabad. 03.2006. www.rediff.com/money/2006/mar/03bush2.htm. Aufgerufen 19.5.2023.

31 India, U.S. Launch Strategic Talks, Global Security Newswire. 2.6.2010. http://gsn.nti.org/gsn/nw_20100602_6708.php. Aufgerufen am 17.5.2023.

32 *Remarks by the President to the Joint Session of the Indian Parliament in New Delhi, India.* The White House, Office of the Press Secretary. 8.11.2010. https://obamawhitehouse.archives.gov/the-press-office/2010/11/08/remarks-president-joint-session-indian-parliament-new-delhi-india. Aufgerufen am 17.5.2023.

33 *India To Become ›Major Defence Partner‹* Of US. NDTV. 9.12.2016. www.ndtv.com/india-news/india-to-become-major-defence-partner-of-us-1635775. Aufgerufen am 17.5.2023.

34 *Secretary Michael R. Pompeo, Secretary of Defense Mark Esper, Indian Minister of External Affairs Subrahmanyam Jaishankar, and Indian Minister of Defense Rajnath Singh Joint Press Availability at the U.S.-India 2+2 Ministerial Dialogue.* US Department of State. 20.1.2017. https://2017-2021.state.gov/secretary-michael-r-pompeo-secretary-of-defense-mark-esper-indian-minister-of-external-affairs-subrahmanyam-jaishankar-and-indian-minister-of-defense-rajnath-singh-joint-press-availability-at-the/index.html. Aufgerufen am 17.5.2023.

35 Ibid.

36 Roy, Subhjit. *US signs key defence agreement with India, Mike Pompeo says China ›no friend to democracy‹.* Financial Express. 28.10.2020. www.financialexpress.com/business/defence-us-signs-key-defence-agreement-with-india-mike-pompeo-says-china-no-friend-to-democracy-2115226/. Aufgerufen am 17.5.2023.

37 *Indian defence attaché now has unescorted access to Pentagon, says U. S. Air Force Secretary*. The Hindu. 16.8.202. www.thehindu.com/news/international/indian-defence-attach%C3%A9-now-has-unescorted-access-to-pentagon-says-us-air-force-secretary/article65774857.ece. Aufgerufen 17.5.2023.

38 Mohapatra, Bimal Prasad. *Xi Jinping expedites Quad's journey from Tsunami to Asian NATO*. 4.2021. thekootneeti.in/2021/04/07/xi-jinping-expedites-quads-journey-from-tsunami-to-asian-nato/. Aufgerufen am 17.5.2023.

39 Lazkar, Rezaul L. *West has policy to engage India in ›anti-China games‹, says Russian foreign minister Lavrov* Hindustan Times. 9.12.2020. www.hindustantimes.com/world-news/west-has-policy-to-engage-india-in-anti-china-games-says-russian-foreign-minister-lavrov/story-WbNfR30MEFMeBd3LDibekJ.html. Aufgerufen am 17.5.2023.

40 Varadarajan, Siddharth. *Indian PM stresses economic, security ties with Japan not at cost of China*. The Hindu, 23.10.2008.

41 Gallo, William. *In Tokyo, Pompeo Touts Quad Forum as Way to Counter China* 6.10.2020. www.voanews.com/a/usa_tokyo-pompeo-touts-quad-forum-way-counter-china/6196788.html. Aufgerufen 17.5.2023.

42 Patranobis, Sutirtho. *Quad a tool to contain China, stoke confrontation: Beijing*. Hindustan Times. 12.2.2022. www.hindustantimes.com/world-news/quad-a-tool-to-contain-china-stoke-confrontation-beijing-101644581922258.html. Aufgerufen 17.5.2023.

43 Hein, Christoph. *Indien überholt Großbritannien – bald auch Deutschland?* Frankfurter Allgemeine. Updated 13.9.2022. www.faz.net/aktuell/wirtschaft/indien-ueberholt-grossbritannien-bald-auch-deutschland-18313774.html. Aufgerufen 17.5.2023.

44 Kumar, Gautam. *India as a pharma innovation hub: An interview with Dr. Reddy's G. V. Prasad*. 17.8.2022. www.mckinsey.com/featured-insights/future-of-asia/india-as-a-pharma-innovation-hub-an-interview-with-dr-reddys-g-v-prasad. Aufgerufen 17.5.2023.

45 *Calculated attack on India, its institutions: Adani Group on Hindenburg allegations*. Times of India 19.1.2023. http://timesofindia.indiatimes.com/articleshow/97422863.cms?from=mdr&utm_source=contentofinterest&utm_medium=text&utm_campaign=cppsthttps://timesofindia.indiatimes.com/business/india-business/calculated-attack-on-india-its-institutions-adani-group-on-hindenburg-allegations/articleshow/97422863.cms?from=mdr. Aufgerufen 17.5.2023.

46 www.bundesregierung.de/breg-de/suche/pressestatements-von-bundeskanzler-scholz-und-dem-indischen-premierminister-modi-am-25-februar-2023-in-neu-delhi-2167958

47 *Ralph Brinkhaus: In den Beziehungen zu Indien muss mehr passieren. Bundestag.* www.bundestag.de/dokumente/textarchiv/2022/kw34-interview-brinkhaus-906584. Aufgerufen am 17.5.2023.

48 Haidar, Suhasini. *RSS is a mass movement, part of Indian ›mosaic‹: German envoy Walter Lindner* The Hindu. 20.6.2019. www.thehindu.com/news/national/rss-is-a-mass-movement-part-of-indian-mosaic-german-envoy/article61593247.ece. Aufgerufen am 17.5.2023.

49 *Außenministerin Baerbock vor ihrer Abreise nach Neu-Delhi, Indien.* Auswärtiges Amt. 4.12.2022. www.auswaertiges-amt.de/de/newsroom/bmin-abreise-neu-delhi/2567040. Aufgerufen am 17.5.2023.